U0566563

北京市社会科学院社科文库
市情研究论丛（第7辑）

新时代首都发展的理论与实践 II

THEORY AND PRACTICE OF CAPITAL DEVELOPMENT
IN THE NEW ERA II

主 编 唐 鑫

副主编 张佰瑞

社会科学文献出版社
SOCIAL SCIENCES ACADEMIC PRESS (CHINA)

序　言

北京市以习近平新时代中国特色社会主义思想为指导，全面贯彻党的二十大精神和市十三次党代会精神，积极服务和融入新发展格局，将新发展理念落实到首都发展各领域和全过程，围绕首都城市战略定位推动高质量发展，综合实力和国际影响力跃上新台阶，进入具有里程碑意义的现代化建设新征程。新征程上，北京的根本任务是要大力推动新时代首都发展，推动习近平新时代中国特色社会主义思想在京华大地落地生根、开花结果，形成更多的生动实践，更好满足人民群众对美好生活的需要。北京因"都"而立、因"都"而兴，最大市情就在于是首都。新时代首都发展，要牢牢守住首都城市战略定位，始终把大力加强"四个中心"功能建设、提高"四个服务"水平作为首都发展的定向标，以中国式现代化推进中华民族伟大复兴，完整、准确、全面贯彻新发展理念，坚持"五子"联动服务和融入新发展格局，奋发有为推动新时代首都高质量发展。

本书汇集的文章，以习近平新时代中国特色社会主义思想为指导，聚焦新时代首都发展，并"跳出北京看北京"，将首都发展放在国家发展乃至全球发展的大背景下予以考察，坚持理论与实践相结合和首善标准，从文化中心建设、科技创新中心建设、经济高质量发展、京津冀协同发展与城市治理等方面，总结实践成果、探索发展规律、深挖现实问题、提出对策建议、创新学术观点、彰显真理力量。本书编写团队以北京市社会科学院市情研究所、北京世界城市研究基地的全体研究人员为核心，并凝聚了相关领域科研机构、高等院校专家学者的智慧，既有涵盖"五位一体"的广度也有推进"五子"联动的深度，既高站位谋划中长期发展战略也接地气解决当下热点难点问题。

一　总体发展态势研究

北京全面贯彻落实党的二十大精神，深入贯彻习近平总书记对北京一系列重要讲话精神，以新时代首都发展为统领，牢牢把握首都城市战略定位，大力加强"四个中心"功能建设，提高"四个服务"水平，推动经济高质量发展，更加精准、更富成效、更有质量地落实各项任务，持续优化首都功能。坚持将以伟大建党精神为源头的中国共产党人精神谱系作为根本精神力量，通过建立城市规划体系谋划发展蓝图、重组都市圈生产要素等有力举措，彰显超大城市治理的"中国智慧"，逐步探索出一条以人民为中心的超大城市治理体系和治理能力现代化新路径。

第一，以伟大建党精神为源头的中国共产党人精神谱系为中华民族伟大复兴提供了根本精神力量。中国共产党人精神谱系的内涵丰富多元，具有连贯的思想内核和坚定的理想信念、鲜明的民族特色和与时俱进的时代特征、生动的实践属性和深厚的为民情怀、崇高的道德品质和忠诚的政治品格，体现历史与现实的交相辉映，是中国共产党人认识世界和改造世界的精神源泉。首都广大干部群众在党的领导下砥砺奋进的生动实践，其精神力量根植于中国共产党人的精神谱系，是伟大建党精神、抗战精神、抗美援朝精神、科学家精神、"两弹一星"精神、载人航天精神、探月精神、新时代北斗精神、改革开放精神、企业家精神、雷锋精神、劳模精神、抗疫精神的生动体现。精神财富穿越时空，伟大事业呼唤精神，奋力开创新时代首都发展新局面要求我们深刻总结弘扬党的精神谱系伟大精神，坚定理想信念、保持政治定力，增强奋斗动力、勇担历史使命，激发斗争活力、总结精神法宝，凝聚复兴合力、锤炼道德品质，进一步赓续精神、凝聚共识、汇聚力量、勇担使命。首都广大干部群众以中国式现代化全面推进中华民族伟大复兴为己任，高举中国特色社会主义伟大旗帜，全面贯彻习近平新时代中国特色社会主义思想，传承弘扬中国共产党人精神谱系，在接续奋进中谱写新时代新征程上首都发展更加绚丽的华章。

第二，优化行政区划设置是落实首都城市功能定位、提升城市治理水平的必然要求。党的十八大以来，北京围绕国家和北京市的重大战略、城市总体规划布局调整、加强基层治理等开展了一系列重大行政区划调整，取得了良好效果，主要经验包括：一是坚持以习近平总书记对北京的系列重要讲话、指示精神为根本遵循，统筹做好新时代首都行政区划工作。二是加强顶层设计，提升行政区划设置的科学性、规范性、有效性。加强政策引领，明确基层行政区划改革方向；完善法规体系，规范基层行政区划设置；严格贯彻《行政区划管理条例》，规范行政区划调整论证工作；坚持标准引领，分步实施行政区划调整工作。三是坚持问题导向，使行政区划调整与城市发展战略相呼应。行政区划属于上层建筑，必须与经济基础相适应。同时，必须坚持问题导向，使行政区划调整与城市发展战略相呼应。四是行政区划调整要处理好体制转换与平稳过渡的关系，处理好改革、发展和稳定的关系。行政区划调整还应坚持以人为本的城市治理理念，通过行政区划调整提升城市治理水平。

第三，国外都市圈建设经验丰富，形成了大量可资借鉴的研究成果。首先，国外学者对城市发展和都市圈建设的主要观点包括：一是深化对都市圈空间演变和发展规律的认知；二是信息通信技术进步大大推动大都市圈组织模式和规划管理的重大变革；三是构建基于大都市圈的治理逻辑和治理机制；四是不断推动大都市圈的协同治理与高质量发展。中国的大都市圈治理遵循了国家主导、多元协同的原则，国家积极制定政策，各地积极落地落实，这也是中国特色大都市圈治理重要的垂直维度之一。其次,国外学者研究成果对首都都市圈建设的启示如下:一是要把握都市圈空间演化规律,发挥北京的核心带动作用,推动首都都市圈协同发展;加快制定都市圈发展规划,发挥信息通信技术的空间组织作用。二是要加快建立健全大都市圈跨界治理体制和机制,明确首都都市圈治理核心问题,完善首都都市圈的治理框架,构建大都市圈的合作和协调机制,提升经济适应力、核心竞争力与全球影响力。

第四,区域产业协同是优化区域发展格局、实现区域资源优化配置的重要途径。自京津冀协同发展上升为国家战略以来,中央及京津冀地方政府制定出台了一系列支持三地协同发展的政策规划,京津冀协同发展的理念、内涵、战略目标不断明晰,为京津冀产业协同发展提供了基本遵循。新发展阶段开展京津冀产业协同研究,对于推动京津冀高质量协同、推进京津冀区域共同富裕具有重要的时代紧迫性与必要性,亟待深入剖析京津冀产业对接与协作进展,在全面推进区域合作中寻求三地各自发展空间和发展动力源,探索适应高质量协同发展需求的产业协同发展路径。一是京津冀三地产业协同政策支撑体系不断完善,产业分工格局已初步构建,产业结构与布局不断调整优化,产业集聚效应不断增强,产业协同的阶段性成效已初步显现。二是在产业协同过程中仍然存在区域发展不平衡不充分、产业协同创新能力薄弱、产业协同的配套体系与体制机制不完善等问题,对京津冀产业协同成效产生一定的不利影响。三是基于新发展阶段京津冀高质量协同的战略需求,构建京津冀统一大市场、促进数字经济赋能产业融合、完善京津冀协同创新机制、建立健全产业协同的体制机制与保障机制等。

二 经济与科技发展研究

新时代首都发展的根本要求是高质量发展,经济高质量发展是新时代首都发展的内在要求之一。习近平总书记创造性地指出,推动"科技—产业—金融"良性循环,是中国今后一段时期内实现高质量发展和谋取自主可控的产业链供应链安全发展权的着力点。国际科技创新中心是北京的城市战略定位之一。加快形成国际科技创新中心,着眼更好服务创新驱动发展等重大国家战略,积极打造国家战略科技力量是新时代首都发展的必然要求。科技创新中心建设是引领首都都市圈发展的根本路径,其发展战略具有重大意义。加快建设国际科技创新中心是北京市"五子"联动融入新发展格局的重要"一子",对激发"五子"形成叠加效应而言至关重要。创新应用示范是数字经济创新层和产业层之间的中间环节,开展北京数字经济创新应用示范体系建设研究,有助于进一步掌握北京数字经济的新优势,为建设全球数字经济标杆城市奠定良好的基础。北京民营经济发展态势良好,产业结构不断优化,新兴动能加快聚集;北京种业依托首都优势,综合在京国家种业创新资源,为促进首都高质量发展作出了突出贡献。

第一,推动"科技—产业—金融"良性循环,是我国今后一段时期内实现高质量发展和谋取自主可控的产业链供应链安全发展权的着力点。必须形成北京"科技—产业—金融"良性循环的新优势,从顶层设计上确立推动经济高质量发展和构建高精尖经济结构是首要举措。北京以先进制造业、战略性新兴产业和未来产业主导的高精尖制造业产业链供应链体系和产业集群的持续发展,必将对金融业,信息传输、软件和信息技术服务业,科学研究和技术服务业这三大支柱产业的发展产生拉动效应,从而促进彰显北京特色、北京优势、北京模式的"科技—产业—金融"良性循环的新优势加速形成。为此,必须将打造全国全球最为领先、最具有市场竞争活力、最善于改革推进的科技金融中心作为关键抓手;将积极布局"揭榜挂帅—政府产业发展引导基金—北交所"贯通式的新型发展模式作为核心切入口;将构建具有北京竞争优势的"原始创新、关键核心技术创新、颠覆性技术创新、关键共性技术创新主导的基础研究和应用基础研究能力—全层次资本市场和北交所主导的科技金融中心—北京主导的京津冀战略性新兴产业集群和世界级先进制造集群"融合体系作为突破口。

第二，科技创新中心建设是引领首都都市圈发展的根本路径。瞄准北京建设世界级城市群和现代化首都都市圈的目标，把握现代化都市圈发展规律与趋势，分析梳理都市圈建设理论、国内外实践经验，加强北京国际科技创新中心建设对首都都市圈发展而言具有重要意义。北京将建设世界级城市群和现代化首都都市圈作为首要目标，需要把握北京建设国际科技创新中心对现代化都市圈发展的影响，加强对科技创新中心如何引领首都都市圈发展，以及城市群、都市圈发展理论与实践的研究，为建设首都都市圈提供有价值的参考。把北京科技创新中心建设与首都都市圈发展联系起来，立足国家战略需要，制定自主性创新路线和创新驱动的发展战略。北京积极践行习近平新时代中国特色社会主义思想以及习近平总书记多次视察北京的重要讲话精神，贯彻落实首都城市战略，加快疏解非首都功能，实施疏解整治促提升行动，在现代化首都都市圈建设与高质量发展进程中，研究如何推进都市圈建设等课题意义深远。

第三，国际科技创新中心建设是北京"五子"联动融入新发展格局的重要"一子"，与其他"四子"子子相连、环环相扣，具有显著的耦合关系，对激发"五子"形成叠加效应而言至关重要。加快北京国际科技创新中心建设是首都探索建立"以我为主"产业链布局的重要举措。国际科技创新中心建设是"五子"联动中的关键"一子"，使科技创新和产业结构升级相结合，从根本上解决"卡脖子"问题，在投资、消费、供给、需求、开放合作等领域对经济"双循环"新发展格局的形成提供强有力的支撑。北京国际科技创新中心建设已取得了成效，为了充分释放科技创新资源潜力、激发区域创新协同活力，建议北京在增强基础前沿优势、培育创新主体、夯实创新链与产业链纽带、强化区域协同创新等方面持续发力，畅通"基础研究—应用研究—企业衍生—产业发展"，为中国式现代化在国际科技创新中心建设中的生动实践贡献"北京智慧"。在北京加快建设国际科技创新中心的路径与对策方面，需要立足国家战略需要，发挥基础科学研究前沿优势，激发企业创新活力，提升科技创新转化效能，充分发挥首都创新溢出效应，强化区域协同创新。

第四，创新应用示范是数字经济创新层和产业层之间的中间环节，也是连接创新层和产业层的重要环节与枢纽。数字经济创新应用示范属于科技成果转化范畴，开展北京数字经济创新应用示范体系建设研究，发现商业新形态、业务新环节、产业新组织、价值新链条，探索北京数字经济创新示范制度建设、标准设定、平台搭建等，有助于进一步掌握北京数字经济的新优势，为建设全球数字经济标杆城市和北京高质量发展打下良好的基础。因此，需要加强集成创新，有针对性地开展科学评价。加强创新应用示范制度设计，提升创新应用示范平台的能级，遴选创新应用示范重点领域，加强跨界人才队伍培养，优化相关法律法规框架，完善相关配套政策，形成创新示范平台建设的基础方案，建立数字创新应用示范联盟。未来北京应立足首都城市战略，服务国家重大战略，在风险可控的前提下，在扩大服务业对外开放、建设更高水平开放型经济新体制方面大胆创新，为全国服务业开放发展、创新发展发挥示范引领作用。

第五，北京种业依托于首都优势，综合在京国家种业创新资源，通过央地协同、政企联合，在推动北京种业高质量发展方面取得了显著成效。构建现代育种体系是实现种业科技自立自强、种源自主可控、推动种业振兴、打造"种业之都"的关键。然而，北京种业育种仍面临三大"卡脖子"技术挑战和四大创新难题，育种规模化、组织化程度低，育种模式亟待迭代升级。践行"藏粮于地、藏粮于技"，必须集中力量强优势、补短板、破卡点，加快推进种业振兴。一是实施优质种质资源引进、保护与育种创新工程，强优势、补短板、破卡点，加快构建现代育种创新体系。二是发挥企业创新主体作用，实施种业企业扶优行动，加快种业资源整合，组建引领全球的国际种业集团。三是深化种业体制改革，吸引社会资本参与，打造以价值实现为目标的中国特色商业化育种体系。四是加强知识产权保护，加强育种国际合作，高质量推进种业之都建设。

第六，北京民营经济发展态势良好，企业不断发展壮大，产业结构不断优化，新兴动能加快聚集，行业龙头持续做大做强，企业转型升级途径多元，为促进首都高质量发展作出了突出贡献。加强民营企业产权保护是完善社会主义市场经济体制机制的必要举措，也是新时代全面建设社会主义现代化国家的必然要求；解决民营企业产权保护问题，需要树立法治观念，依法推进营商环境优化，统筹协调政府和司法部门的力量形成合力，形成常抓共管的长效机制，使各项保护举措落到实处，进一步调动民营企业家的积极性，使其形成良好的投资经营预期，促进非公有制经济健康发展，为我国经济社会高质量发展作出更大贡献。

三　文化和旅游发展研究

文化中心是北京重要的首都功能之一。扎实推进全国文化中心建设，增强大国首都文化软实力，是建设社会主义文化强国的重要担当。聚焦文化旅游领域，立足文化自信自强，繁荣发展首都文化，离不开高效的文旅产业协同与精准的产业匹配，离不开提振文旅市场的配套政策支持，更离不开文旅市场的创新研发。工业文化遗产保护利用是首都文化建设的重要内容，要有序传承工业文化遗产资源，促进工业文化与首都文脉有机结合。2023 年北京市人民政府工作报告首次提出"着力打造'演艺之都'"，为充分发挥工业文化遗产和冬奥遗产资源优势、推动新首钢地区演艺新业态布局提供了良好契机。

第一，文旅产业加强推广和宣传，强化政策引导作用。在经济高质量发展阶段，我国文旅市场面临消费需求不振、市场结构性调整等挑战。为此，应借鉴先发国家的供需适配及开拓创新等经验，根据市场需求，弘扬创新发展的企业家精神，开展涉及投资、建设、运营全流程的文旅产品开发、运营工作，以适应新市场、适配新需求。从资本型助力的文旅产业高速度、大规模、重资产的产品开发转向运营优先的文旅产品高质量、精细化、轻重结合的产品创新；文旅企业既要生存、保留火种，也要保存发展潜力、改变创新方式，在增强投资、建设、运营集成化创新产品能力的同时，探索细分领域、多元主题的新产品、新消费。

第二，提高政策实施的精准度，探索入出境旅游高质量发展路径。2022年11月11日"新二十条"发布，我国入出境旅游市场迎来复苏和回暖的窗口期。国内外旅游业界积极加强宣传推广、产品研发和人力资源开发。一是针对境外目的地的"抢跑"现实，应分析评估重要境外目的地开放边境、目的地建设、推广活动和产品创新等的影响。二是聚焦商务、探亲、科研、留学等入出境人群服务，探索未来服务内容拓展方向。鼓励市场主体为客户提供一揽子服务，包括商务旅行、整合营销策略推荐、差旅管理和物流保障等。三是聚焦市场主体面临的主要困难，制定有针对性的帮扶措施，不仅要及时提供纾困补贴和稳岗补贴，还要制定涵盖企业增信、从业资历维护、转行成本补偿、继续教育服务、数字化技术配备等的一揽子纾困解难政策，探索提供融资、信息、法律、技术、人才等方面的服务。四是成立入出境旅游工作专班，做好风险管控。做好不同边境开放程度场景下的系列措施和技术准备，制定风险评估和相应预案。

第三，优化主导产业结构，承接空间溢出效应，推动城市副中心文旅区高质量发展。文化旅游区是城市副中心文化旅游功能的主要承载地。随着北京环球主题公园的开园与后期开发建设的推进，优化主导产业结构布局、承接空间溢出效应成为文化旅游区的主要任务。首先，通过构建钻石模型与产业关联度、产业成熟度、产业成长性、产业匹配度四大类指标，筛选出 14 类主导产业。通过评估通州文旅区的空间溢出效应，发现通州文旅区和北京环球主题公园的旅游产品可以相匹配，提供更加完整和多元化的旅游体验。围绕北京环球主题公园及度假区，发展文化交流和旅游休闲产业；围绕宋庄文化创意产业集聚区，培育以当代原创艺术为核心的文化创意产业；围绕台湖演艺小镇，发展创意创作、艺术推广、展演交流等文化创意产业。为此，通州文旅区内各区域之间应加强协调，形成合力，实现信息共享和协调沟通，提升文旅区的整体竞争力。统筹规划发展民宿产业，加速推动开展民宿"联盟式"经营，推动民宿产业集群带动乡村经济发展，形成"一地一特色"的布局。积极推进运河经济发展，开发"水—陆"全方位旅游项目，挖掘大运河旅游资源。激发全域旅游发展活力，借助台湖镇的台湖演艺艺术周、宋庄镇的宋庄文化艺术节、张家湾镇的北京国际设计周等品牌活动，创建"一镇一街"的网红打卡地。

第四，加快新首钢地区演艺新业态布局，打造新时代首都城市文化复兴新地标。充分发挥冬奥遗产和工业文化遗产资源优势，推动新首钢地区演艺新业态布局，是擦亮新首钢文化名片、实践探索"大戏看北京"演艺新空间、加快文旅资源融合推动区域振兴的重要举措。当前新首钢地区充分围绕"体育+"和"科技+"构建相关产业发展生态，科幻、AR/VR 等特色产业方兴未艾，服贸会、科幻大会等重大节庆会展、首发/首秀活动的集聚效应逐步显现，沉浸式文商旅融合发展业态正在加速孕育。科幻产业赋能文化创新，数字娱乐生态不断完善，为布局演艺新业态奠定了良好的基础。具体来看，现有文化业态偏少，偏重于构建数字文化娱乐等"硬科技"场景，缺少彰显文化底蕴的文化艺术"样式"，以充分展现新首钢地区作为城市交往与文化展示的重要窗口的文化魅力。新首钢地区参与全市演艺新空间体系的分工与合作路径尚不清晰，高品质旅游演艺供给缺口较大，数字演艺与融合创新发展面临新考验。为此，需要把握站位"高"度，坚持高起点谋划和高标准建设，着重突出"三个示范引领"，统筹资源要素配置，完善体系，推进演艺项目建设。提升文化"浓"度，把握"求新求变"要求，立足文化资源优势，建设演艺新空间，培育品牌剧目，打造沉浸式演艺新业态、一站式体验文旅消费新场景，开发行业标杆性项目。夯实"厚"度，做好"形神兼备"大文章，传承工业文化遗产与冬奥文化遗产，打造有地域特色、承载工业记忆的演艺品牌。提振消费"热"度，充分发挥演艺新空间的溢出效应，加强业态互补，统筹带动京西文旅资源开发。

第五，工业文化遗产是首都文化的重要组成部分。工业文化遗产与首都传统历史文脉相承，体现了民族特性与文化自信，是首都全国文化中心建设的重要内容。但目前北京在工业文化遗产传承方面还存在不足，主要表现在：工业文化遗产传承场域消失、工业文化遗产中的"红色基因"挖掘不足、工业文化遗产的"系统性"保护滞后等，主要原因是：受城市经济发展的影响较大；大众对遗产价值认知缺失，包括对历史记忆价值、文化载体等的认知不足；缺少政策支持。为此，在工业文化遗产传承上应遵循"空间融合、文脉融合、功能融合"的原则，通过深度展现工业文化遗产的精神内核和采取全面灵活的日常化传播手段建立发掘机制、改造机制与宣传机制。

四　生态环境治理研究

首都生态环境建设关乎国家形象。北京对生态环境保护的重视程度、污染防治攻坚力度等都达到了相当高的水平。生态文明建设进入以降碳为重点战略方向、推动减污降碳协同增效的"双碳"新时期，时代召唤北京展现首善之区的自觉担当，在打好污染防治攻坚战的基础上，朝着碳中和迈出坚实的步伐，在能源结构绿色低碳转型、产业结构持续深度优化、交通和建筑领域绿色低碳改造、生态系统碳汇能力提升、绿色金融创新发展等方面走在前列。

第一,建设区域性碳交易市场有助于实现碳减排目标。京津冀地区是我国重要的碳排放地区之一,碳减排任务重,建设碳交易市场有助于提升地区碳减排效率,促进京津冀生态环境协同治理。欧盟碳交易系统的建设经验表明,一是碳交易体系运行效率与初始碳配额松紧直接相关,宽松的配额有助于在减排初期为企业提供一个适应期,减少减排活动带来的经济损失,但会导致碳交易价格长期低迷,在一定程度上削弱减排效应。二是碳交易体系的完善是一个不断博弈的过程,需要不断地修正,综合考虑多方利益,渐进式的制度修正有助于长期目标的实现。我国的试点经验也表明,要构建全国统一的碳交易市场,应充分考虑区域差异。三是我国碳交易市场试点运行结果表明,碳交易市场有助于碳减排,但是结合"双碳"目标,我国碳交易市场建设应该更加考虑制度的灵活性。建设统一的碳交易市场应该完善区域性碳交易市场,京津冀区域碳交易市场将是我国碳交易市场的有益且必要的补充。四是京津冀区域碳交易市场的完善将有助于深入推进京津冀生态环境协同治理,提高区域碳减排效率。在完善区域市场制度时,创新性地将碳汇等碳资源纳入市场交易,将是我国乃至世界碳交易市场制度建设中的重要创举,具有率先示范作用。

第二,绿色金融不仅在宏观上引导资金流向绿色低碳产业,支持传统高碳产业平稳转型,推动供给侧结构性改革,更在微观上引导企业注重生存环境利益,围绕高效、绿色、低碳催生新技术和新业态,是培育经济发展新动能的关键。与传统金融业务类似,绿色金融在培育新动能的过程中,主要通过资本传导机制对其产生影响:首先,在传统业务阶段,即信贷、投资阶段,通过"蓄水池"功能吸引资金流向绿色产业和新兴产业,培育微观经济体。其次,通过资源配置优化功能,影响资金流向各个产业的比例,并通过鼓励技术创新、模式创新等方式,影响产业结构更新,实现产业迭代升级。绿色金融助推新动能培育,要求金融业秉持创新思维，加快绿色金融与新产业、新业态、新模式的深度融合，引导绿色金融资本强化绿色发展理念、融合科技创新、参与产业链构建，进一步加强新动能培育，为经济高质量发展提供切实动力。

综上所述，本书以新时代首都发展为主题，围绕新时代首都发展的理论和实践展开深入的研究和探索，提供了较为多元的理论视角、创新观点，具有较强的实践价值，对了解和研究新时代首都发展问题具有较为全面的参考意义。随着新时代首都发展事业的不断推进，我们的研究日趋深入、系统、全面。本书心怀"国之大者"，聚焦"责之重者"，立足"利之远者"，锚准"事之难者"，心系"民之盼者"，希冀为新时代首都发展贡献智库力量。

目　录

总体发展态势研究

经济与科技发展研究

文化和旅游发展研究

生态环境治理研究

总体发展态势研究

弘扬伟大精神　引领首都发展

贾　澎[*]

摘　要： 以伟大建党精神为源头的中国共产党人精神谱系为中华民族伟大复兴提供了根本精神力量。今后五年是北京率先基本实现社会主义现代化的关键时期，要以中国共产党人精神谱系伟大精神为引领奋力开创新时代首都发展新局面。中国共产党人精神谱系的内涵丰富多元，体现历史与现实的交相辉映，是中国共产党人认识世界和改造世界的精神源泉。首都广大干部群众在党的领导下砥砺奋进的生动实践，其精神力量根植于中国共产党人的精神谱系。奋力开创新时代首都发展新局面要求首都广大干部群众深刻总结弘扬党的精神谱系伟大精神，在接续奋进中保持政治定力、增强奋斗动力、激发斗争活力、凝聚复兴合力。

关键词： 中国共产党人精神谱系　精神力量　首都

党的百年光辉历程和伟大实践离不开精神力量的指引。习近平总书记所作的党的二十大报告，把"弘扬伟大建党精神"写进大会的主题，深刻把握以伟大建党精神为源头的中国共产党人精神谱系在百年奋斗历程及新时代新征程中的重要地位和作用，是立党强党兴党的丰厚滋养，

---

* 贾澎，博士，北京市社会科学院助理研究员，北京世界城市研究基地特约研究员。

为中华民族伟大复兴提供了根本精神力量。今后五年是北京率先基本实现社会主义现代化的关键时期，深刻总结中国共产党人精神谱系在京华大地的生动实践、在全党全社会大力弘扬中国共产党人精神谱系，不仅能更好地鼓舞激励党员干部群众弘扬光荣革命传统、赓续红色血脉，更能体现深入学习贯彻党的二十大精神、坚定捍卫"两个确立"、坚决做到"两个维护"，为实现市第十三次党代会提出的奋斗目标凝聚精神，奋力开创新时代首都发展新局面；为全面建成社会主义现代化强国汇聚力量，以中国式现代化全面推进中华民族伟大复兴。

一　中国共产党人精神谱系的深刻内涵

中国共产党人精神谱系的内涵丰富多元，体现历史与现实的交相辉映，是中国共产党人认识世界和改造世界的精神源泉。中国共产党人精神谱系在纵向上表现为伟大建党精神在百年演进中的历史走向与完整轨迹，在横向上表现为一代代共产党人坚定的理想信念与崇高的价值追求，蕴含着中国共产党历经百年风雨依然风华正茂的精神密码。

连贯的思想内核和坚定的理想信念。中国共产党人的精神力量来源于对共产主义的理想信念。坚定的理想信念是中国共产党人精神谱系的理论基石和一以贯之的思想内核，为中华民族伟大复兴提供精神动力。

鲜明的民族特色和与时俱进的时代特征。中国共产党人精神谱系伟大精神是民族精神和时代精神的集中体现。中国共产党人精神谱系是中华民族精神的继承和发展，具有鲜明的民族特色；百年来，中国共产党领导人民在血与火的锻造中向历史交出优异答卷并踏上新征程的赶考之路，体现了鲜明的时代特征。

生动的实践属性和深厚的为民情怀。党的精神谱系中每一种精神都呈现出生动的实践属性。中国共产党人所有的实践都围绕"以人民为中心"开展，全心全意为人民服务是党的初心、使命和宗旨，深厚的为民情怀是中国共产党人精神谱系的价值旨归。

崇高的道德品质和忠诚的政治品格。党的精神谱系汇聚成人类精神世界的崇高道德品质；而对党忠诚、不负人民则是中国共产党人崇高道德品质中首要的政治品格，集中反映了中国共产党人的责任担当、无私奉献。

二　根植于党的精神谱系伟大精神的生动实践及其特征

首都发展关乎国之大者。北京是早期马克思主义思想传播之地、建党之地（之一），是新中国建设、改革开放及中国式现代化宏伟蓝图的擘画之地，是我国的政治中心、文化中心、国际交往中心、科技创新中心，党的十八大以来书写了习近平新时代中国特色社会主义思想在京华大地的生动实践。首都北京广大干部群众在党的领导下砥砺奋进的生动实践，其精神力量根植于中国共产党人的精神谱系。

（一）建党精神及其生动实践

1.建党精神的深刻内涵

习近平总书记在庆祝中国共产党成立100周年大会上第一次提出并深刻阐述了坚持真理、坚守理想，践行初心、担当使命，不怕牺牲、英勇斗争，对党忠诚、不负人民的伟大建党精神，明确指出伟大建党精神是中国共产党的精神之源。伟大建党精神的提出和阐发，说明中国共产党对自身历史的认识达到一个新高度。伟大建党精神是中国共产党人精神谱系的开篇，是贯穿中国共产党人精神谱系的一条红线，是对中国共产党的思想先进、信仰坚定、初衷不改、本色依旧、意志顽强、作风优良、品德高尚、情系人民的生动写照，是党强大的思想优势、政治优势、精神优势、道德优势的集中展现。

2.建党精神的生动实践

坐落于东城区五四大街的"北大红楼"，是中国共产党人初心之

地、伟大建党精神源头之地，中国革命的红色序章由此开启。1918～
1923年，一批中国先进的专家学者和知识青年在这里传播各种思想，
在中国共产党创建前后，许多重要的历史事件在这里发生、发展。一层
东侧的119房间，是当年北京大学图书馆主任李大钊的办公室，墙壁上
挂着李大钊手书的对联——"铁肩担道义 妙手著文章"，这正是李大钊
一生的生动写照。1918年8月至1922年12月，李大钊在这里工作。其
间，他率先在国内宣传十月革命，先后撰写了《布尔什维主义的胜利》
《我的马克思主义观》等，成为在中国传播马克思主义的第一人。1920
年11月，共产党北京支部在这里成立，李大钊任书记，开启"南陈北
李 相约建党"的光辉历程。1936年，毛泽东在同斯诺谈话时说："我
在李大钊手下在国立北京大学当图书馆助理员的时候，就迅速地朝着马
克思主义的方向发展……有三本书（《共产党宣言》《阶级斗争》《社
会主义史》）特别深地铭刻在我的心中，建立起我对马克思主义的信
仰。我一旦接受了马克思主义是对历史的正确解释以后，我对马克思主
义的信仰就没有动摇过。"二层东侧朝南第一间的文科学长室，是陈独
秀在北京大学工作时的办公室，1918年12月22日，陈独秀召集李大钊
等人在这里创办了《每周评论》，在相当程度上宣传了马克思主义，激
发了中国人民的斗争精神，毛泽东评价陈独秀是"五四运动的总司
令"。可以说，"北大红楼"见证了中国共产党的诞生和伟大建党精神
的形成，是全市乃至全国各界人士深入学习、体会伟大建党精神的最佳
课堂。

（二）抗战精神及其生动实践

1.抗战精神的深刻内涵

2020年9月3日，习近平总书记在纪念中国人民抗日战争暨世界
反法西斯战争胜利75周年座谈会上深刻阐释了伟大抗战精神的内涵：
"中国人民在抗日战争的壮阔进程中孕育出伟大抗战精神，向世界展示

了天下兴亡、匹夫有责的爱国情怀，视死如归、宁死不屈的民族气节，不畏强暴、血战到底的英雄气概，百折不挠、坚忍不拔的必胜信念"。中国共产党的中流砥柱作用是中国人民抗日战争胜利的关键。伟大抗战精神，是中国人民弥足珍贵的精神财富，将永远激励中国人民克服一切艰难险阻、为实现中华民族伟大复兴而不懈奋斗。

2. 抗战精神的生动实践

坐落于丰台区卢沟桥宛平城内街的中国人民抗日战争纪念馆是全国唯一全面反映中国人民抗日战争历史的大型综合性专题纪念馆，馆藏文物3万余件（套），其中一级藏品达百余件（套），藏品以民国二十年（1931年）至民国三十四年（1945年）抗日战争时期的各种历史文献和相关实物为主，是全面展示中国人民伟大抗战精神的重要场所。此外，北京的诸多抗战遗迹，是向全社会大力弘扬、生动宣传伟大抗战精神的重要场所。例如，坐落于海淀区的抗战名将纪念馆，展览面积2500平方米，展览内容分为"中国军民局部抗战""国共合作全国性抗战""伟大的胜利"三大部分，通过实物、图片、文字及视频，全面客观、生动形象地反映了抗日战争中的著名战役战斗、著名抗战将领和英雄人物及其所体现的伟大抗战精神。佟麟阁将军墓，位于香山脚下，佟麟阁将军（1892～1937年）是中国在抗日战争中殉国的高级将领之一，2021年3月被北京市文物局确定为北京市第一批不可移动革命文物。樱桃沟一二·九运动纪念地，位于国家植物园樱桃沟北部。纪念地由一二·九运动纪念亭、"保卫华北"和"收复失地"石刻、"不平静的书桌""与历史对话""青年服务国家"等雕塑组成，2012年9月，纪念地被确定为北京市爱国主义教育基地。一二·九运动纪念亭，位于北京师范大学校内，1935年12月9日，北平数千名青年学生涌上街头，高呼抗日口号，声势浩大的一二·九抗日救亡运动就此爆发，1985年12月，为纪念一二·九运动50周年，北京师范大学在校内建立起一二·九运动纪念亭，亭内正面左侧中央矗立着一二·九纪念碑，碑文记述了北京师范大学学生参加一二·九运动的辉煌历史。位于苏家坨镇的贝家花园，是法国医生贝熙叶于 20 世纪 20 年代建造的宅邸，抗战期间，这里曾是平西情报联络站的一个重要站点，2014 年习近平总书记访问法国时说："我们不会忘记，无数法国友人为中国各项事业发展作出了重要贡献，冒着生命危险开辟一条自行车驼峰航线、把宝贵的药品运往中国抗日根据地的法国医生贝熙叶。"

（三）抗美援朝精神及其生动实践

1. 抗美援朝精神的深刻内涵

2020 年 10 月 23 日，纪念中国人民志愿军抗美援朝出国作战 70 周年大会在京隆重举行，习近平出席大会并发表了重要讲话。习近平总书记的重要讲话高度肯定了中国人民志愿军抗美援朝出国作战的历史意义和伟大精神，激励全党全军全国各族人民对标先辈英雄，弘扬伟大抗美援朝精神，在全面开启中国特色社会主义现代化国家建设新征程中勇毅奋进、不懈斗争。抗美援朝精神是马克思列宁主义、毛泽东思想同正义战争伟大实践相结合的产物，是人民军队宗旨、本色和作风的体现，是中华民族不畏强暴、敢于斗争的历史传统的弘扬，是中国人民极其宝贵的精神财富。

2. 抗美援朝精神的生动实践

中国人民革命军事博物馆中"抗美援朝战争馆"详细展现了抗美援朝战争的历史，生动而真实地反映了伟大的抗美援朝精神。抗美援朝战争馆展出内容以军事斗争为主线，全面展出志愿军抗美援朝战争的全过程，有"决策出兵""运动歼敌""边打边谈""胜利归国"四部分内容，将政治工作、后勤工作、停战谈判、人民支援、中朝友谊等内容反映在战役战斗的进行中。展品有彭德怀司令员在抗美援朝战争中使用过的物品，杨根思、黄继光等志愿军特级战斗英雄的遗物，从上甘岭带回的嵌满弹片的树干，缴获美军第 7 师 31 团的团旗，空军战斗英雄王海在抗美援朝战场上驾驶的米格 15 歼击机（其机身上的 9 颗红星代表了击伤击落敌机的战绩）。此外，还有反映抗美援朝史实的油画艺术作品，如《前线》《决策出兵》《激战松骨峰》《杨根思》等。这里是向公众展示、学习伟大抗美援朝精神的重要场所。

（四）科技创新系列精神及生动实践

1.科学家精神、"两弹一星"精神、载人航天精神、探月精神、新时代北斗精神等科技创新系列精神的深刻内涵

习近平总书记在中国科学院第二十次院士大会、中国工程院第十五次院士大会、中国科协第十次全国代表大会上指出，在中华民族伟大复兴的征程上，一代又一代科学家心系祖国和人民，不畏艰难，无私奉献，为科学技术进步、人民生活改善、中华民族发展作出了重大贡献。新时代更需要继承发扬以国家民族命运为己任的爱国主义精神，更需要继续发扬以爱国主义为底色的科学家精神。科学家精神具有丰富的内涵——胸怀祖国、服务人民的爱国精神，勇攀高峰、敢为人先的创新精神，追求真理、严谨治学的求实精神，淡泊名利、潜心研究的奉献精神，集智攻关、团结协作的协同精神，甘为人梯、奖掖后学的育人精神。科学家精神中蕴含着"两弹一星"精神，2020 年 9 月 11 日，习近平总书记在科学家座谈会上明确要求广大科技工作者要"弘扬'两弹一星'精神，主动肩负起历史重任，把自己的科学追求融入建设社会主义现代化国家的伟大事业中去"。随着时代变迁和任务需要，又演化为载人航天精神、探月精神、新时代北斗精神。

2.科技创新系列精神的生动实践

海淀区是北京科技创新的"排头兵"，为科技创新系列精神提供了鲜活的案例。我国科技事业取得的历史性成就，是一代又一代矢志报国的科学家前赴后继、接续奋斗的结果。中国科学院"格致论道"讲坛致力于科学家精神的弘扬和传播，2014 年至今，已邀请 700 多位科学

家进行演讲，微博微信公众号粉丝量超过 141 万，视频网络点击量超过
20 亿人次。"热爱祖国、无私奉献，自力更生、艰苦奋斗，大力协同、
勇于登攀"的"两弹一星"精神形成于 20 世纪 50~70 年代，是我国老
一辈科学家在自主完成原子弹和氢弹爆炸、导弹飞行和人造卫星发射的
过程中，自觉培育践行的一种崇高精神，是爱国主义、集体主义、社会
主义精神和科学精神的突出体现，是中国人民在社会主义建设时期为中
华民族创造的宝贵精神财富。坐落于花园路六号的中国工程物理研究院
北京第九研究所曾是我国核武器科技事业的摇篮，是"两弹一星"精
神的发源地之一，这里发生过的历史生动展示了"两弹一星"精神。
特别能吃苦、特别能战斗、特别能攻关、特别能奉献是载人航天精神的
精炼总结。北京航空航天大学航空航天博物馆宣传我国的航空航天事
业，成立 30 余年来共接待 260 万人次的参观。在努力探索科学前沿的
过程中，参与探月工程研制建设的老一代科技工作者率先垂范、淡泊名
利、言传身教，一大批中青年科技骨干奋发有为、脱颖而出、竭诚奉
献，他们身上所凝聚的探月精神，与我国航天事业锻造的"两弹一星"
精神、载人航天精神等一脉相通，成为中国共产党人精神谱系的重要组
成部分。独立的卫星导航系统，是政治大国、经济大国的重要象征。中
国北斗人始终秉承航天报国、科技强国的使命情怀，他们在建设北斗系
统过程中孕育出来的"自主创新、开放融合、万众一心、追求卓越"
的新时代北斗精神，成为"两弹一星"精神、载人航天精神的血脉赓
续，不断激励着新时代北斗人继续前行。

（五）改革开放精神、企业家精神及生动实践

1. 改革开放精神、企业家精神的深刻内涵

"改革开放是党和人民大踏步赶上时代的重要法宝，是坚持和发展
中国特色社会主义的必由之路，是决定当代中国命运的关键一招，也是
决定实现'两个一百年'奋斗目标、实现中华民族伟大复兴的关键一

招。"在 2018 年举行的庆祝改革开放 40 周年大会上，习近平总书记深刻指出，改革开放铸就的伟大改革开放精神，极大丰富了民族精神内涵，成为当代中国人民最鲜明的精神标识。改革开放需要企业家精神。一大批优秀企业家在中国经济社会发展进步中扮演了重要角色，企业家精神在推动经济发展中发挥了重要作用。"我们全面深化改革，就要激发市场蕴藏的活力。市场活力来自于人，特别是来自于企业家，来自于企业家精神。"2014 年 11 月 9 日，在亚太经合组织工商领导人峰会上，面对来自数十个国家和地区的 1500 多位工商界代表，习近平总书记特别提及企业家精神。弘扬企业家精神，不断创新技术、产品与服务，有助于推动传统产业改造升级。中央党校中国特色社会主义理论体系研究中心教授张汉飞指出，企业家精神是经济发展的动力源泉，其本质是创新。企业家只有充分发扬不畏风险、勇于开拓的创新精神，才能推动企业不断发展、经济不断进步。激发和保护企业家精神，对于增强市场活力、实施创新驱动发展战略、推动经济结构转型升级、促进经济社会持续健康发展都具有重要意义。

2. 改革开放精神、企业家精神的生动实践

中关村创新发展的 40 年历程生动体现了改革开放精神和企业家精神。1978 年召开的全国科学大会和党的十一届三中全会被称作"科学的春天"和"改革的春风"。1980 年 10 月，中科院物理所研究员陈春先在海淀区创办第一家民办科技机构"先进技术发展服务部"，拉开了科技人员面向市场、自主创业的序幕。与此同时，中科院开启了一院两制的新时期，高等院校也积极参与创办企业、助推创业大潮。作为政策区的"中关村"大约每过十年就进入一个新的阶段，从"试验区"到"科技园区"再到当今的"国家自主创新示范区"，中国超算事业和芯片技术的研发，以及进入移动互联时代后，构建 5G 全产业链，处处都能看到中关村科技产品和科技企业的身影。2015 年以来，海淀区打造中关村科学城、落实建设中关村国家自主创新示范区核心区的重点项目"中

关村壹号"已成为中关村科学城的人工智能标志性园区、北清路前沿科创发展轴的地标,目前已形成了一个世界级的人工智能技术创新中心。

(六)雷锋精神、劳模精神、抗疫精神及生动实践

1.雷锋精神、劳模精神、抗疫精神的深刻内涵

2018年9月28日,习近平总书记在辽宁省抚顺市向雷锋墓敬献花篮并参观雷锋纪念馆时指出,雷锋是时代的楷模,雷锋精神是永恒的。实现中华民族伟大复兴,需要更多时代楷模。我们既要学习雷锋的精神,也要学习雷锋的做法,把崇高理想信念和道德品质追求转化为具体行动,体现在平凡的工作生活中,作出自己应有的贡献,把雷锋精神代代传承下去。雷锋精神高度凝练了中华民族的传统美德,彰显了社会主义先进文化的本色,其内涵丰富、意蕴深刻,是一面永不褪色、永放光芒的精神旗帜。劳模精神与雷锋精神一脉相承。2020年11月24日,习近平总书记在全国劳动模范和先进工作者表彰大会上指出,劳动模范是民族的精英、人民的楷模,是共和国的功臣。2019年以来,我们党团结带领全国各族人民取得抗击新冠肺炎疫情斗争的重大战略成果。抗疫中涌现出的无数"无名英雄"身上展现出雷锋精神、劳模精神,因此抗疫精神中蕴含着雷锋精神、劳模精神。习近平总书记指出,伟大抗疫精神,同中华民族长期形成的特质禀赋和文化基因一脉相承,是爱国主义、集体主义、社会主义精神的传承和发展,是中国精神的生动诠释,丰富了民族精神和时代精神的内涵。

2.雷锋精神、劳模精神、抗疫精神的生动实践

全市广大党员干部群众传承雷锋精神、劳模精神,发扬抗疫精神,涌现出一大批先进人物和事例,"北京榜样"就是这些先进人物和事例的典型代表。北京有庞大的志愿者服务队伍,截至2022年12月31日,北京市在"志愿北京"信息平台累计注册志愿者4581356人,志愿服务组织(团体)77574个,累计发布志愿服务项目605439个,累计志

愿服务时间 644103354 小时。此外，以海淀区为例，在抗击疫情过程中，全区 7000 余个党支部、21 万多名党员主动冲锋全员参与抗疫工作，生动事例不胜枚举。

三　弘扬中国共产党人精神谱系伟大精神的时代价值

精神财富穿越时空，伟大事业呼唤精神，奋力开创新时代首都发展新局面要求我们深刻总结弘扬党的精神谱系伟大精神，进一步赓续精神、凝聚共识、汇聚力量、勇担使命。首都广大干部群众以中国式现代化全面推进中华民族伟大复兴为己任，高举中国特色社会主义伟大旗帜，全面贯彻习近平新时代中国特色社会主义思想，传承弘扬中国共产党人精神谱系，自信自强、守正创新，踔厉奋发、勇毅前行，在接续奋进中保持政治定力、增强奋斗动力、激发斗争活力、凝聚复兴合力，谱写新时代新征程上首都发展更加绚丽的华章。

坚定理想信念，保持政治定力。坚定的理想信念是坚守政治定力的必要条件，能够为共产党人保持政治定力确立方向和目标、提供基础和保证；政治定力是共产党人的首要政治素养。坚定理想信念，保持政治定力，坚守共产党人精神追求，是传承弘扬伟大建党精神的根本政治要求，也是共产党人安身立命的根本。坚定理想信念，保持政治定力，才能切实解决好世界观、人生观、价值观这一根本问题，筑牢信仰之基、补足精神之钙、把稳思想之舵，坚定捍卫"两个确立"、坚决做到"两个维护"，牢记"看北京首先要从政治上看"的要求，练就共产党人的钢筋铁骨，永远坚守共产党人的精神家园。

增强奋斗动力，勇担历史使命。中国共产党人精神谱系伟大精神在实践中汇聚成为共产主义事业奋斗终生的强大动力。越是任务艰巨，越要有咬定青山不放松的执着和勇气。勇担以中国式现代化推进中华民族伟大复兴的使命任务，落实北京率先基本实现社会主义现代化的奋斗目标，毫不动摇坚持首都城市战略定位，始终把大力加强"四个中心"功能建设、提高"四个服务"水平作为首都发展的定向标从而更好服务党和国家工作大局，坚持"五子"联动服务和融入新发展格局、着力推动高质量发展，坚定不移推进高水平改革开放，努力在新征程上走在前列、建功立业，无愧于党、无愧于人民、无愧于时代。

激发斗争活力，总结精神法宝。敢于斗争是中国共产党人的鲜明品格，贯穿于整个中国共产党人精神谱系中。中国共产党人善于运用唯物辩证法在斗争中求生存、谋发展，在自我斗争与外部斗争中增强能力。要在赓续中激发斗争活力，就要始终保持"赶考"的精神状态。只有不断增强自我净化、自我完善、自我更新、自我提升的能力，不断总结新的精神法宝，才能坚决抵制一切违背初心使命的事物，深入践行以人民为中心的发展思想，坚持把实现人民对美好生活的向往作为一切工作的出发点和落脚点，让现代化建设成果更多更好惠及广大市民。

凝聚复兴合力，锤炼道德品质。中华民族伟大复兴需要物质积累，更需要精神升华。中国共产党人精神谱系伟大精神是一代代共产党人接续奋斗的精神财富累积，也是党领导干部群众在新征程上为中华民族伟大复兴不断奋进、凝聚力量的强大精神支柱。只有用初心使命衡量行为、用精神之光锤炼品质、强化共产党人宗旨意识、锤炼共产党人的道德品质，才能永远保持同人民群众的血肉联系，凝聚起中华民族伟大复兴的合力，奋力开创新时代首都发展新局面。

党的十八大以来北京市行政区划
工作的实践及经验启示

张佰瑞[*]

摘　要： 党的十八大以来，北京市贯彻习近平新时代中国特色社会主义思想，全面贯彻新发展理念，统筹行政区划与首都发展，围绕国家和北京市的重大战略、城市总体规划布局调整、加强基层治理等开展了一系列重大行政区划调整。本文梳理了党的十八大以来北京市实施的重大行政区划变更，总结了首都行政区划工作的主要经验。

关键词： 行政区划　北京市　城市治理

党的十八大以来，以习近平同志为核心的党中央坚持解放思想、实事求是、守正创新，统筹推进"五位一体"总体布局、协调推进"四个全面"战略布局，团结带领全党全国人民坚持以习近平新时代中国特色社会主义思想为指导，坚持稳中求进工作总基调，立足新发展阶段，完整、准确、全面贯彻新发展理念，加快构建新发展格局，推动高质量发展，沉着有力应对各种风险挑战，疫情防控和经济社会发展实现

---

　* 张佰瑞，北京市社会科学院市情研究所副所长、副研究员。

全球"双领先",发展改革领域取得了历史性成就、发生了历史性变革,在中华大地上全面建成小康社会,开启全面建设社会主义现代化国家、实现第二个百年奋斗目标的新征程。

党的十八大以来,北京市贯彻习近平新时代中国特色社会主义思想,全面贯彻新发展理念,统筹行政区划与首都发展,围绕国家和北京市的重大战略、城市总体规划布局调整、加强基层治理等开展了一系列重大行政区划调整。本文梳理了党的十八大以来北京市实施的重大行政区划变更,总结了首都行政区划工作的主要经验。

一 党的十八大以来北京市行政区划调整情况

(一)大兴区部分行政区划调整(2014年)

为理顺北京经济技术开发区与属地行政区的关系,助力北京市推进全国科技创新中心建设,增强开发区管委会统筹社会管理事务的能力,2014年1月,北京市政府批准在开发区范围内的大兴亦庄地区成立大兴区博兴街道和荣华街道,由大兴区政府委托开发区代管。

(二)朝阳区部分行政区划调整(2014年)

为支持朝阳区来广营地区办事处(乡)南部区域望京工业开发区和崔各庄地区办事处(乡)西南部区域大望京商务区的发展,完善区域行政区划布局,增强区域城市管理能力,2014年1月24日,北京市政府批准调整该区域行政区划。在此区域设立东湖街道办事处,并调整来广营地区办事处(乡)和崔各庄地区办事处(乡)辖区范围。

（三）撤销密云县、延庆县，设立密云区、延庆区（2015年）

2015年11月17日，《北京市人民政府关于撤销密云县、延庆县设立密云区、延庆区的通知》指出，经国务院批准，撤销密云县、延庆县，设立密云区、延庆区。以原密云县的行政区域为密云区的行政区域，密云区人民政府驻鼓楼街道鼓楼西大街3号。以原延庆县的行政区域为延庆区的行政区域，延庆区人民政府驻儒林街道湖北西路1号。

（四）昌平区回天地区行政区划调整（2012年、2015年）

为支持昌平区东小口地区综合配套改革，完善该地区行政区划布局，增强区域城市管理能力，2012年市政府对昌平区东小口地区进行区划调整。将东小口地区办事处（镇）辖区拆分为4个区域，保留东小口地区办事处（镇）建制，并新设3个街道办事处。在天通苑北部区域设天通苑北街道办事处，在天通苑南部区域设天通苑南街道办事处，在霍营区域设霍营街道办事处。

为解决昌平区回龙观地区行政区划设置与城市管理需求不相匹配问题，促进区域经济社会协调发展，2015年市政府对昌平区回龙观（地区）进行行政区划调整，将回龙观镇（地区办事处）拆分设立3个街道办事处。

（五）北京市政府驻地迁移至北京城市副中心（2019年）

规划建设北京城市副中心，是落实党中央、国务院决策，调整北京空间格局、治理大城市病、疏解非首都功能、形成"一体两翼"城市战略布局，推动京津冀协同发展的需要，是北京实现更高水平、可持续发展的历史契机、重大抓手。2019年1月11日，经国务院批准，北京市人民政府机关由东城区正义路2号搬迁至通州区运河东大街57号。市政府驻地的迁移，标志着北京城市副中心建设进入新阶段。

（六）北京城市副中心街乡镇行政区划调整（2018年、2020年）

为加快构建与城市副中心发展战略相适应的城市管理体系和行政区划管理格局，北京市和通州区在充分对接城市副中心城市定位和城市总体规划的基础上，超前谋划和"设计"了北京城市副中心行政区划调整总体方案，并根据城市副中心建设和发展的时序确立了分步实施方案。2018年和2020年通州区分两步完成了两轮行政区划变更工作。两轮调整共新设7个街道（潞源、通运、文景、临河里、九棵树、杨庄、潞邑）、撤销2个地区办事处并保留镇建制（永顺、梨园）、优化10个街镇的辖区范围。

（七）顺义区政府驻地迁移（2019年）

顺义作为北京东北部发展带的重要节点、重点发展新城之一，是首都国际航空中心核心区，是服务全国、面向世界的临空产业中心和现代制造业基地，是北京东北部面向区域、具有核心辐射带动作用的现代化综合新城。为了落实顺义新城总体规划，集约利用资源，优化公共服务供给，更好服务人民群众，2019年3月，经北京市人民政府批准，顺义区人民政府机关办公地址由胜利街道府前中街5号搬迁至双丰街道复兴东街1号。

（八）丰台区街乡镇行政区划调整（2020年）

为配合"城南行动计划"实施，补齐丰台区城市管理和城市治理短板，解决丰台区基层行政区划设置存在街乡镇管理幅度不均衡、城乡交叉管理、行政区划界限不清、部分街乡（镇）重名等问题。2020年12月，经北京市政府批准，丰台区对全区行政区划格局进行了大规模调整。优化调整17个街道，撤销3个乡和地区办事处，撤销2个独立设置的地区办事处，新设10个街道办事处，从21个街乡镇调整为26个街镇（见表1）。

表 1　2021 年北京市街乡镇行政区划数量

单位：个

市辖区	街乡镇数量				加挂地区办事处乡镇
	总数	街道	乡（民族乡）	镇	
东城区	17	17			
西城区	15	15			
朝阳区	43	24	19（1）		18（乡）+1（民族乡）
丰台区	26	24		2	
石景山区	9	9			
海淀区	29	22		7	7（镇）
门头沟区	13	4		9	3（镇）
房山区	28	8	6	14	3（镇）
通州区	22	11	1（1）	10	
顺义区	25	6		19	7（镇）
昌平区	22	8		14	4（镇）
大兴区	22	8		14	5（镇）
怀柔区	16	2	2（2）	12	3（镇）
平谷区	18	2	2	14	4（镇）
密云区	20	2	1（1）	17	1（民族乡）
延庆区	18	3	4	11	
核心区	32	32			
城六区	139	111	19	9	26[18（乡）+1（民族乡）+7（镇）]
其他十区	204	54	16	134	30[1（民族乡）+29（镇）]
北京市	343	165	35	143	56[18（乡）+2（民族乡）+36（镇）]

　　注：以市政府批复时间为准，截至 2021 年底。5 个民族乡：朝阳区常营回族乡，通州区于家务回族乡，怀柔区长哨营满族乡、喇叭沟门满族乡，密云区檀营满族蒙古族乡。

二　党的十八大以来北京市行政区划工作的经验启示

　　党的十八大以来，北京市认真落实首都城市功能定位，围绕首都治理的突出问题优化行政区划设置，提升城市治理水平，取得了良好效果，总结起来，北京市的主要经验如下。

（一）坚持以习近平总书记对北京的系列重要讲话、指示精神为根本遵循，统筹做好新时代首都行政区划工作

党的十八大以来，习近平总书记围绕"建设一个什么样的首都、怎样建设首都"这一重大时代课题做出了一系列重要讲话和论述，提出了一系列重要指示和要求，从战略高度擘画了新时代首都发展蓝图，为新时代推动首都行政区划工作指明了前进方向、提供了根本遵循。习近平总书记深刻指出，北京要进一步做好城市发展和管理工作，在建设首善之区上不断取得新的成绩。行政区划并不必然就是区域合作和协同发展的障碍与壁垒，行政区划本身也是一种重要资源。要加强党中央对行政区划工作的集中统一领导，行政区划的重大改革、重要政策、重大调整由党中央研究决策。要加强战略性、系统性、前瞻性研究，组织研究拟定行政区划总体规划思路，提升行政区划设置的科学性、规范性、有效性，确保行政区划设置和调整同国家发展战略、经济社会发展、国防建设需要相适应。要把历史文化传承保护放在更重要的位置，深入研究我国行政区划设置历史经验，稳慎对待行政区划更名，不随意更改老地名。要坚持行政区划保持总体稳定，做到非必要的不调、拿不准的不动、时机条件不成熟的不改。要完善行政区划调整标准体系，加强行政区划同相关政策、规划、标准的协调衔接，依法加强行政区划管理。

党的十八大以来，北京市认真落实习近平总书记关于首都发展和行政区划工作的重要指示，紧紧围绕"四个中心"首都功能定位，针对首都城市发展和城市治理中的突出问题，统筹做好新时代首都行政区划工作，取得了良好成效。这些成绩的取得，归根到底，离不开习近平新时代中国特色社会主义思想的指导，离不开习近平总书记对北京的系列重要讲话、指示精神这一根本遵循。

（二）加强顶层设计，提升行政区划设置的科学性、规范性、有效性

一是加强政策引领，明确基层行政区划改革方向。2018 年，北京市委积极探索党建引领基层治理体制机制创新，先后推出了"街乡吹哨、部门报到""接诉即办"等一系列机制举措，对街道乡镇治理能力和水平提出了更高的要求。8 月，市委、市政府办公厅印发《关于加强乡镇政府服务能力建设的实施意见的通知》（京办发〔2018〕21 号），提出突破城市化成熟地区街道办事处设置滞后瓶颈，加快地区办事处转制，按照成熟即转、属地管理、同步优化的原则，对全市地区办事处进行梳理，建立台账，根据难易程度统筹转制时间安排的要求。2019 年 2 月，市委、市政府印发《关于加强新时代街道工作的意见》（京发〔2019〕4 号），提出调整街道设立标准；优化街道行政区划设置；完善街道、社区名称评审设定制度，体现地名地域人文历史和居民认同感；妥善解决城市化进程中的遗留问题；适应城市化发展需要，建立与城市化水平相匹配的管理体制，积极稳妥推进乡镇、地区办事处向街道办事处转制等系列任务和要求。16 区均将"优化行政区划设置"纳入了街道工作和"吹哨报到"改革重点任务清单。

北京市委、市政府的一系列文件精神，明确了基层行政区划改革的基本方向，为推动构建具有首都特色的超大城市治理体系提供了政策指引。

二是完善法规体系，规范基层行政区划设置。2020 年 1 月 1 日《北京市街道办事处条例》正式实行。该条例对街道办事处的设立、撤销、更名、驻地迁移、辖区范围变更、街道办事处设立标准的修订及全市街道优化调整等行政区划管理事项作出了专门规定，为优化行政区划设置提供了法律法规保障。

2020 年 12 月 31 日，市政府印发《北京市街道办事处设立标准

（试行）》（京政发〔2020〕27号，以下简称《标准》）。《标准》立足于新要求、新时代，要求设立街道要符合首都城市战略定位、落实城市总体规划，遵循"规模适度、精简高效"的原则，并从管理幅度、城市化水平、公共服务设施和其他条件四方面提出了具体指标。《标准》针对现有街道大小失衡、城市化成熟乡镇新设街道、街乡镇交叉管理、撤销地区办事处等问题，要求各区进行整体考虑，制定规划，积极稳妥推进实施。《标准》的实施为合理确定街道规模提供了依据，有助于街道的资源、力量平衡，有利于推动全市街乡镇行政区划优化。为推进街道管理体制配套改革，提高社区精细化管理，北京市还出台了《北京市社区居民委员会设立标准》（京社领办发〔2020〕7号）和《关于开展撤村建居工作的指导意见》（京社领办发〔2020〕8号），赋予街道涉农职责，加快撤村建居，实现街道对辖区村居事务的统筹管理，增强基层治理能力、提升服务效能和推进城市精细化管理。

三是严格贯彻《行政区划管理条例》，规范行政区划调整论证工作。行政区划是一项严肃的工作，必须依法实施。北京市严格落实《行政区划管理条例》《行政区划管理条例实施办法》《地名管理条例》，严格履行行政区划调整审核审批程序，行政区划调整、驻地迁移、政区名称命名等事项均经过前期专题调研、征求公众意见、开展专家论证和政区名称评审、社会稳定风险评估等法定程序。在充分考虑人口规模、地域面积、人文历史、街区功能、居民认同等因素的基础上，开展行政区划调整工作。

四是坚持标准引领，分步实施行政区划调整工作。为统筹做好各区基层行政区划优化调整工作，市委社会工委市民政局指导各区参照《北京市街道办事处设立标准（试行）》，开展行政区划前瞻性研究，拟定行政区划调整总体规划，分步实施行政区划调整工作，根据城市管理的实际需要，逐步优化调整基层行政区划结构体系，调整街乡镇结构和管理幅度。2020年以来，门头沟区、房山区、大兴区、北京经济技术开发区（配合通州区）先后开展了行政区划调整研究工作，形成了调整方案，并按照步骤逐步落实重点区域的行政区划调整工作。

（三）坚持问题导向，使行政区划调整与城市发展战略相呼应

行政区划属于上层建筑，必须和经济基础相适应。同时，为了更好地发挥行政区划在城市治理中的作用，必须坚持问题导向，使行政区划调整与城市发展战略相呼应。行政区划调整不是简单的管理空间划分，而是破解城市发展问题的"一把钥匙"。北京市紧密围绕城市副中心建设、"城南行动计划"、超大社区治理等现实问题和城市治理的突出矛盾开展行政区划的优化和调整，着力从上层建筑入手，构建提升城市治理的制度体系，包括行政管理体系、基层治理体系，为破解城市发展难题提供制度支撑。

（四）行政区划调整要处理好体制转换与平稳过渡的关系，处理好改革、发展和稳定的关系

行政区划调整过程中面临着街乡镇行政管理体制的转换和城市管理体制的转换。例如，按照我国现有的行政管理体制，乡镇和街道在机构性质、职能定位、机构设置方面有一定的区别。从职能定位上看，乡镇总体上以统筹农村地区或者城乡结合地区的发展和管理为主要任务，涉农事务较多，涉农职能较多，涉农机构较为健全，对农村事务和集体经济管理有一套较为完整的管理体系。街道的职能是在本街道党的工作委员会领导下，执行党的路线方针政策，依法履行辖区公共服务、城市管理、社会治理等综合管理职能，统筹协调辖区地区性、社会性、群众性工作。因此，街道属于城市型行政单元，以城市管理和公共服务为主要职能，涉农职能、涉农事务、涉农机构普遍较少。

在基层行政区划调整过程中不可避免地要面临乡镇体制向街道体制

转制的问题。部分村和地区没有实现完全城市化，还存在农民、村委会和集体经济组织。而现有的街道对涉农事务普遍缺乏系统的制度安排。乡镇转变为街道以后，农民怎么管，集体经济组织怎么办，乡镇向街道的过渡中存在一定的体制转换风险。北京市通过回龙观镇改三街等实践探索，较好地处理了体制转换与平稳过渡的关系，妥善处理了改革、发展和稳定的关系。

（五）行政区划调整要坚持以人为本的城市治理理念

以人为本的城市治理理念是重要的遵循。"人民城市人民建，人民城市为人民""城市让生活更美好"已成为人民群众的普遍期盼。要坚持以人为本的城市治理理念，通过行政区划调整提升城市治理水平，提升公共服务水平，提升人民群众的幸福感和获得感，从而获得群众的普遍支持。

参考文献

《在习近平新时代中国特色社会主义思想指引下奋力谱写全面建设社会主义现代化国家的北京篇章——在中国共产党北京市第十三次代表大会上的报告》，《北京日报》2022 年 7 月 4 日。

石超艺：《大都市区行政区划管理体制扁平化改革探析——基于深圳的实践》，《华东理工大学学报》（社会科学版）2011 年第 3 期。

李宏、杨桓、刘仁忠：《论我国特大城市空间拥挤的制度根源与治理路径——基于空间政治的视角》，《湖北社会科学》2017 年第 9 期。

熊万胜：《基层行政区划的管理幅度演变：规律与启示——对一个县 150 年区划演变的纵贯性研究》，《上海行政学院学报》2007 年第 4 期。

田玲玲、罗静：《乡镇行政区划调整的基层治理效应》，《华中师范大学学报》（人文社会科学版）2020 年第 6 期。

国外学者关于都市圈建设的主要观点
及其对首都都市圈建设的启示

何仁伟*

摘　要：国外学者对城市发展和都市圈建设进行了大量的理论和实证研究，主要观点包括加强对都市圈空间演变和发展规律的认知、信息通信技术进步大大推动大都市圈的发展、构建基于大都市圈的治理逻辑和治理机制、不断推动大都市圈的协同治理与高质量发展。国外学者研究成果对首都都市圈建设的启示如下：第一，要把握都市圈空间演化规律，发挥北京的核心带动作用，推动首都都市圈区域协同发展；加快制定都市圈发展规划，发挥信息通信技术的空间组织作用。第二，要加快建立健全大都市圈跨界治理体制和机制，明确首都都市圈治理核心问题，建立完善首都都市圈的治理框架，构建大都市圈的合作和协调机制，提升经济适应力、核心竞争力与全球影响力。

关键词：都市圈　首都都市圈　北京

　　都市圈是同中心城市（特大城市）、大城市、中小城市形成的联

---

　　* 何仁伟，博士，北京市社会科学院市情研究所研究员，北京世界城市研究基地专职研究员。

系紧密、相互依赖的城市空间区域，是城市群高质量发展的重要平台，也是推动城市高质量发展的空间载体。北京市"十四五"规划纲要明确提出，要以快捷高效的现代化交通体系为支撑，按照职住协同、功能互补、产业配套的圈层结构，打造好"通勤圈""功能圈""产业圈"三个圈层，加快建设现代化首都都市圈。加快构建现代化首都都市圈，将有利于北京在更大范围配置资源，优化提升首都功能，加快建设世界级城市群，推动京津冀协同发展。国外都市圈建设经验丰富，形成了大量研究成果，可为我国都市圈建设提供理论参考和实践借鉴。本文通过梳理和总结国外学者有关都市圈建设的主要观点，探讨其对首都都市圈建设的启示，以期为建设现代化首都都市圈提供参考。

一　国外学者关于都市圈建设的主要观点

（一）都市圈空间演变和发展规律认知

1. 空间结构由单中心向多中心及城市网络演变

"从单中心城市到多中心都市区再到紧密联系城市网络"是大都市区发展的一般规律。Scott 认为都市圈空间是由分散走向紧密联系的，表现为由单中心城市逐渐发展到多中心城市，通过区域交通设施完善和公共设施一体化推进，发展到网络化城市阶段。① 多中心都市区形成理论认为，在距离中心城市较近的具有较优越的区位条件的区域就会形成城市亚中心，集聚效应会促使亚中心区域发展成为较大的城市，由此多中心都市区日趋形成。还有学者认为，政府部门跨地区交通干线的建设

---

① Scott A. J. , *Global City-regions*: *Trends*, *Theory*, *Policy*, Oxford University Press, 2001, pp. 38-43.

和基础设施投入在很大程度上促进了城市亚中心的形成。[①] 成田孝三认为都市圈中的人才、资金、信息等多种要素在中心城市与周边区域的流动过程中加强了都市圈中的社会经济联系，[②] 推动了区域均衡协调发展。Friedmann 认为工业化推动工业中心的形成，从而逐渐形成中心城市及其腹地，随着经济的辐射和扩散，在后工业化时期开始形成联系紧密、相互依赖的多中心城市系统。[③]

2. 都市区域的发展是由非均衡到均衡的发展过程

核心城市与周边地区的互动在不同发展阶段的特点不同，都市区域的发展是由非均衡发展走向均衡协同发展的过程。根据法国经济学家 Perroux 提出的增长极理论，[④] 大都市圈的中心城市构成了区域发展的核心（增长极）。美国区域发展与区域规划专家 Friedmann 提出的核心—边缘理论可以解释都市圈社会经济由不平衡发展变为相互关联协同发展的过程。[⑤] 该理论认为，核心区域（中心城市）与周围区域的关系在经济发展的不同阶段会发生转化，其互动过程可以分为三个阶段。第一阶段是中心城市对周围区域产生负向效果，即极化作用大于扩散作用，都市圈内部社会经济严重分化，瑞典经济学家 Myrdal 把这一过程称为"回流效应"。第二阶段是中心城市对周围区域产生正向效果，即扩散作用远大于极化作用，美国经济学家 Hirshman 在研究均衡发展理论时，将这一过程称为"涓滴效应"。第三阶段是中心城市的工业和一些服务

---

① Henderson V., Mitra A., "The New Urban Landscape: Developers and Edge Cities," *Regional Science and Urban Economics*, 1996, 26 (6); Fujita M., Ogawa H., "Multiple Equilibra and Structural Transition of Monocentric Urban Configuration," *Regional Science and Urban Economics*, 1982 (12).

② 〔日〕成田孝三:《转换期都市和都市圈》，地人书房（株式会社），1995，第254~257页。

③ Friedmann J., *Regional Development and Planning: A Reader*, Cambridge Mass Press, 1964, pp. 53-58.

④ Perroux F., "Note on the Concept of Growth Poles," 1955, in: Livingstone I. (ed.), *Economic Policy for Development: Selected Readings*, Harmondsworth: Penguin, 1971.

⑤ Friedmann J., "Regional Development Policy: A Case Study of Venezuela," *Urban Studies*, 1966, 4 (3).

业有步骤地主动向周围区域扩散，促进本身产业结构的优化升级，带动周围区域的发展。而 Williamson 和 Hansen 则从市场与政府的双重角度对核心区域与边缘区域的互动关系进行了解读。①② 经济发展初期，经济发达区域具有较强的集聚效应，吸引了大量优质资本和劳动力，此时政府为了使经济发展加快，通常会制定倾斜性优惠政策，加快核心区域的发展；当经济发展到一定阶段时，核心区域因较高的成本（包括劳动力成本、土地成本和交通成本）而产生较大的扩散效应，此时政府为了缩小核心区域与边缘区域的差距，减少由社会问题引发的矛盾和冲突，会将前期经济快速增长时积攒的财力转而投向边缘区域，在市场力量和政府引导的双重作用下，核心区域和边缘区域实现协同发展。

（二）信息通信技术推动都市区的发展变革

1. 推动都市区域空间联系与组织模式变革

信息通信技术推动交通和通信设施日益完善，在区域联系"时空压缩"的同时引起区域组织方式变化，进一步塑造由核心城市所统领和凝聚起来的现代化都市圈。都市区域一体化本质上是突破区域经济的"地点空间"，从开放的"流空间"视角思考发展问题，从内外要素流动中寻找发展动力。Graham 和 Marvin 发现信息通信技术对城市发展具有加强协作、扩大交流、替代传统模式、衍生新功能等效应。③ 城市社会学家 Castells 提出的流空间理论是对增强现代化都市圈区域联系的深层次思考。④ "流空间"是通过流动而运作的共享时间之社会实践的物

---

① Williamson J. , "Regional Inequality and the Process of National Development," *Economic Development and Cultural Change*, 1965, 13 (4).

② N. Hansen, "Impacts of Small and Intermediate-sized Cites on Population Distribution: Issues and Responses," *Regional Development Dialogue*, 1990, 11 (1).

③ Graham S. , Marvin S. , *Telecommunications and the City: Electronics Spaces, Urban Places*, Routedge, 1996.

④ Castells M. , *The Informational City: Information Technology, Economic Restructuring and the Urban-regional Progress*, New York, USA: Blackwell, 1989, p. 146.

质组织，是以信息技术为基础的人流、物流和信息流等组成的双向或者多向流动的网络化动态空间，① 由技术性基础设施网络、数字化空间与机场、港口、科技园等各种节点及枢纽构成的极化点等组成。②

在"流空间"背景下，以 ICTs 为基础的信息、资本和技术等"流"作为真实的关系数据反映城市之间的相互作用，促使区域空间结构的研究从城市的内部特征转向城市的外部关系，从城市的形态、核心—边缘、等级体系转变为城市网络的结构、功能和连接关系。③ 彼得·霍尔等认为大都市区通过功能性劳动分工形成多个不同的功能性城市区，这些城市或区域通过城市间的交通体系和信息系统等"流动空间"联结起来。④ 在都市圈同城化的过程中，城市之间的时空距离不断缩短、行政边界逐渐模糊、交通更加便捷、基础设施和公共服务趋于共享、产业协同发展。⑤

2. 助力智慧都市圈的发展及规划管理

智慧城市是基于新一代信息通信技术而提出的。对于智慧城市，不应过度强调技术主义的智能城市，而应凸显城市"人本"与"技术"智慧所给予的发展推动力。借助云计算、移动互联网、物联网、大数据等信息技术的进一步发展与应用，智慧城市理念应运而生。很多学者从技术维度将智慧城市的概念界定为"一种充分利用城市信息系统对城市基础设施和服务进行规划、设计、投资、建设、管理和运作的城

---

① Castells M., "The Rise of the Network Society," in *The Information Age*: *Economy*, *Society*, *and Culture*, New York, USA: Blackwell, 1996, Vol. 1.

② Castells M., "Grassrooting the Space of Flows," *Urban Geography*, 1999, 20(4).

③ Batten D. F., "Network Cities: Creative Urban Agglomerations for the 21st Century," *Urban Studies*, 1995, 32 (2).

④ 彼得·霍尔、考蒂·佩因、罗震东等:《从大都市到多中心都市》,《国际城市规划》2009年第 1 期。

⑤ Jaglin S., "Water Delivery and Metropolitan Institution Building in Cape Town: The Problems of Urban Integration," *Urban Forum*, 2004, 15 (3).

市"。① 也有部分学者将信息通信技术与城市的经济、社会、生态等融合，认为智慧城市在关注信息通信技术与网络的同时，还应关注城市公共服务与治理、环境可持续发展等方面，平衡信息通信技术在商业、政府、社区等领域与城市普通市民之间的应用状况，以及平衡经济发展和可持续发展。② 总体来看，智慧城市是在充分运用信息通信技术的基础上，将人、商业、运输、通信等城市运行系统的各个核心系统连接、整合起来，以更智慧的方式运行，进而创造更美好的城市生活。

目前，各种形式的信息和智能技术越来越被视为解决当代城市面临的一系列复杂环境挑战和日益增加的社会经济问题的有效方法，③ 信息技术应用于智慧城市建设也成为城市管理者的新方式，④ 信息技术在未来的城市空间规划与管理中也将发挥重要作用。智慧城市专家 John Harlow 认为，未来的城市空间运营管理还需重视人文关怀，在管理智能化的基础上，要以人的需求为导向。简单而言，智慧城市的内涵就是城市各子系统协调运行而形成更"智慧"的城市——依托但不止于技术主义，更重要的是贯穿其中的城市人文因素。

（三）大都市治理逻辑和治理机制构建

1. 构建大都市治理的基本逻辑

构建大都市治理框架是实现治理有效的基本前提，应明确"两个关键问题"，聚焦"四个核心内容"，坚持"一个基本原则"。

Kim 认为大都市治理涉及两个关键问题，即大都市治理结构和大都

---

① Harison C., Donnelly I. A., "A Theory of Smart Cities," Availble at http/jourals. Iss. Org/index, php/proceedings 55th/artiele/view/1703, 2011.

② Holland G., "Will the Real Smart City Please Stand Up," *Cities*, 2008, 12 (3).

③ Bibri S. E., Krogstie J., "Smart Sustainable Cities of the Future: An Extensive Interdisciplinary Literature Review," *Sustainable Cities and Society*, 2017 (31).

④ Yeh H., "The Effects of Successful ICT-based Smart City Services: From Citizens' Perspectives," *Government Information Quarterly*, 2017, 34 (3).

市治理安排。前者是指寻求解决集体问题的行动者经常作出决定并相互互动的制度环境，包括分配决策权和责任，并下放权力。后者是指实现治理目标的特定方式，包括为实现大都市治理而制定的具体政策或建立的组织。① Harvey 认为，大都市规划和治理必须与"城市创业主义"的必要性相协调，② 即社会经济的发展要能适应治理的结构和机制，大都市的社会经济发展与治理改革协同推进。Heinhelt 等认为在治理过程中应该有明确的民主问责制，治理机构不应该依赖于隐含的授权和不明确的条款，即寻求城市管理优化，必须要有明确的大都市治理结构。③ Gleeson 等认为，在治理安排时，在治理机构和有明确空间利益的社区或相互依赖的社区之间需要有合理的协调。④

Harrison 等认为应加强大都市规划和治理安排，重新思考城市区域相关的挑战，并提出大都市治理中的四个核心内容：①治理的周期和治理内容的时序；②治理的民主和问责制；③治理的手段和目标；④治理的关键问题和动员能力。⑤

"一个基本原则"是都市治理需要政府的宏观调控，不能完全依赖于市场。在全球化过程中，产业结构变迁必然会造成一些城市、区域或社区的衰退，这些衰退最直接的反映是人口和资本外移所遗留下的撤退空间，如废弃的工业厂房、老旧居住区或是被遗忘的"聚落"等。⑥⑦

---

① Sung-Bae Kim, "Metropolitan Governance Matters: The Low Economic Performance of Metrop," *The Korean Journal of Policy Studies*, 2019, 34 (1).

② Harvey D., "From Managerialism to Entrepreneurialism: The Transformation in Urban Governance in Late Capitalism," *Geografiska Annaler*, Series B., Human Geography, 1989, 71 (1).

③ Heinhelt H., Keubler D., *Metropolitan Governance*, Routledge, London, 2005.

④ Gleeson B., Spiller M., "Metropolitan Governance in the Urban Age: Trends and Questions," *Current Opinion in Environmental Sustainability*, 2012, 4(4).

⑤ Harrison J., Hoyler M., "Governing the New Metropolis," *Urban Studies*, 2014, 51 (11).

⑥ Jessop B., "Liberalism, Neoliberalism, and Urban Governance: A State Theoretical Perspective," *Antipode*, 2002, 34 (3).

⑦ Harvey D., "From Managerialism to Entrepreneurialism: The Transformation in Urban Governance in Late Capitalism," *Geografiska Annaler*, Series B. Human Geography, 1989, 71 (1).

应引导市场进入社区再生过程，资本市场的逐利本性加剧了这些贫困社区的边缘化，造成更多的不公平问题和失去了原本的发展机会。① 一个国家和城市的可持续发展需要依靠政府的引导和宏观调控的干预，因为新自由主义也没有"跳出"资本主义的本质，而资本市场并不具备自我约束能力，这就需要健全政府职能与完善市场体系，如中国在应对20世纪90年代亚洲金融危机时的宏观调控，就有助于维持经济发展的良性运作。②

2. 推动大都市跨界治理

大都市跨界治理旨在协调由行政和功能界定的城市之间不匹配的机制，在都市区域层面推动国家、区域、城市等不同层级、不同单元的政府和发展主体之间的权力互动和利益协调。大都市的各区域之间通常有密切的经济和社会联系，这些联系的地理范围超出了个别地方政府的管辖范围。这种治理空间不匹配意味着没有一个地方政府能够独自解决大都市面临的所有挑战。③ 在全球化和区域一体化不断深入的今天，跨区域的要素流动加快，边界联系功能发挥着主要作用，去边界化进程不断加速，但其作为分隔与管控的力量仍然存在，制约着跨界区域的发展。④ Perkmann 提出了"政治动员、治理建构、战略统一"的分析框架，用以研究尺度重组过程中的跨界治理。⑤ 如由荷兰的 Enschede 市和德国的 Münster 市所组成的跨边境区域，其区域建构的过程是通过政治

---

① Beel D., Jones M., Jones I. R., *City Regions and Devolution*, in the UK: The Politics of Representation, 2021.

② BAVO, *Urban Politics Now Re-imagining Democracy in the Neoliberal City*, Rotterdam: NAi Publishers, 2007, pp. 58-76.

③ Ahrend R., Schumann A., "Approaches to Metropolitan Area Governance: A Country Overview," OECD Regional Development Working Papers, 2014/03, OECD Publishing.

④ Cunningham H., "Nations Rebound: Crossing Borders in a Gated Globe," *Identities*, 2004, 11 (3).

⑤ Perkmann M., "Construction of New Territorial Scales: A Framework and Case Study of the EUREGIO Cross-Border Region," *Regional Studies*, 2007, 41 (2).

动员、构建治理模式和战略统一化的方式来吸引外来资源。① 基于边界融合的动力机制，Brunet-jailly 提出了包括市场力量和联系流、多层级的政府治理、边界团体的政治影响、边界社区的独特文化四个维度的边界融合发展理论。②

大都市治理的空间范围往往涉及多个城市，单个城市无法为大都市区面临的广泛问题提供解决方案。在大都市治理过程中，可以改善大都市内的信息交流，解决城市之间的协调问题，创造规模经济。③ 一些学者认为，即使在治理结构高度分散的大都市地区，地方当局之间也存在非正式的协调机制，以确保在不同的地理范围内有效地提供公共服务。例如，Bish④、Martin 等⑤指出地方政府的有针对性整合，可以降低大都市地区治理结构的复杂性。Cox 认为，应基于治理领域和治理网络，制定大都市"竞争力空间"政策，重建经济行动者之间的有效空间关系，如实现其"依赖空间"和"参与空间"的一致性。⑥

3. 构建环境保护和治理合作机制

为解决大都市地区的环境问题，地方政府需要建立适当的合作机制，使治理制度化，并保持合作政策的一致性，确保得到广泛且有效的执行。大都市地区的地方政府在不同利益和优先事项的推动下，在必须

---

① Perkmann M., "Construction of New Territorial Scales: A Framework and Case Study of the EUREGIO Cross-border Region," *Regional Studies*, 2007, 41 (2).

② Brunet-jailly E., "Theorizing Borders: An Inter Disciplinary Perspective," *Geopolitics*, 2005, 10 (4).

③ Ahrend R., Gamper C., Schumann A., "The OECD Metropolitan Governance Survey: A Quantitative Description of Governance Structure in Large Urban Agglomerations," OECD Regional Development Working Papers 2014/04, OECD Publishing.

④ Bish R., "Discredited Nineteenth-Century Ideals Alive in the Twenty-First," The Urban Papers No. 150, 2011.

⑤ Martin Lawrence L., Jeannie Hock Schiff, "City - County Consolidations Promise Versus Performance," *State and Local Government Review*, 2011, 43 (2).

⑥ Cox K. R., "Spaces of Dependence, Spaces of Engagement and the Politics of Scale or Looking for Local Politics," *Political Geography*, 1998, 17 (1).

共同解决环境问题时，面临着集体行动问题。为了避免缺乏合作的内在动机并减少负面环境影响，大都市地区的地方政府之间需要开展合作。①②③ 大都市地区的合作在取得环境成果方面具有积极的作用。大都市地区已成为实施公共政策以解决全球环境问题的典范。合作节省了成本，会产生更好的环境结果。这一实证发现反映了越来越多的政策取向，即通过大都市地区的市政合作建立低排放区和有限交通区，以取得更好的环境效果。环境政策的有效性取决于合作各方能够确保政策得到广泛执行。④⑤

一些学者主张，与通过强制解决集体行动问题的统一结构相比，支持自愿合作的分散的大都市结构。⑥ 然而，Kwadwo 等的发现并不支持这种偏好。虽然城市间分散的治理结构面临着协调方面的挑战，但统一的治理结构则会增加城市间自由出行所引起的交通运输碳排放，因此两者都可能产生低效的环境治理结果。⑦ 因此，解决城市问题的有效性取决于如何推动相关政策的执行，⑧ 即保持合作政策的一致性，并确保广

① Frederickson H. G. , Leary R. O', "Local Government Management: Change, Crossing Boundaries, and Reinvigorating Scholarship," *The American Review of Public Administration*, 2014 (44).

② Nelles J. , "All for One? Dynamics of Intermunicipal Cooperation in Regional Marketing Partnerships CEPS Instead," Working Paper No. 18, 2010.

③ Pricen T. , "Principles for Sustainability: From Cooperation and Efficiency to Sufficiency," *Global Environmental Politics*, 2003, 3 (1).

④ Hoel M. , "Global Environmental Problems: The Effects of Unilateral Actions Taken by One Country," *Journal of Environmental Economics and Management*, 1991, 20 (1).

⑤ LaBelle M. , "Constructing Post-carbon Institutions: Assessing EU Carbon Reduction Efforts through an Institutional Risk Governance Approach," *Energy Policy*, 2012, 40 (1); Feiock R. C. , "The Institutional Collective Action Framework," *Policy Studies Journal*, 2013, 41 (3).

⑥ Feiock R. C. , "The Institutional Collective Action Framework," *Policy Studies Journal*, 2013, 41 (3).

⑦ Victor Osei Kwadwo, Tatiana Skripka, "Metropolitan Governance and Environmental Outcomes: Does Inter-municipal Cooperation Make a Difference?" *Local Government Studies*, 2021, DOI: 10. 1080/03003930. 2021. 1958785.

⑧ Andresson M. , "Unpacking Metropolitan Governance for Sustainable Development," Deutsche Gesellschaft or Internationale Zusammenarbeit (GIZ), 2015.

泛执行相关环境政策，以取得有效的结果。简而言之，环境政策需要正式或非正式的执行机制才能生效，这可以通过合作来实现。除此之外，更重要的可能是绿色的生产方式与经济结构转型升级，同时推广绿色的生活方式和消费行为。[1]

4. 有关中国大都市区域治理的观点

大都市的发展轨迹是由现有的政治制度和先前的政治选择所塑造的。中国的大都市治理遵循了国家主导、多元协同的原则，上级政府制定政策，地方政府积极应对社会经济问题，这是中国特色大都市治理的一个重要垂直维度。

就中国对城市区域的管理而言，一些学者主张支持中国例外论，[2]不能用西方的概念来理解。事实上，中国大都市区域治理的实证表明中央政府发挥着非常积极的作用，致力于促进都市化。这并不令人惊讶，中国自 1978 年改革开放以来的经济发展可以被视为"国家主导的工业化"的结果，[3] 主要由中央政府制定政策。城市经济中工业部门的大规模发展对土地使用模式和城市形态产生了影响。[4] 实践由规划部门非常务实的态度以及强有力的实施监管工具指导。[5] 因此，学者们研究中国的城市发展时倾向于认同"国家主导的都市治理"，[6] 其空间发展战略及决策具有的特点是国家发挥积极的作用，特别是中央政府。中国的大

① Victor Osei Kwadwo, Tatiana Skripka, "Metropolitan Governance and Environmental Outcomes: Does Inter-municipal Cooperation Make a Difference?" *Local Government Studies*, 2021, DOI: 10. 1080/03003930. 2021. 1958785.

② Savitch H. V., Gross J. S., Lin Y., "Do Chinese Cities Break the Global Mold?" *Cities*, 2014 (41).

③ Chan K. W., "Fundamentals of China's Urbanization and Policy," *The China Review*, 2010 (10).

④ Gaubatz P., "China's Urban Transformation: Patterns and Processes of Morphological Change in Beijing, Shanghai and Guangzhou," *Urban Studies*, 1997 (36).

⑤ Lo C. P., "Economic Reforms and Socialist City Structure: A Case Study of Guangzhou, China," *Urban Geography*, 2013, 15 (2).

⑥ Ye L., "State-led Metropolitan Governance in China: Making Integrated City Regions," *Cities*, 2014 (41).

都市建设是深思熟虑的政治议程的一部分,[1][2] 通过开展大都市治理,希望能更广泛地促进经济发展。[3] 因此,大都市建设轨迹是由现有的政治制度和先前的政治选择构成的,这些政治选择塑造了城市区域发展路径。[4]

学者们广泛讨论了在全球化的经济、社会压力下,如何治理快速发展的大都市问题。[5] 许多人主张采取大都市治理方式,减少政府监管,减少公共部门之间更灵活的安排。[6] Jonas 和 Ward 指出,城市治理需要多样化的政治参与和民主实践,这样经济结构调整可以使城市区域的社会和环境可持续性提高。[7] 中国的大都市治理遵循了国家主导、多元协同的原则,上级政府制定了积极的经济、社会政策,以支持城市发展。地方政府积极实施大都市发展战略。

(四)大都市区域的管理和高质量发展

1. 加强都市区土地利用管理

实施更有效的土地利用管理以应对大都市化过程,强化更紧凑增长

---

① Wu F., "China's Emergent City-region Governance: A New form of State Spatial Selectivity through Stateorchestrated Rescaling," *International Journal of Urban and Regional Research*, 2016 (40).

② D'Albergo E., Lefèvre C., "Constructing Metropolitan Scales: Economic Political and Discursive Determinants," *Territory, Politics, Governance*, 2018, 6 (2).

③ Le Galès P., "New State Space in Western Europe?" *International Journal of Urban and Regional Research*, 2006, 30 (3).

④ Lisheng Dong, Daniel Kübler, "Scale-building in the Partystate: The Governance of China's Metropolitan Regions," *Territory, Politics, Governance*, 2020, DOI: 10.1080/21622671.2019.1710560.

⑤ Ye Lin, "State-led Metropolitan Governance in China: Making Integrated City Regions," *Cities*, 2014 (41).

⑥ Bouckaert G., Peters B.G., Verhoest K., *The Coordination of Public Sector Organizations: Shifting Patterns of Public Management*, Palgrave Macmillan, 2010.

⑦ Jonas A.E.G., Ward K., "Introduction to a Debate on City-regions: New Geographies of Governance, Democracy and Social Reproduction," *International Journal of Urban and Regional Research*, 2007, 31 (1).

的优先排序；通过整合城市发展和服务提供，实施土地利用开发战略。可持续城市化和土地利用实践项目表明，通过采用更可持续的土地管理方法，生物多样性和绿地有利于提高都市整体生活质量。① Hartigan 等认为城市绿地能够为城市带来可观的经济、环境及公共健康效益。然而，由于人类在发展中不断占用自然区域，许多城市内的绿地面临严重威胁。他分析了澳大利亚墨尔本市制定的"城市森林"战略，认为其试图将各种利益相关者联合起来，以保护、扩展和连通城市内的绿地，针对一系列能显著改善城市绿化条件的主题采取行动。② Moore-Cherry 等认为都市化是决定土地如何使用的关键因素，因此，它事关可持续发展前景、减少土地不平等、经济发展和子孙后代的权利。为了充分了解可持续的土地管理、都市化过程及其随之而来的都市治理改革和创新之间的关系，必须研究土地使用规划和管理相关的环境制度。城市发展中的土地管理，应优先考虑可持续性，支持更高的生活质量，需要对土地使用政策进行重大的调整。通过更有力地指导都市化进程，可以为制定有效的空间规划提供一个框架，将土地监管与更广泛的财政和公共支出目标联系起来，并为市场和其他行动者制定激励措施。③ 20 世纪 90 年代，Behab 提出优化城市发展的"精明增长"理论，通过将土地利用、交通运输和紧凑开发等多种要素整合，以低成本的基础设施建设来实现土地的高效利用，以此来解决城市在发展中所面临的经济与环境问题，实现城市的"精明"发展。④

---

① https：//www. un. org/esa/sustdev/csd/csd16/documents/fao_ factsheet/land. pdf（accessed on 16 May 2022）.

② Hartigan M., Fitzsimons J., Grenfell M., et al., "Developing a Metropolitan - Wide Urban Forest Strategy for a Large, Expanding and Densifying Capital City: Lessons from Melbourne, Australia," *Land*, 2021（10）.

③ Moore- Cherry N., Kayanan C. M., Tomaney J., et al., "Governing the Metropolis: An International Review of Metropolitanisation, Metropolitan Governance and the Relationship with Sustainable Land Management," *Land*, 2022（11）.

④ Behab K., "Smart Growth Strategies, Transportation and Urban Sprawl: Simulated Futures for Hamilton, Ontario," *Canadian Geographer*, 2008, 52（3）.

2. 在大都市区域实施可持续性政策

在城市相互竞争和依赖市场机制的背景下，有效的区域治理协调机制对于大都市实现可持续发展而言至关重要。大都市应在更大的竞争体系中重新定位自己，降低基础设施建设和服务提供的成本，积极应对城市增长产生的负面后果。城市是探索实现可持续发展的创新途径的关键区域。①② Miller 等基于在德国弗莱堡和加拿大卡尔加里的大都市地区进行的实证研究认为，应在一个更广泛的区域和关系框架内重新定义城市可持续发展政策。③ Cox④、Peck 等⑤认为，"可持续"的中心城市寻求其财政、环境和生活质量问题的"可持续解决"，与寻求通过低税收制度和有限的发展监管吸引投资的更偏远区域之间出现了重大冲突（可称为"反可持续解决"），有效的可持续发展倡议经常被与之相反的政策和实践所抵消。可持续发展倡议通常不会在区域或更广泛的范围内运作，事实上只停留在市政边界，冲突源于对空间构成和结构构成的过程缺乏考虑，在土地条块分割和新自由主义政策的背景下，都市区内不同城市之间展开竞争。While 等认为，这种对大都市区的空间结构的忽视，对城市可持续性政策是有影响的。如果无法协调城市边界以外的可持续发展政策，就不可能实现大都市可持

---

① Miller B., Mssner S., "Urban Sustainability and Counter-sustainability: Spatial Contradictions and Conflicts in Policy and Governance in the Freiburg and Calgary Metropolitan Regions," *Urban Studies*, 2020 (57).

② World Bank, "Cities and Climate Change: An Urgent Agenda," Urban Development Series Knowledge Papers No.10. Washington, D. C., available at: https://openknowledge.world bank. org/handle/10986/17381 (accessed 1 May 2018).

③ Miller B., Mssner S., "Urban Sustainability and Counter-sustainability: Spatial Contradictions and Conflicts in Policy and Governance in the Freiburg and Calgary Metropolitan Regions," *Urban Studies*, 2020 (57).

④ Cox K., "The Problem of Metropolitan Governance and the Politics of Scale," *Regional Studies*, 2010, 44 (2).

⑤ Peck J., Tickell A., "Neoliberalizing Space," *Antipode*, 2022, 34 (3).

续发展。[1] Healey 等认为，推动城市及其社会、环境和经济可持续发展的过程并不局限于城市边界，应跨区域进行必要的合作。一些都市区未能制定区域可持续发展政策有多种原因，包括机构缺乏能力、行政区竞争等。[2] Miller 等认为在城市相互竞争和依赖市场机制的背景下，有效的区域治理协调机制变得至关重要。[3] 要贯彻任何一个强有力的可持续发展概念，都需要重新思考城市和区域规划的基础：空间组织和结构性权力关系。这需要对治理和资源配置等进行深入的思考，而不只是对政策的边际调整。

二 对现代化首都都市圈建设的启示

（一）深刻把握都市圈的特征和空间发展规律

进一步发挥北京的核心带动作用，推动首都都市圈协同发展。深刻把握和顺应首都都市圈的发展规律，发挥北京"一核"辐射带动作用，优化京津冀人口、产业和空间结构，在更大范围内配置资源，优化提升首都功能，提升区域协同发展水平。发挥好北京的集聚和扩散作用，加快实现由生产中心向服务中心的转变，进而不断将自身的经济发展红利向外围辐射，做好中心和外围的疏解与衔接工作，实现整个都市圈的功

---

① While A., Jonas A. E. G., Gibbs D., "The Environment and the Entrepreneurial City: Searching for the Urban Sustainability Fix in Manchester and Leeds," *International Journal of Urban and Regional Research*, 2004, 28 (3).

② Healey P., Cars G., Madanipour A., et al., "Transforming Governance, Institutional Analysis and Institutional Capacity," in: Cars G., Healey P., Madanipour A., De Megalhaes C. (eds.), *Urban Governance, Institutional Capacity and Social Milieux*, Aldershot: Ashgate, 2002, pp. 6-28.

③ Miller B., Mssner S., "Urban Sustainability and Counter-sustainability: Spatial Contradictions and Conflicts in Policy and Governance in the Freiburg and Calgary Metropolitan Regions," *Urban Studies*, 2020 (57).

能调整与升级。通过制定合理的规划，一方面要推动中心城市北京市高质量发展，另一方面通过税收、地价、投资优惠等对极化过程进行干预，推动资源要素的扩散，通过强化扩散作用带动周围区域发展，构建互补、经济利益一体化、相辅相成的共生关系。构建一个全新的城市发展格局，在首都都市圈范围内形成"一核一主一副、两轴多点一区"的城市空间结构，核心区功能将进行重组，中心城区进行疏解提升，城市副中心与雄安新区形成北京新的"两翼"，改变过去单中心集聚的发展模式。

（二）发挥信息通信技术在都市圈空间的组织作用

首都都市圈的规划管理应充分考虑到信息通信技术对区域空间组织或结构带来的变化。信息通信技术的发展消除了距离的限制，城市中一些非中心区域可以利用自身的优势形成人口集聚和流动的中心，打破城市的圈层结构，并形成多中心网络化发展结构。在经济全球化及信息化迅速发展的背景下，都市圈经济体系的空间结构逐步建立在"流"、连接、网络和"节点"的逻辑基础之上，核心城市成为各种"流"的汇集地，可加快信息通信技术的应用和高铁等轨道交通的建设，进一步塑造由核心城市北京所统领和凝聚起来的都市圈和世界级大城市群。城市区域化的加速和智慧城市的建设，与移动通信技术的发展一起，使首都都市圈的建设迈向一个全新的基于移动通信技术的"流空间"时代。可充分利用基于信息通信技术的"流空间"，推动优质功能的疏解，缩小中心城市北京与周围区域的落差，推动首都都市圈空间功能优化，形成都市圈周围区域对首都治理的支撑。

（三）建立健全大都市圈跨界治理体制和机制

明确首都都市圈治理核心问题，建立完善首都都市圈的治理框架，构建大都市圈的合作和协调机制。从中国的国情出发，适度借鉴欧盟的有益经验，建立健全大都市圈跨界治理体制和机制，推动首都都市圈跨界融合，为大都市圈经济社会一体化发展提供制度保障。各级地方政府需要建立适当的合作机制，促进大都市治理。通过地方政府的资源整合和协商合作，降低首都都市圈治理结构的复杂性。

（四）在都市圈的规划和治理中提升经济的适应能力

在都市圈治理中，推动产业转型升级，提升首都都市圈的经济适应能力。疏解整治促提升，是疏解非首都功能、优化首都都市圈空间布局的重要举措。都市圈治理必然会导致社会经济的外部环境与竞争条件发生变化，产业环境和发展能力也发生变化。都市圈治理结构的优化可能会在短期内降低经济竞争力，但有利于增强可持续发展能力。大都市地区的特点是反复出现的"可治理性"危机，大都市治理必须与"城市创业主义"的必要性相协调，即社会经济发展要能适应都市圈治理结构的安排。社会经济发展应与首都治理现代化协调推进。首都都市圈在治理过程中既要发挥市场机制的作用，又要依靠政府的宏观调控。在跨界治理过程中，应灵活制定相关经济政策，提升都市圈的经济韧性，实现中心城市（北京）与周围地区的良性互动。

参考文献

Ye L.，"State-led Metropolitan Governance in China：Making Integrated City Regions，" *Cities*，2014（41）.

本书编委会：《信息时代社会经济空间组织的变革》，科学出版社，2018。

王丽霞：《成都都市圈综合发展质量评价与对策研究》，西南交通大学硕士学位论文，2021。

赵瑞东、方创琳、刘海猛：《城市韧性研究进展与展望》，《地理科学进展》2020年第10期。

崔功豪、魏清泉、刘科伟编著《区域分析与区域规划》，高等教育出版社，2006。

新发展阶段京津冀产业协同的
成效、问题及优化路径

方　方[*]

摘　要： 新发展阶段区域协同发展是推进高质量发展与实现共同富裕的战略任务，区域产业协同是优化区域发展格局、实现区域资源优化配置的重要途径。本研究梳理了京津冀产业协同发展成效，剖析了存在的问题，提出了新发展阶段京津冀产业协同优化路径与对策。研究结果表明，京津冀三地产业协同政策支撑体系不断完善，产业分工格局已初步构建，产业结构与布局不断调整优化，产业集聚效应不断增强，产业协同的阶段性成效初显。但是，在产业协同过程中仍然存在区域发展不平衡不充分、产业协同创新能力薄弱、产业协同的配套体系与体制机制不完善等问题，对京津冀产业协同成效产生一定的影响。基于新发展阶段京津冀高质量发展的战略需求，构建京津冀统一大市场、促进数字经济赋能产业融合、完善京津冀协同创新机制、建立健全产业协同体制机制与保障机制等。

关键词： 产业协同　京津冀地区　数字经济

---

* 方方，博士，北京市社会科学院经济研究所副研究员。

区域协同发展是破解我国区域发展不平衡不充分问题的重大战略，新发展阶段推进区域协同发展成为推进高质量发展与实现共同富裕的重要战略任务。区域产业协同发展是优化国家区域发展布局、提高区域资源配置效率的重要途径，通过区域之间产业对接与协作，构建形成产业空间分布合理、产业链分工合理的联动机制。学者们对产业协同的概念内涵、动力机制、运行机理等内容开展了广泛的研究，例如，从系统论角度探析了产业协同的概念和内涵，指出产业协同是产业系统中多元要素之间相互配合、相互协作，并寻求高协同效益的过程；从内外驱动力视角，探讨了产业协同发展的内部与外部驱动力，或从科技创新、市场需求、人才要素等视角探析了产业协同的动力来源；从产业集群、产业链视角分析了产业协同发展的运行机制与实施路径，探析了政府、协会等关键主体对产业协同过程的作用与运行机理；探索了产业创新与产业协同之间的互动关系，评价了产业协同的创新绩效等，为本研究探索典型区域产业协同创新路径提供了重要的参考。

自京津冀协同发展上升为国家战略以来，中央及京津冀地方政府制定出台了一系列支持三地协同发展的政策规划，京津冀协同发展的理念、内涵、战略目标不断明晰，为京津冀产业协同发展提供了基本遵循。近年来，京津冀产业协同不断推进，三地之间产业分工协作不断优化，但是，其协同水平与长三角、珠三角地区相比仍存在一定的差距，面临着产业同质化、非首都功能疏解与承接不畅等问题。新发展阶段，开展京津冀产业协同研究，对于推动京津冀高质量发展而言有着重要的时代紧迫性与必要性，亟待深入剖析京津冀产业对接与协作进展，理顺京津冀三地产业发展链条，在全面推进区域合作中寻求三地各自发展空间和发展动力源，探索适应高质量发展需求的产业协同发展路径。

一 京津冀产业协同发展的成效与问题剖析

京津冀三地紧抓疏解北京非首都功能，结合三地功能定位，持续开展三地之间的产业承接与转移，促进产业转型与升级，初步形成了较具特色的京津冀产业协同发展格局。

（一）主要协同成效

产业协同是京津冀协同发展战略率先突破的重点领域，也是检验京津冀协同成效的重要参考。在京津冀协同发展战略引领下，京津冀三地加快产业转型升级，产业协同呈现出一些新特征与新趋势，已形成了分工合理、相对有序的产业协同格局。

1. 产业协同政策支撑体系不断完善

自 2015 年京津冀协同发展上升为国家战略后，围绕京津冀协同发展这一战略目标，三地出台了一系列支持协同发展的政策规划及文件，形成了一套相对完善、相互衔接的协同发展政策体系，京津冀协同发展战略的顶层设计不断完善。结合各时期出台的协同政策与规划，京津冀三地产业协同政策不断细化（见表 1）。2015 年《京津冀协同发展规划纲要》指出，产业协同是京津冀协同发展率先突破的重点领域，明确了京津冀三地产业协同要求错位发展、优势互补的基本定位；2016~2019 年出台的协同发展行动计划与协议中，对于京津冀产业转移与产业合作空间布局进行了更为清晰明确的规划。2018~2022 年，北京明确了每年推进京津冀协同发展的重点工作任务，安排部署了疏解非首都功能、京津冀产业转移承接平台建设和管理等工作；2021 年《北京市"十四五"时期高精尖产业发展规划》对三地产业协同提出了更高的要求，围绕均衡、高层次、高质量发展目标，对高精尖产业的协同发展进行了规划，为京津冀产业高质量发展带来了新机遇。

表1 京津冀协同发展的主要政策规划

时间	政策文件	产业协同方向	产业协同任务要点
2015 年 2 月	《京津冀协同发展规划纲要》	有序疏解北京非首都功能、推动重点领域率先突破、促进创新驱动发展、统筹协同发展	明确产业定位与方向,加强京津冀三地产业发展规划衔接,加快推进津冀承接平台建设
2016 年 6 月	《京津冀产业转移指南》	有序推进京津冀产业承接与转移,促进京津产业一体化建设	优化区域产业布局,形成"一个中心、五区五带五链、若干特色基地"产业发展格局
2018 年 7 月	《北京市推进京津冀协同发展2018—2020 年行动计划》	强化北京与津冀产业对接协作,促进京津冀地区产业转型升级	加快形成京冀曹妃甸协同发展示范区、张承生态功能区、天津滨海—中关村科技园、北京新机场临空经济区"4+N"产业合作格局
2018 年 12 月	《关于共同推进京津冀协同创新共同体建设合作协议（2018—2020 年)》	打造京津冀协同创新共同体	部署共建创新要素共享平台、区域分工与布局、京津冀三地研究机构协同创新、协同推进重点区域建设等任务
2021 年 8 月	《北京市"十四五"时期高精尖产业发展规划》	推进构建更均衡、更高层次、更高质量的京津冀产业协同发展新格局	在氢能、智能网联汽车、工业互联网三个重点领域形成产业协同发展示范;形成环京产业协同发展三个圈层

2.产业分工格局初步形成,产业结构与布局不断调整优化

京津冀三地功能定位不同,产业优势各异,具备建立区域之间分工格局的基础条件。三地统计数据显示,京津冀三地产业结构升级明显,产业分工格局初步形成。2014～2022 年,京津冀地区三次产业结构由5.9∶34.9∶59.2 调整为 4.8∶29.6∶65.6,其中,北京产业结构由 0.7∶19.3∶80.0 变化至 0.3∶15.9∶83.8,天津产业结构由 1.5∶43.4∶55.1 变化至 1.7∶37.0∶61.3,河北产业结构由 12.6∶45.5∶41.9 变化至 10.4∶40.2∶49.4。三地产业结构变化中,第二产业与第三产业比重均分别呈现下降与上升态势,河北与北京第一产业比重均呈下降态势,而天津第一产业比重略有上升。

京津冀三地功能定位不断强化，各地结合自身优势与定位，调整优化产业结构与布局。从 2014~2022 年京津冀三地各自产值占比来看，北京 GDP 占京津冀 GDP 的比重由 39.0% 提升至 41.5%，天津由 18.1% 降至 16.3%，河北略有下降，由 42.9% 降至 42.2%（见图 1）；在京津冀地区生产总值构成中，河北为区域贡献了超过 90% 的第一产业产值，以及超过 50% 的第二产业产值，北京为区域贡献了超过 50% 的第三产业产值（见图 2）。其中，北京围绕"四个中心"功能定位，着重发展高精尖产业，推进产业结构向高端化发展，以高精尖为主的新动能培育已取得初步成效；天津结合"一基地三区"功能定位，高技术与战略性新兴产业增长明显；河北加快发展先进制造业与高新技术产业，逐步实现产业中高端化，京津冀三地初步形成了以优势互补、高质量发展为导向的区域分工格局。

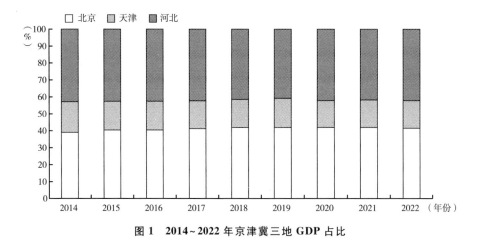

图 1　2014~2022 年京津冀三地 GDP 占比

数据来源：北京、天津、河北统计年鉴。下同。

3.产业集聚效应初显，科技创新引领作用不断增强

产业一体化发展是京津冀协同发展战略的基础支撑，京津冀三地在明确各自产业分工与定位的基础上，强化三地重点产业之间的协作，初步形成了产业协同创新集聚区，产业集聚效应与协同创新能力不断提

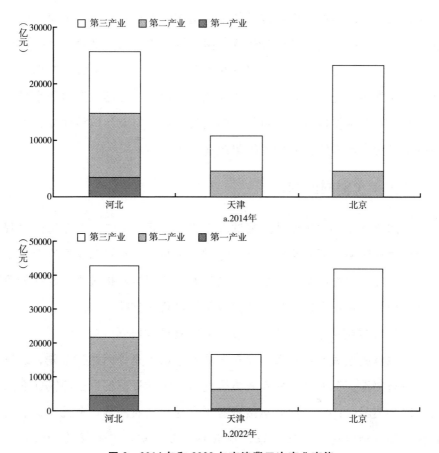

图 2   2014 年和 2022 年京津冀三次产业产值

升。一是产业对接协作水平不断提升。近年来，三地不断强化产业对接
与协作，京津冀产业对接能力与创新协作能力不断提升。按照"2+4+
N"产业合作格局的战略部署，河北与天津积极承接首都产业转移，促
进首都创新资源向载体平台集中，产业承接能力不断提升，建设了天津
滨海—中关村科技园、京冀曹妃甸协同发展示范区、保定中关村创新中
心、北京·沧州渤海新区生物医药产业园等平台。此外，京津冀三地还
开展了多样化的平台推介与企业对接活动，引导符合功能定位的资源向
平台转移发展。二是创新资源共享能力不断增强。以数字经济为核心的

产业链成为京津冀地区产业体系的重要支撑。例如，北京与天津共同发展人工智能、高端装备制造等产业，两地围绕重点承接平台，共同推动产业链、创新链融合发展，实现创新资源的共享与优化配置；京津冀三地积极探索多元化产业合作与协作模式，产业链供应链对接协作水平不断提升，在北京发挥科技创新优势的同时，河北与天津两地建立技术升级改造平台，推进津冀的传统优势产业升级。

（二）主要问题剖析

京津冀产业协同阶段性进展顺利，成效显著。但是，产业协同过程中依然存在区域发展不平衡、产业链融合不足、创新资源支撑产业发展能力薄弱等制约性因素，亟须深入剖析产业协同与对接过程中存在的障碍性问题，为制定有针对性的调控政策提供科学支撑。

1. 区域发展不平衡不充分问题，制约着产业协同成效

三地资源禀赋差异较大，存在发展不平衡不充分问题。首先，北京在吸纳与集聚资源要素方面具有显著优势，优质资源要素由津冀向北京转移趋势明显，而津冀地区承接资源平台建设相对薄弱，资源承载能力较为有限，难以完全承接北京产业转移，或者承接产业转移的效果不佳，加剧了三地资源配置失衡问题，这种空间布局的不平衡也加大了京津冀产业协同的难度。其次，京津冀产业协同存在产业转移供需匹配度不高的问题。例如，河北承接京津转移产业的类型方面，以钢铁、服装批发、小商品等传统行业或劳动密集型产业为主，产业链条带动能力不强，对承接地经济发展与就业带动的作用较为有限；同时，京津地区"高精尖"产业发展水平与河北承接高新产业的能力之间的梯度差距过大，河北发展高精尖产业的需求与自身实际承接能力不匹配。2022年，河北第三产业比重低于北京、天津，三地的产业结构仍存在较大的差异，现阶段京津冀地区发展不平衡不充分问题依然显著。此外，京津冀三地已建成各类产业承接平台，但是，这些平台之间缺少统一的产业布

局规划，可能引发平台建设项目重叠、不同产业部门规划难以衔接等问题，制约了产业的承接与转移效果。

2.产业协同创新能力薄弱，产业协同的配套体系建设不足

在京津冀产业协同发展过程中，三地之间产业链仍存在一些制约性因素。一是三地协同创新能力相对较弱，科技成果转化率不高。目前京津冀三地初步形成了协同创新共同体，但是，由于三地之间科技创新能力差距过大，创新产业空间失衡，尤其是河北科技资源和制造业基础较为薄弱，承接北京优质科技成果落地转移时存在较大的困难，三地创新活动的关联度与融合度相对较低，进一步制约了科技成果的扩散。科技成果在区域内部的转化率较低，转化落地相对不足，而北京科技成果流出在京津冀之外地区的比例较高。二是产业协同主体的动力不足，产业协同进度缓慢。企业是产业协同的主体，京津冀产业协同需充分依靠企业主体的推动作用。目前京津冀产业协同主要依靠政府力量推动，企业的推动作用较弱，导致市场活力不足。三是高质量产业协同的配套建设不足。当前京津冀三地在教育、医疗、社会保障等公共服务一体化建设方面仍存在一些限制性因素，制约了优质要素资源的自由流动，也影响了科技创新成果在区域间扩散。面向数字化转型，三地之间发展不平衡问题更为突出，河北在数字基础设施建设、数字技术创新等方面相对不足，影响了三地之间围绕数字经济发展的产业布局与分工合作，亟待改造升级网络基础设施，优化相关配套服务。

3.体制机制障碍制约产业高质量协同

在京津冀产业协同发展过程中，三地之间服务于产业协同的体制机制尚未健全，各地仍存在不同程度的体制机制壁垒，对产业高质量发展产生了一定的制约作用。一是三地产业转移的衔接机制不完善。产业疏解与承接的支持性政策在京津冀三地之间存在不配套、衔接度不高的情况，例如，在社保跨区域结算、企业税收减免等方面政策衔接不畅，制约了产业协同效应的发挥。二是协同创新机制有待完善。创新平台共建

仍停留在低层次合作上，对服务于产业协同发展战略需求的创新共建模式的探索相对不足，服务跨区域协同创新的财务、税收、劳务等制度不完善，影响协同创新的开展。三是产业协同主体的激励机制有待完善。区域产业协同的激励机制尚未建立，区域间产业协同的利益激励不足，影响产业协同；载体平台在科技成果转化、科技人才培育等方面的激励机制不完善，影响不同主体的协同创新活力的发挥。

二 新发展阶段京津冀产业协同的优化路径与对策研究

立足于新发展阶段战略需求，京津冀协同发展将发挥更为重要的引擎作用，京津冀产业协同发展的创新引领作用也将更加凸显，亟待在区域产业协同方面形成示范效应，服务于京津冀高质量发展。结合目前京津冀产业协同发展中存在的问题，从以下四个方面提出优化路径与具体对策。

（一）构建京津冀统一大市场，加快推进产业创新与高质量发展

针对京津冀产业发展中存在的短板问题，需着力通过产业分工与协作推进构建京津冀统一大市场，推进京津冀产业创新与高质量发展。一是通过产业分工与协作推进构建京津冀统一大市场。以京津冀三地区域产业分工为基础，围绕重点产业链布局创新链，分阶段部署京津冀产业协同的节能环保、新能源等重点产业，推进形成上中下游联动的产业创新格局。二是推动创新链、产业链、政策链有机衔接与互动。进一步提升北京优势产业对津冀传统优势产业的带动能力，增强工业互联网创新能力，推动传统产业转型升级；围绕北京高精尖产业链与创新链的整体布局，推进京津冀三地形成上中下游联动的产业集群；破除产业融合发展过程中存在的壁垒，探索跨区域企业资质互认等制度，促进生

产要素在京津冀三地之间有序流动。三是加快数字经济赋能产业深度融合，推进京津冀产业高质量发展。加快推进制造业、服务业的数字化转型，不断提升京津冀制造业企业在研发、运营、生产等环节的数字化、自动化、智能化水平，促进传统制造业改造升级，协同推进京津冀三地"互联网+教育""互联网+医疗"等新业态、新模式发展，加强北京农业科技成果转化，推动优质农业科技成果在津冀农业领域的落地；通过完善新型职业农民培育体系、强化从业人员数字技术知识培训、完善高精尖人才引进激励机制等措施，加快对数字技术人才的培养。

（二）深化京津冀协同创新机制，激发协同创新活力

围绕京津冀三地产业协同创新需求，完善协同创新机制，形成京津冀地区内部创新主体的优化布局，加快创新成果转化。一是建立京津冀三地科技创新资源的共建共享机制。进一步细化落实《关于共同推进京津冀协同创新共同体建设合作协议（2018—2020年）》等，通过组建创新发展联盟，开展三地产业协同创新项目，加强创新合作与交流。二是京津冀三地共同设立产业创新引导基金。设立的基金重点支持符合各自产业规划要求、创新能力较强、引导性较强的产业项目，如高端制造、新信息技术等行业，创新基金管理模式，充分发挥基金支持区域产业协同创新的作用。三是优化适宜于产业创新的外部环境。消除跨区域协同创新体制机制障碍，遵循科技创新与产业演化规律，营造有利于产业创新的环境，为创新要素流动、创新成果转化提供良好的外部环境，培育开放、公开的市场竞争环境；同时，建立健全产业协同创新平台，鼓励企业自主创新，建立创新人才培育机制，完善高层次人才引进机制，健全人才创新的激励机制，优化人才、科技、市场等相关配套机制。

（三）建立健全产业协同的体制机制

体制机制创新是实施区域经济协同发展的关键。完善的体制机制有利于破解产业协同过程中存在的难题，保障产业协同发展，增强产业发展动力。一是建立健全京津冀产业协同对接机制。不断完善京津冀产业协同发展的顶层设计，统筹制定三地产业协同发展规划，结合三地各自的产业定位，从长远谋划京津冀产业协同发展中长期规划，在此框架下，各地政府部门进一步明晰产业承接与发展规划，推进形成各具优势、功能互补的跨地区产业集群；完善京津冀三地产业协同领导对接机制。二是建立产业协同激励机制。京津冀三地政府搭建产业协同对接平台，鼓励探索产业合作的创新模式，在财税、土地、就业等方面给予转移企业更多的支持；探索政府与企业之间的合作共建模式，鼓励龙头企业加入产业转移中介平台，积极带动其他企业发展，实现产业转移平台的规范经营与高效运转。三是进一步完善产业转移利益补偿机制。针对京津冀企业转移时出现利益受损的情况，需在落实《京津冀协同发展产业转移对接企业税收收入分享办法》的基础上，在税收、土地使用、污染治理等方面给予一定的费用减免支持，进一步细化产业转移利益补偿机制。

（四）建立健全产业协同的保障机制

京津冀产业高质量发展，需要从以下三个方面完善保障机制。一是加快京津冀公共服务建设，提升对产业协同发展的服务水平。公共服务供给是区域协同发展的重要保障。促进京津冀三地公共服务均等化，提升三地公共服务供给水平，为产业协同营造良好的外部环境。推进京津冀三地优质教育资源、公共医疗、社会保障等公共资源均衡化布局，并适当向公共服务设施建设相对滞后的地区倾斜，通过完善公共服务配套，提升教育、医疗、住房等方面的服务水平，进一步增强对优质产业要素的吸引力，促进产城融合，提升产业与人口、就业、公共服务等的协同。二是推进基础设施互联互通，为产业协同提供坚实的基础保障。结合产业高质量发展的战略目标，重点加快京津冀三地人工智能、工业互联网、物联网等新型基础设施建设，完善京津冀三地产业链与创新链互融的基础设施等。按照《加快建设数字河北行动方案（2023—2027年）》，建设京津冀工业互联网协同发展示范区，加快实施数字基础设施建设行动，加快部署高速智能信息网络建设工程、算力基础设施建设工程等重点工程，推进产业协同发展。三是建立健全服务于产业协同的法律法规保障机制。服务于京津冀高质量发展，探索出台京津冀三地产业深度融合规划，进一步明确各自的产业定位、发展目标与重点任务，构建功能互补、错位发展的产业发展格局；围绕京津冀三地产业疏解与承接过程中存在的制度障碍，探索建立健全统一的、互相衔接的财政、投融资、社会保障、政府考核等方面的制度，推动要素在三地间的优化配置。

参考文献

冯文：《体制机制建设促进京津冀产业政策协同》，《北京观察》2019 年第 9 期。

孙久文、卢怡贤、易淑昶：《高质量发展理念下的京津冀产业协同研究》，《北京行政学院学报》2020 年第 6 期。

刘雪芹、张贵：《京津冀产业协同创新路径与策略》，《中国流通经济》2015 年第 9 期。

马俊炯：《京津冀协同发展产业合作路径研究》，《调研世界》2015 年第 2 期。

孙久文、姚鹏：《京津冀产业空间转移、地区专业化与协同发展——基于新经济地理学的分析框架》，《南开学报》（哲学社会科学版）2015 年第 1 期。

唐少清、姜鹏飞、李剑玲：《京津冀地区产业协同机制研究》，《区域经济评论》2017 年第 1 期。

魏丽华：《京津冀产业协同水平测度及分析》，《中国流通经济》2018 年第 7 期。

经济与科技发展研究

加快营造和激发北京"科技—产业—金融"良性循环新优势的关键抓手与对策建议

张 杰[*]

摘 要：建立"科技—产业—金融"良性循环体系是推动北京高质量发展的关键抓手。当前，北京金融业面临激烈的竞争，根本原因在于北京乃至京津冀区域内"金融—产业"之间的断裂效应。同时，北京的总部金融、资管金融和新型金融三大板块陷入发展困境。为探索形成北京"科技—产业—金融"良性循环新优势，必须将打造全国乃至全球最为领先、最具有市场竞争活力、最善于改革推进的科技金融中心作为关键抓手，将布局"揭榜挂帅—政府产业发展引导基金—北交所"贯通式的新型发展模式作为核心切入口，将构建具有北京竞争优势的"科技—产业—金融"融合体系作为重点突破口。

关键词：科技 产业 金融 北京

习近平总书记创造性地提出，推动"科技—产业—金融"良性循环，是中国今后一段时期内实现高质量发展和谋取自主可控的产业链供

---

* 张杰，中国人民大学首都发展与战略研究院副院长，中国人民大学中国经济改革与发展研究院教授。

应链安全发展权的着力点所在。我们认识到,当前,有效激发和加快营造"科技—产业—金融"良性循环的新型独特发展优势,既是北京能否在 2020~2035 年实现"十四五"规划明确制定的 GDP 翻番式增长目标的关键途径,也是北京能否在未来三十年率先落实中国式现代化战略目标的基础性条件;既是北京充分利用自身产业基础谋划高质量发展优势的核心手段,也是北京率先落实高水平科技自立自强要求的重要工具。因此,必须将营造和激发北京"科技—产业—金融"良性循环的新型发展优势,从顶层设计层面确立为北京推动经济高质量发展和构建高精尖经济结构的首要政策举措。

一 高度认识推动北京高质量发展的关键抓手在于推动"科技—产业—金融"良性循环

依据《北京市国民经济和社会发展第十四个五年规划和二〇三五年远景目标纲要》,"到 2035 年北京经济总量和城乡居民人均收入迈上新的大台阶,实现地区生产总值比 2020 年翻一番,全员劳动生产率达到 45 万元/人左右,人均地区生产总值达到 32 万元以上"。为此,北京经济发展的具体约束性目标是,2020~2035 年,GDP 要从 2020 年的 36102.6 亿元至少增长到 2035 年的 72200 亿元(按照 2020 年不变价计算)。而 2022 年北京 GDP 为 41610.9 亿元,以 2020 年作为基数消除通货膨胀因素后核算的真实 GDP 为 39445.5 亿元。这就意味着,2023~2035 年,北京 GDP 同比增速均值需要达到 4.76%。事实上,新冠疫情对北京经济发展造成了一定的负面效应,导致 2023~2035 年北京 GDP 同比增速由 4.73%提高到 4.76%,在一定程度上加大了北京在未来一段时期内经济增长压力。

更要客观认识的重要事实是,支撑北京 GDP 的主要构成和核心支柱型产业具有独特性。具体来看,2022 年北京前四大支柱产业的金融业(增加值为 8196.4 亿元),信息传输、软件和信息技术服务业(增加值为 7456.2 亿元),制造业(增加值为 5036.4 亿元),科学研究和技术服务业(增加值约为 3300 亿元)占 GDP 比重为 56.70%,而遭受疫情严重冲击的批发和零售业,交通运输、仓储和邮政业,住宿和餐饮业,租赁和商务服务业等占 GDP 比重为 16.69%,对北京 GDP 的支撑作用相对有限,几乎不会主导北京 GDP 增速的基本走势。2023~2035 年北京要保持 GDP 同比增速 4.76% 的水平,关键在于研判金融业,信息传输、软件和信息技术服务业,制造业,科学研究和技术服务业这四大支柱产业的未来增长空间。

在未来一段时期,就北京的金融业,信息传输、软件和信息技术服务业,制造业,科学研究和技术服务业这四大支柱产业的发展空间而言,金融业增加值在未来十五年内实现翻番式增长将面临极大压力;信息传输、软件和信息技术服务业增加值在未来十五年内实现翻番式增长存在较为不确定性;科学研究和技术服务业增加值在未来十五年内实现跨越式增长依赖于财政投入;只有高精尖制造业增加值在未来十五年内存在增长到 2 万亿元的发展机会和空间,成为支撑北京在未来十五年 GDP 翻番式增长的重要支柱产业。并且,北京以先进制造业、战略性新兴产业和未来产业主导的高精尖制造业产业链供应链体系和产业集群的持续发展,必将对北京的金融业,信息传输、软件和信息技术服务业,科学研究和技术服务业这三大支柱产业的发展产生拉动效应,从而促进彰显北京特色、北京优势、北京模式的"科技—产业—金融"良性循环的新型发展优势加速形成。

二 北京在推动"科技—产业—金融"良性循环 新优势领域存在的突出问题

第一,北京的第一大支柱产业金融业面临着激烈的竞争,与上海金融业发展优势和发展机会相比差距持续拉大,根本原因在于北京乃至京津冀区域内"金融—产业"之间的断裂效应存在。金融业长期是北京第一大支柱产业，也是北京税收收入和就业的最大贡献产业部门。2021 年和 2022 年北京金融业增加值同比增速分别为 4.5% 和 6.4%，呈现出不受疫情影响的稳定增长态势。然而，2020 年上海的金融业增加值就超过北京，成为全国金融业规模最大的省份。2019 年、2020 年、2021 年、2022 年北京金融业增加值分别为 6544.2 亿元、7057.1 亿元、7603.7 亿元、8196.7 亿元，同期上海为 6535.2 亿元、7216.2 亿元、7973.3 亿元、8626.31 亿元（见图 1）。客观事实是，北京作为全国金融企业总部的地位受到影响，并且北京原有的各种私募基金、天使基金、风险基金、种子基金等直接融资型资本市场集聚优势也受到影响，上海证券市场的科创板对北交所形成了替代效应。这些因素使北京金融业可持续发展面临挑战和压力。北京的金融业发展优势不足的最根本原因就在于北京乃至京津冀区域内"产业—金融"融合体系不健全，表现为北京乃至京津冀区域在先进制造业、战略性新兴产业和未来产业领域的发展动力严重不足，尤其表现为"硬"科技领域的专精特新企业、"卡脖子"关键核心技术创新企业、隐形冠军企业、小巨人企业和各类创新型中小微企业的集群优势严重不足，难以对北京的金融业可持续发展形成有力的支撑。

第二，北京的总部金融、资管金融和新型金融三大板块面临发展困境，表现为总部金融面临的竞争越来越激烈，资管金融面临制度性创新和市场活力相对不足的发展困局，新型金融面临发展空间不确定性的突出问题，具体来看：一是总部金融领域存在的问题。北京总部金融发展优势虽然得到一定程度的维持，但是面临的来自上海乃至新加坡的竞争越来越激烈。国内总部金融机构的部分核心部门出现了向上海转移的现象，而外资银行等金融机构的中国总部机构倾向于选择上海，或者偏向于将亚洲地区总部机构设立在新加坡，这在一定程度上削弱了北京在亚洲的总部金融集聚优势。二是资管金融领域面临制

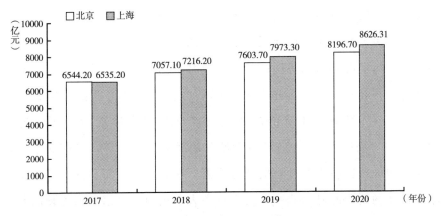

图1　北京与上海金融业增加值对比

度性创新和市场活力相对弱化的问题。依据最近一段时期对北京区域内的种子基金、风险基金、天使基金及各种私募公募投资基金等金融机构的实地调研,众多金融机构反映的共性问题是:一方面,北京针对各种形式的种子基金、风险基金、天使基金及私募公募投资基金等金融机构的制度创新滞后于上海和深圳等地,资本市场活力相较于上海和深圳等地不足;另一方面,多层次资本市场所依附的北京乃至京津冀区域内的高精尖产业发展动力不足和创新型中小微企业竞争力不足,北交所在发展定位、交易规模和市场活力等方面存在短板,北京的各类政府产业引导基金、市场化产业引导基金、种子基金、风险基金、天使基金及各种私募公募投资基金等新兴资管金融机构体系的发展面临瓶颈。三是新型金融领域存在的问题。客观事实是,绿色金融、碳金融等这些新型金融机构的发展正处于探索之中,并且严重依赖于政府的政策创新和财政资金投入,距全面实行市场化驱动的发展模式还存在较多机制体制障碍有待消除,因此,新型金融在未来的发展空间相对有限,难以支撑北京金融业的可持续发展。

第三,高度关注制约北京"科技—产业—金融"良性循环新优势发挥的短板,尤其要重视发挥高精尖产业链供应链体系和战略性新兴产业集群在联结与贯通北京科技创新资源和金融业发展之间的中介作用，将之设定为今后一段时期北京经济工作的重点任务。需要前瞻性地认识到，即便与上海和深圳等国内超大规模城市相比，北京仍然是全国当前最具有"科技—产业—金融"良性循环综合优势和潜在优势的超大规模城市。具体来看，北京的高质量发展优势集中体现为全国领先的"科研人才+高端研发人才+科技创新"层面的独特优势，目前北京在科研人才和科技创新资源领域的优势显著，在短期内上海和深圳的科研人才和科技创新资源赶超北京的可能性不大。然而，北京最为欠缺的是由先进制造业、战略性新兴产业和未来产业主导的"硬"科技领域的完整的产业链供应链体系和具有全球优势的产业集群优势。最为重要的是，上海和深圳具有的产业优势在很大程度上依赖的是长三角和珠三角地区完整的产业链供应链体系和具有全球优势的产业集群。客观事实是，北京没有这样的产业链和产业集群优势，更为关键的是京津冀区域也没有如此的由先进制造业、战略性新兴产业和未来产业主导的"硬"科技领域的产业链和产业集群优势，对北京形成"科技—产业—金融"良性循环新优势造成了不可忽略的影响。

三 探索激活北京"科技—产业—金融"良性循环新优势的重点突破口

第一，必须将打造全国乃至全球最为领先、最具有市场竞争力、最善于改革推进的科技金融中心，作为激活和强化北京"科技—产业—金融"良性循环新优势的关键抓手。需要高度认识到，将北京定位为打造全国乃至全球最为领先的科技金融中心，是促进北京的科技创新资源有效转化为支撑北京乃至京津冀区域内的高精尖产业链和战略性新兴产业集群发展的关键。在北京总部金融发展面临"天花板"效应的背景下，着眼于打造和发展符合北京竞争优势的科技金融中心，其在北京仍然有非常突出的布局优势和发展空间，尤其是对于推动北京高质量发展而言具有"一石二鸟"的关键性牵引作用，既可以有效支撑未来一段时期北京金融业规模持续扩张，也可以拉动北京由高精尖产业主导的制造业增加值增长。为此，要立足于支撑先进制造业、战略性新兴产业和未来产业的全产业链全供应链培育，尤其要全面覆盖"硬"科技领域的专精特新企业、"卡脖子"关键核心技术创新企业、隐形冠军企业、小巨人企业和创新型中小微企业的全生命周期融资需求，加快打造北京乃至京津冀区域内针对战略性新兴产业和未来产业的全产业链全供应链全生命周期开展新型直接融资服务的科技金融中心，并将其作为激活和强化北京"科技—产业—金融"良性循环新优势的关键抓手。

第二，优先在北京布局"揭榜挂帅—政府产业发展引导基金—北交所"贯通式的新型发展模式，并将其作为激活和强化北京"科技—产业—金融"良性循环新优势的核心切入口。相较于上海、深圳、苏州、杭州、成都、武汉和合肥等超大规模城市，北京在培育和发展由先进制造业、战略性新兴产业和未来产业主导的"硬"科技领域的专精特新企业、"卡脖子"关键核心技术创新企业、隐形冠军企业、小巨人企业和创新型中小微企业方面具有政策优势和集群优势，北京乃至京津冀区域迫切需要开辟和谋求产业发展优势。北京必须充分整合各项优势，进行全新思维的突破，将打造由"揭榜挂帅—政府产业发展引导基金—北交所"贯通式的新型发展模式主导的竞争优势，作为激活和强化北京"科技—产业—金融"良性循环新优势的核心切入口。其中，在关乎高水平科技自立自强和保障产业链供应链国家安全的"卡脖子"关键核心技术等领域，加快布局一批"揭榜挂帅"重点科研项目；利用北京市各层次的政府产业发展引导基金促进这些重点科研成果在北京乃至京津冀区域内的优先转化；鼓励这些专精特新企业、"卡脖子"关键核心技术创新企业、隐形冠军企业、小巨人企业和创新型中小微企业优先在北交所上市，形成颇具北京特色的"科技—产业—金融"良性循环贯通式和一体化的新型竞争优势和发展优势。

第三，坚持将构建具有北京竞争优势的"原始创新、关键核心技术创新、颠覆性技术创新、关键共性技术创新主导的基础研究和应用基础研究能力—全层次资本市场和北交所主导的科技金融中心—北京主导的京津冀战略性新兴产业集群和世界级先进制造集群"融合体系，作为激活和强化北京"科技—产业—金融"良性循环新优势的重点突破口。北京成为全国乃至全球的原始创新、关键核心技术创新、颠覆性技术创新、关键共性技术创新主导的基础研究和应用基础研究的策源地和发源地，既是党和国家赋予首都北京的核心战略任务，也是北京在今后相当长时期内推动高质量发展的基础性条件和最大发展优势，决定着北京能否率先实现中国式现代化的重大战略目标。为此，北京需要将自身拥有的全国乃至全球领先的基础研究和应用研究实力，借助各类种子基金、风险基金、天使基金和各种私募公募投资基金等新兴资管金融体系转化为北京乃至京津冀区域内的专精特新企业、"卡脖子"关键核心技术创新企业、隐形冠军企业、小巨人企业和创新型中小微企业等，进而转化为可以在相当长一段时期内支撑北京 GDP 翻番式增长的全产业链供应链体系、战略性新兴产业集群以及世界级先进制造集群。

参考文献

董方冉：《推动"科技—产业—金融"良性循环》，《中国金融家》2023 年第Z1 期。

陆岷峰、徐阳洋：《构建我国中小企业高质量发展体制与机制研究——基于数字技术应用的角度》，《西南金融》2022 年第 1 期。

罗莉萍、徐文俊：《关于广东科技、产业、金融融合创新发展的思考》，《科技管理研究》2016 年第 19 期。

涂永红:《推动"科技—产业—金融"良性循环》,《人民论坛》2023 年第 6 期。

徐义国:《促进金融、科技、产业良性循环的制度逻辑》,《金融博览》2022 年第 11 期。

张可、徐朝晖:《产业集聚与区域创新的交互影响——基于高技术产业的实证》,《财经科学》2019 年第 1 期。

北京科技创新中心建设引领
首都都市圈发展研究

徐　爽[*]

摘　要： 科技创新中心建设是引领首都都市圈发展的根本路径，瞄准北京建设世界级城市群和现代化首都都市圈的目标，把握现代化都市圈发展规律与趋势，对北京科技创新中心建设和首都都市圈发展而言具有重要意义。本文拟通过分析北京科技创新中心建设与首都都市圈发展之间的联系，借鉴日本相关经验，立足国家发展战略要求，推动制定自主性创新路线和创新驱动发展战略。

关键词： 科技创新中心　科技创新战略　首都都市圈　东京都市圈　筑波科学城

一　科技创新发展战略与实践

21 世纪，科学技术政策的范畴已极大地扩展。《布达佩斯宣言》所强调的科学技术与社会之间的相互作用和科学技术与政策之间的相互作用所重叠。平衡"政策科学"与"科学政策"，前者指的是预算和促进

---

* 徐爽，博士，北京市社会科学院市情调查研究所助理研究员。

科学技术的制度等各种措施的政策科学性，后者指的是科学技术对寻求解决各种社会问题的政策的积极贡献。① 为了实现双方的价值共创，有必要从政策制定到实施、评估和反馈，再回到政策制定的过程进行重大改革，这不限于科技政策，还包括产业政策、环境政策、教育和其他在内的所有领域的政策和措施。科技创新催生的新知识和技术为人们带来舒适的生活和丰富的文化。同时，科技发展导致的环境污染、先进的医学和人工智能带来了许多对个人乃至社会而言都难以控制的问题和焦虑。特别是在 20 世纪后半叶，科学技术发展以增强国家实力和经济实力为目的，人们在研究和开发方面所做的工作及其影响力非常显著，科学技术如何规范式发展一直是备受关注的重要课题，因此梳理与回顾科技创新政策具有重要意义。

2023 年世界形势复杂多变，世界范围内也发生了多起极端气候灾害，国计民生在不同程度上受到了影响。此外，各国实力之争的核心转向科技创新等。需要科学地应变解决上述问题来适应国际局势的变化。分析目前国际竞争的焦点问题不难发现，未来各个国家之间的综合国力竞争将重点体现在科技能力上。这就要求我们应及时了解各国的科技创新发展战略，科学技术政策是国家战略的基础，与国家发展息息相关。因此，结合计划的制订与变革的不同时代背景来分析科技政策发展情况，借鉴相关经验来提高我国综合科技创新实力，对建设科技创新中心而言具有参考价值。

我国对科技创新的研究在 20 世纪 80 年代集中展开，时代在发展，科技进步也随之相伴。科技创新的关注点随着人类社会的发展发生了不同程度的改变，不同时期的政策各有特点。对于北京科技创新中心的影响，应从政策环境、现有政策体系、政策理念、政策形成机制、政策需求和政策发展资源等方面进行探讨。现有文献要么从政策角度

---

① 薛澜：《重视政策分析在人才强国战略中的作用》，《中国社会科学报》2022 年 12 月 21 日。

看待科技发展战略，要么只关注科技研究的细分领域，忽视了科技创新政策与北京科技创新中心建设之间的密切关系，没有从宏观到微观考虑国家规划的重要性。在案例研究方面，本文通过分析北京科学城发展状况来探讨科技创新政策实施的有效路径，以期对现有理论方法等进行补充。

二 北京科技创新的核心问题与未来研究方向

未来几十年，科技发展将深刻影响人们的生产生活，对于前所未有的科学技术革命和产业革命，不仅要从理论和战略上透彻分析"科技创新发展"的含义及趋势，而且要从北京实际出发，以全球视野开展政策和产业调研，分析北京构建科技创新中心的优势与不足，通过提高政策效率来促进发展。本文对科技政策的各个阶段进行了比较分析和系统研究，总结了北京科技发展中科技创新政策的有效性和创新性，总结了北京科技发展的几大经验教训，并对日本案例进行了比较研究。希望这些研究成果能为科技创新实践提供有价值的参考。研究方法需要具有独特性和典型性，发现科技创新发展中的新现象、总结有价值的结论是目前研究的目的所在，尽管理论上存在天然的局限，但未来研究仍然应从政策视角展开。政策研究方法得到了广泛使用，但本研究倾向于定量与定性相结合。在政策分析部分进行回溯性研究，考虑到资料收集有一定的难度，未来可以使用更长时间的跟踪案例样本，以便获得更翔实的资料。要从学习视角进行研究，并考虑从制度、文化等视角进行深入探讨，以期作出更大的政策理论贡献。

三 北京科技创新中心建设的意义与影响

建设科技创新中心是国家发展的重要战略之一。北京建设科技创新中心，是新常态下转变区域经济发展方式，打造创新发展高地和增长极，带动全国培育经济增长新动力的重要举措。这对于提升我国综合实力、建设创新型国家和科技强国而言具有深远影响。北京将充分发挥集聚高端人才、科技基础雄厚的创新优势，全面服务国家重大战略实施，建设"三大科技城"，即中关村科学城、怀柔科学城和未来科技城。依托"三城"进一步打造原始创新高地、前沿技术创新高地、协同创新高地、开放创新高地、制度创新高地是本研究的重点。通过定性和定量分析，从各个维度解决实际问题。

为实现至 2050 年，北京全面建成国际一流的和谐宜居之都，京津冀区域实现高水平协同发展，建成以首都为核心、生态环境良好、经济文化发展、社会和谐稳定的世界级城市群。其中，针对如何科学地建设科学城、建设科技创新中心以疏解北京相关城市职能也需考虑行之有效的解决方案。未来各个国家之间的综合国力竞争将重点体现在科技创新能力上，无论是科学城的建立，还是制定有效的科技创新发展路径，科学技术政策都是国家发展战略的基础。因此，借鉴不同时期不同背景下他国的经验来规划建设创新中心、提高科技创新能力至关重要。随着中国经济的发展，北京成为全球超大城市，城市功能负荷日趋严重，党中央针对疏解北京非首都功能进行了战略部署。在这个背景下，针对如何高起点高标准的建设具有一定职能的科学城或卫星城，需要找寻适合中国发展的有效路径，从根本上缓解城市空间压力，解决城市职能问题。

《北京城市总体规划（2016 年—2035 年）》指出，北京的战略定位是"四个中心"，即政治中心、文化中心、国际交往中心、科技创新中心。从发展目标看，到 2023 年北京建设成为国际一流的和谐宜居之都是阶段性目标。本文分析与梳理了科技创新政策，基于相关经验与教训提出对策建议，以期推动北京疏解非首都功能。

各国实力之争的核心转向科技创新等，各国企业的技术之争日益激化，围绕科技之争国际形势发生了很大的变化。这种形势变化可以说是史无前例的。为了应对世界范围内的危机，需要科学地解决上述问题。分析目前国际竞争的焦点问题不难发现，未来各个国家之间的综合国力竞争将重点体现在科技能力上，无论是科学的发展，还是制定有效的科技创新发展路径，科学技术政策都是国家发展战略的支撑。因此，北京作为全国政治中心、科技创新中心和文化中心，在国家推行可持续发展的背景下，坚持和谐发展，深入实施"人文北京、科技北京、绿色北京"发展战略，探索符合首都特色的低碳城市发展路径，是深化落实习近平生态文明思想和实现和谐发展目标的体现。"十四五"规划要求，北京深化落实城市功能定位，坚持人与自然和谐共生，优化城市功能定位和区域结构布局，将促进和谐发展、深度优化产业结构、着力提升城市韧性、建设国际一流和谐宜居之都作为发展目标。

事实上，北京的优势在于科学技术创新，北京的发展愿景与准则应定位于为助推美丽城市的发展而努力奋斗，为世界可持续发展提供"中国城市样本"。北京建设成为我国乃至全球科技创新中心，具备雄厚的科技创新实力。北京的发展也将为我国今后的发展奠定坚实的基础。北京将在我国实现高速发展和根本转型的道路上，走在全国乃至全球的前列，因此我们需要在研究视角、研究方法上不断探索，提供更多的有价值的学术观点。

四　国外案例研究与经验借鉴

北京将建设世界级城市群和现代化首都都市圈作为首要目标，需要把握北京作为国际科技创新中心对现代化都市圈发展的影响，借鉴日本东京实践经验，推动科技创新中心引领首都都市圈发展。通过研究城市群、都市圈发展理论与实践为北京建设科技创新中心提供有价值的参考。

（一）日本东京圈发展现状与借鉴意义

众所周知，人口向城市集中和大城市的形成是现代社会的特征之一，经济发展导致人口和工业向城市集中，促成城市化。因此，城市化率（城市人口占总人口的比例）可以说是一个国家经济发展水平的参数。由于区域比较优势和集聚经济的存在，人口和产业在城市的集中可以带来更高的经济效率。在这个意义上，城市化可以说是经济发展的驱动力之一。然而，人口和工业的过度集中也会对经济和社会发展产生负面影响，可能导致大型城市的人口密度过高，加剧交通、住房、土地、环境、失业和犯罪等问题。日本东京圈经济快速增长时期，出现了大规模的人口从农村地区向城市流动，这促进了城市化和经济社会快速发展，但也导致了城市的过度拥挤和农村地区人口减少。日本采取了一些措施来解决上述问题，并取得了明显成效。

作为特大城市北京面临大规模的人口流入，人口从农村地区向城市集中，这与日本东京圈经济快速增长时期的情况类似，城市经济的发展，导致了更高的人口密度和更严重的住房、交通、环境、就业等问题。因此可以借鉴日本相关经验来促进北京构建新发展格局。

（二）东京都市圈与日本科技创新中心——筑波科学城

东京都市圈，从狭义上讲，与南关东的范围相同。1956 年，日本政府为了整合东京及其周边地区的发展，制定了《首都圈整备法》，将首都圈的定义扩大到整个关东县（茨城县、栃木县、埼玉县、千叶县、东京县、神奈川县）和山梨县。东京都市圈在日本分为三圈级：第一圈级是东京 23 区；第二圈级是东京都市圈，距东京约 30 公里，包括东京 23 区、神奈川县、千叶县和埼玉县，简称"一市三县"；第三圈级是首都圈，距离东京约 70 公里，包括栃木县和茨城县、山梨县、群马县等。东京都市圈的规划从一开始就基于都市圈思路，自 1958 年第一版《首都圈基本计划》起，从"1 都+3 县"到"1 都+7 县"再到"1 都+11 县"。日本从 20 世纪 50 年代开始研究大都市区相关问题，主要关注大城市的快速扩张、近郊城市化和卫星城等问题，并从商业的角度提出了大都市区概念，即由中心城市与周边若干城市和地区组成的区域性商业网络。20 世纪 60 年代，日本政府基于都市圈的理念制定了《都市圈基本建设计划》。

为了缓解东京人口密度过高问题，日本政府 1956 年设置了"首都圈整备委员会"，研究制定将非必需的首都功能转移至其他城市的方案。随着日本政府将政策重心转向"国土的均衡发展"，1961 年日本内阁会议正式核准了将部分政府部门迁移至其他城市的提案。这部分政府部门主要由隶属于各机关的研究机构和国立大学组成，为未来建成筑波科学城提供了政策基础。可见，日本政府建设科学城的本意并不是发展科学或技术创新，也不是为了学习硅谷经验，而是疏解东京过多的人口。1963 年"首都圈整备委员会"将筑波科学园区都市的研究学园地区选定为筑波科学城。1967 年 9 月，内阁会议核准政府 6 个省厅下的 36 个机构迁移至筑波研究学园地区，而后迁移机构增至 43 个。筑波科学城属于政策主导型科学城。如果政策不能准确反映市场需求和预测技术发展方向，就会引发错误干预或过度干预。在这种情况下，市场机制应该发挥作用。这一问题也反映在筑波科学城的发展过程中。相较于筑波在日本基础研究领域的地位，筑波的产业并没有得到相应的发展，产业规模与科研投入不匹配。筑波国立实验研究所对企业的支持力度远远不足。

因此，我国建设都市圈时需明确发展定位，突出功能性，如明确科技创新中心建设要有利于都市圈发展。故而，在建设初期应该明确发展目标，围绕目标进行高起点的统筹规划，制定有弹性的城市发展规划。

（三）日本案例的特点分析

作为国际化大都市，东京金融、贸易和投资等的影响具有全国性和国际性，把经济边界与行政管理边界最大限度地统一起来是日本东京都市圈发展中的关键。在日本，国家管理体系分为三个层次：中央政府、县（省）和市。没有直接级别的政府管理单一的大都市区。但是，经济产业省将全国划分为9个部门，并设立了经济产业局，以监测经济动向，建立政府、产业界、学术界之间的联系，协调各自管辖范围内的经济活动。例如，关东经济贸易工业局管辖包括东京都市区在内的11个县。在管辖范围内有两个相反的区域，一个是东京大都市区，这是一个高度集中的经济活动中心；另一个是工业基地。关东厅管理着众多的行业部门，如基础材料、钢铁、石油、半导体，以及贸易和租赁等。为此，形成了由地方政府部门、企业私营部门、研究机构和大学组成的密集网络。

1. 增强都市核心区的吸引力，重塑空间布局

20世纪以来，东京大都市区先后发生过两次大规模的人口疏散。第一次是20世纪初由内城拥堵和卫生条件差引起。第二次是20世纪50年代由工业快速发展的同时出现的人口过度拥挤、地价上涨、环境污染等问题引起。虽然两次疏散存在诸多差异，但东京都市圈的新城仍受到市中心磁力的影响，布局在都市轨道交通可接受的通勤时间范围内。

2. 将筑波科学城建设为新兴科技创新中心，缓解东京主城区压力

日本政府为了快速实现经济独立，推行了《企业合理化促进法》等一系列法案。以实现日本经济独立为目的，对四大工业区域（京滨、中京、阪神、北九州）开展集中投资。基于此，日本经济实现了前所未有的高速发展，并通过虹吸效应将人口吸引到日本的四大工业区域。筑波科学城的建设与我国正在建设的科技城思路和出发点有很多共通之处，因此，筑波科学城对我国创建科学城而言是一个极佳的参考对象。

3. 重视以"交通+科技"模式带动都市圈发展

近几十年来，东京都市圈的建设以保持区域发展平衡为目标，以交通发展为重点，以"交通+科技"的方式引领和支撑各种生活功能的发

展。在规划的实施中，一般以交通运输，特别是公共轨道交通为主导，将美好生活的需求和相关资源的供给与各条轨道和公路关联。"交通＋科技"的理念也体现在其生活圈规划中，体现了个体选择的灵活性，即新城的设计不仅为个人提供了平衡生活和工作的机会，而且承认核心区的吸引力，为快速进入核心区提供交通支持，提高大都市通勤可达性和东京城市功能的可替代性。

4. 以政策规划为有效路径开展都市圈建设

政策规划是东京都市圈发展的重要手段。日本通过了《城市规划法》和《城市街道建设法》，确立了城市功能的总体定位。《帝国复兴计划》《首都圈整备法》《都市区计划》明确了东京的功能定位、具体目标等。2011 年《城市公园绿地规划发展政策》指出，城市绿地是东京市民缓解工作压力和生活压力的重要场所，要对一系列生活设施进行重建，使教育、医疗、餐饮、娱乐等资源在不同区域均衡分布，提高生活服务设施的可达性。

五　北京未来发展的启示与建议

2023 年世界科学技术日新月异，并成为经济社会发展的主导力量。世界发达国家制定了促进科学技术发展的战略。我国也高度重视技术创新在经济社会发展中的作用。党的二十大报告强调，加快实现高水平科技自立自强。这是于变局中开新局的关键，是实现创新驱动发展的必经之路。加快北京科技创新中心建设，适应经济全球化发展趋势，使北京成为连接世界的节点，更好地发挥辐射作用，积极参与国际竞争。同时，都市圈是城市群发展的重要支撑。北京作为都市圈发展中的中心城市，应充分发挥核心引领和带动作用。

都市圈建设应坚持系统性思维，以生态文明思想为指导的国土空间结构调整、人居环境建设和城市治理现代化应成为未来都市圈建设的重点。要加快制定都市圈发展规划，构建都市圈协调发展机制，以提升城市群的核心竞争力为重点。首都都市圈建设要充分发挥北京的综合影响力。作为科技创新中心和都市圈发展的核心城市，北京制定城市总体规划并明确，到2030年，基本建成世界一流的和谐宜居城市，"大城市病"治理成效显著，首都核心功能优化，京津冀区域一体化格局基本形成。到2050年，北京将建成世界一流的和谐宜居城市，京津冀地区实现高水平协调发展，形成以首都为核心、生态环境良好、经济文化发展良好、社会和谐稳定的世界一流城市群。对中国来说，京津冀协同发展的核心仍然是北京。如何促进和谐发展，如何平衡科技发展与人文建设，是需要考虑的现实问题。其中，如何建设北京科技创新中心，如何建设北京都市圈并疏解相关城市功能等问题备受关注。

城市向都市圈的演变不仅是空间规模的扩展，也是城市功能的优化。城市发展成熟阶段的最高空间组织形式是城市从功能主义向人文主义的回归，是城市驱动下不同特色区域发展模式的体现。中国经济发展的空间结构正在发生深刻变化，中心城市和城市群正在成为承载发展要素的主要空间形态，能够带动我国高质量发展的新动力源泉尤其值得北京等城市高度重视。

参考文献

薛澜：《重视政策分析在人才强国战略中的作用》，《中国社会科学报》2022年12月21日。

郑金武：《着力提升科技创新能力——从两会关键词看北京国际科技创新中心建设》，《科技传播》2021年第6期。

田庆立：《日本首都圈建设及对京津冀协同发展的启示》，《社科纵横》2017年第3期。

汪光焘等：《新发展阶段的城镇化新格局研究》，《城市规划学刊》2021 年第 2 期。

曾婧婧、钟书华：《科技治理的模式：一种国际及国内视角》，《科学管理研究》2011 年第 1 期。

康捷、袁永、胡海鹏：《基于全过程的科技创新政策评价框架体系研究》，《科技管理研究》2019 年第 2 期。

北京国际科技创新中心建设的现状、困境与路径研究

李 原[*]

摘 要： 国际科技创新中心建设是北京"五子"联动融入新发展格局的重要一环，对建立"以我为主"产业链而言具有重要意义。近年来，北京创新驱动高质量发展取得显著成绩，但存在企业科技创新主体作用发挥得不够、科技市场和区域转化率不高等问题。为了充分释放科技创新资源潜力、激发区域创新协同活力，建议北京在增强基础前沿优势、培育创新主体、夯实创新链与产业链纽带、强化区域协同创新等方面持续发力，畅通"基础研究—应用研究—企业衍生—产业发展"，为中国式现代化在国际科技创新中心建设中的生动实践贡献"北京智慧"。

关键词： 科技创新中心 科技转化 科创金融

一 相关研究评述

学者针对北京国际科技创新中心建设的基础、实施路径及效果评估进行了研究。赵峥等针对北京建设全国科技创新中心提出了战略思路并

---

* 李原，经济学博士，北京市社会科学院市情研究所助理研究员。

构建了评价体系。① 任俊宇、袁晓辉认为北京创新驱动发展的重要路径是打造"创新城区",并从创新能力、创新服务、创新环境三个维度构建指标体系对北京城区创新发展程度进行了评价。② 陆园园认为企业尚未成为科技创新主体是制约北京科技创新中心建设的重要因素,建议围绕创新主体,激发创新活力。③ 邓丽姝认为科技创新中心是现代化经济体系建设的核心支撑,要增强创新能力,完善创新创业生态系统,促进现代农业、现代制造业、现代服务业向"高精尖"方向转型升级。④ 黄群慧等提出了北京"三城一区"科技创新要素流动和联动发展的路径,以及基本思路和机制。⑤ 陈莉莉对北上深三个城市的创新链、产业链进行了比较,认为北京在科技基础研究方面最具比较优势,但与深圳和上海相比,缺少相对成熟的支持科技成果转化的产业链体系。⑥ 关成华对北京国际科技创新中心建设的成绩进行了总结,认为北京在创新绩效、创新环境和创新资源三个方面都取得显著成效,对标国际科技创新中心建设需要进一步明确战略定力和发展策略。⑦ 寇明婷等为了测度各规划区域创新能力,构建了"三城一区"发展动态监测指标体系。⑧

蔡奇指出,在习近平新时代中国特色社会主义思想指导下,首都各

① 赵峥、刘芸、李成龙:《北京建设全国科技创新中心的战略思路与评价体系》,《中国发展观察》2015 年第 6 期。
② 任俊宇、袁晓辉:《北京"创新城区"发展水平评价及建议》,《北京规划建设》2018 年第 3 期。
③ 陆园园:《北京科技创新中心建设路径》,《前线》2018 年第 10 期。
④ 邓丽姝:《科技创新中心引领北京现代化经济体系建设的战略路径》,《城市发展研究》2019 年第 2 期。
⑤ 黄群慧、崔志新、叶振宇:《北京"三城一区"科技创新要素流动和联动发展路径研究》,《北京工业大学学报》(社会科学版) 2020 年第 3 期。
⑥ 陈莉莉:《北京深化全国科技创新中心建设问题研究——基于北京、上海和深圳三地对比优势分析的视角》,《创新科技》2020 年第 7 期。
⑦ 关成华:《全球科技创新变革下北京建设国际科技创新中心的使命与未来》,《科技导报》2021 年第 21 期。
⑧ 寇明婷、李秋景、杨媛棋:《创新激励政策对企业基础研究产出的影响——来自中关村企业的微观证据》,《科学学与科学技术管理》2022 年第 9 期。

项工作取得了巨大成绩，形成了生动实践，重点包括坚持以疏解非首都功能为"牛鼻子"深入推进京津冀协同发展、把科技创新作为推动高质量发展的第一动力、以更大力度的改革开放激发新动能等，未来北京要融入新发展格局，在紧要处落好"五子"。加快建设国际科技创新中心是北京市"五子"联动融入新发展格局的关键一环，与其他"四子"子子相连、环环相扣，有显著的耦合关系，要激发"五子"形成叠加效应。① 已有研究大多只关注科技创新中心建设这一个点，没有将其放在"五子"联动整体格局中予以把握。本研究全面梳理和总结了北京国际科技创新中心建设的政策举措、取得的成效及宝贵经验，对创新中心建设及其在"五子"联动布局中发挥作用的不足进行了分析，提出了新阶段北京进一步打造国际科技创新中心的政策方向，并努力使"五子"联动取得"1+1+1+1+1>5"的效果，为首都加快构建新发展格局提供决策参考。

二　加快北京国际科技创新中心建设的现实意义

（一）加快国际科技创新中心建设是首都探索形成"以我为主"产业链布局的重要举措

党的十九届五中全会强调，要提高构建新发展格局的能力和水平，"坚持把发展经济着力点放在实体经济上，坚定不移建设制造强国、质量强国、网络强国、数字中国，推进产业基础高级化、产业链现代化，提高经济质量效益和核心竞争力"。② 可以看到，构建新发展格局的一项核心任务是畅通产业链循环，提升产业链供应链现代化水平和自我循

---

① 蔡奇：《坚持以首都发展为统领 奋力谱写社会主义现代化的北京篇章》，《人民日报》2021 年 5 月 6 日。
② 《〈中共中央关于制定国民经济和社会发展第十四个五年规划和二〇三五年远景目标的建议〉辅导读本》，人民出版社，2020，第 7 页。

环、自我修复、防控风险能力。打造国际科技创新中心则是北京打造"以我为主"产业链、以产业链提质增效支撑"双循环"畅通的重要举措，旨在"强链""融链""延链""固链""补链"，强化自主创新在产业链升级中的引领作用，立足创新优势积极参与国内产业链布局和国际供应链建设，使首都产业体系实现从"走出去"转向"融进去"再到"走上去"，强化对经济循环的"内骨骼"支撑作用。

（二）建设国际科技创新中心是加快构建新发展格局的引擎

实现首都经济循环的自立自强，科技创新是第一动力。国际科技创新中心建设是"五子"联动中的关键一子，将科技创新和产业结构升级结合，从根本上解决各类"卡脖子"问题，在投资、消费、供给、需求、开放合作等诸多领域对"双循环"新发展格局的形成提供强有力的支撑。其他"四子"，即"两区"建设、全球数字经济标杆城市建设、供给侧结构性改革和京津冀协同发展均需要以科技创新为推动力。具体来说，科技创新是北京"两区"建设中的四大特色之一，能够为服务业对外开放和参与国际大循环谋取竞争新优势；全球数字经济标杆城市建设的前提是数字技术创新，战略性数字技术的突破能够加速全球数字经济标杆城市的建设；供给侧结构性改革任务之一是打造国际消费中心城市，消费新地标的打造和消费新业态的培育均需融合科技创新；北京要在京津冀协同发展中实现减量发展促提升，必须以科技创新引领集约发展。

三　北京国际科技创新中心建设成绩显著

《中国城市科技创新发展报告（2022）》显示，北京多年来在城市科技创新发展指数排名中居首位。2012~2021年，北京科技创新发展指数从2012年的98.73增长到2021年的176.25，增幅达78.5%，首都创新水平持续攀高，科技创新中心建设明显加速，北京创新驱动高质量发展态势更加明显。

（一）聚焦前沿科技，加大研发投入

北京面向世界科技前沿持续加大对基础研究和关键核心技术的研发投入，集中力量突破一批数学、物理、生命科学等领域的"卡脖子"技术。"十三五"时期以来，北京市 R&D 经费投入占比保持在 6% 左右，高于纽约、柏林等国际创新城市。2021 年 R&D 经费投入 2629.3 亿元，约是 2012 年的 2.5 倍；2022 年全市基础研究占比从 2016 年的 14.2% 提升至 16% 左右，研发支出占地区生产总值的比重在全国城市中排名第一；大中型重点企业研发费用同比增长 10%。

（二）明确发展重点，打造科技创新主平台和主阵地

一方面，以"三城一区"[①] 为平台进行重要科技布局，依托"三城一区"和中关村国家自主创新示范区建设创新高地。"聚焦"中关村科学城，先后落户首家全球原创新药研发平台、启用海淀城市大脑展示中心、成立世界数字友好园区联合创新实验室，着力打造中关村前孵化创新中心和概念验证中心，加速科技成果转化。"突破"怀柔科学城，坚持怀柔综合性国家科学中心建设与运营"两手抓"。加快建设和运行科学设施平台，总数达29 个，顺利实现 5 个交叉研究平台的试运行。"搞活"未来科技城，坚持"一企一策"盘活存量土地，加快"两谷一园"建设，入驻华为云计算中心等多元创新主体，建成国电投氢能燃料电池等 3 条中试线，北京能源工业互联网研究院成立。"升级"北京经济技术开发区，通过与"三城"签署创新联动发展协议，积极承接"三城"转化项目 150 项。另一方面，北京持续打造"一区十六园"多元化特色化科技创新主阵地，围绕"三城一

---

① "三城一区"是指北京中关村科学城、怀柔科学城、未来科技城和北京经济技术开发区，为北京加强全国科技创新中心建设的主平台。

区"实现科创力量"多点开花"。中关村以"世界领先科技园区"建设目标，统筹推动"一区多园"协同发展，立足不同园区的区位优势、资源禀赋和主导产业，联动各区市错位建设高品质科技园区，搭建共性技术应用平台和概念技术验证平台形成标杆型孵化器，进一步提升各分园初始创新能力、科技转化效率和全链条服务能力。

（三）优化经济结构，加快布局高精尖产业

制定高精尖产业发展规划，加快构建高精尖经济结构，出台"10+3"高精尖产业政策体系，引导各区立足资源禀赋和产业条件做大做强特色主导高精尖产业。打造新一代信息技术和医药健康"双引擎"，2017～2021年北京电子、医药行业增加值年均增速分别为14%和41.4%。加快布局一批集成电路、智能装备等重大产业项目，一批集成电路重大项目通过国家窗口指导，2021年北京人工智能产业收入超过2000亿元，是2015年的2.8倍。深入推进实施"新智造100"工程，针对新基建、数字人、氢能等产业发展出台政策文件。加快推动京津冀区域形成高精尖产业协同发展联盟，三地签署了《共建先进制造业集群 共推产业协同发展战略合作协议》。

（四）深化体制改革，优化科技创新生态

充分发挥中关村示范区改革"试验田"作用，以科技体制改革激发科技创新活力，深化中关村科技体制先行先试改革。在加强财税支持、促进科技成果转化、发展科技金融等方面推出一批突破性政策，先后出台并落实"科创30条"、中关村高水平科技自立自强先行先试改革24条、科研项目和经费管理28条、促进科技成果转化条例等一系列政策法规。加强对科技创新的"全要素全生命周期"支持，出台中关村"1+5"系列政策，创新制定"免申即享""达标即享"等机制解决科创企业资金短缺问题，率先开展科技成果"先使用后付费"改革。完善科创金融体系，发布"科创

金融十七条",申请创建中关村科创金融改革试验区,努力为科技创新企业提供全链条金融支持。加快京津冀协同创新共同体建设,支持中关村企业在河北、天津设立分支机构,截至 2022 年底已累计设立 9536 家。出台政策和行动方案支持外资研发中心在京设立和发展,首批认定 29 家外资研发中心,进一步扩大首都科技创新的国际影响力。

四 北京国际科技创新中心城市建设存在的主要问题

北京市科技创新要素投入多,R&D 经费投入强度(R&D 经费与地区生产总值之比)在全国排名第一,对提升科技创新中心建设水平作出巨大贡献。但参照国际科技创新中心建设的目标和国际科技创新中心城市建设对"五子"联动的预期作用,存在科技创新成果转化率不及预期、市场和区域转化率不高等短板。

(一)企业作为科技创新主体作用发挥不够,创新主体地位不突出

从数据来看,北京各类企业 R&D 经费支出占比较低且呈下降趋势。2021 年北京 R&D 经费投入中政府属研究机构、高等学校、各类企业所占比重分别为 43.6%、11.1% 和 43.2%,同期,全国三项占比分别为 13.3%、7.8% 和 76.9%,广东则为 5.2%、7.6% 和 87.2%。企业是科技研发投入主体,而北京的企业 R&D 经费投入比重却较低。北京规上企业 R&D 经费投入占 GDP 的比重从 2015 年的 0.99% 降到 2021 年的 0.78%,表明企业在科技创新过程中的主体作用发挥得不够。造成北京市企业 R&D 经费投入占比相对较小的原因,一方面是由北京市注重基础科学研究、服务国家战略定位决定的。从数据来看,北京基础研究经费投入大而试验发展经费相对较少。在基础研究方面要素投入相对较多,占全社会 R&D 经费投入的比重为 16.1%,占全国基础研究总投入的比重为 23.3%。相比之下,同期全国、上

海、广东基础研究经费投入比重占全社会 R&D 经费投入的比重分别仅为
6.5%、9.5% 和 5.9%。基础研究大多数是重大科技创新项目，前期投入大，
需要北京市央地协同、发挥高校科研机构力量为原始创新长期提供强有力
的支持。另一方面是企业创新发展要素需求与重大科技创新要素供给不匹
配，企业创新主体作用发挥不充分。重大科技创新要素供给不足，突出表
现在科技创新要素向企业集聚程度不高，高校、科研机构面向国家重大战
略科技需求制定的科技创新规划中缺乏重点企业的参与，使得关键核心技
术研发缺乏源头驱动力，很多高校和科研机构的基础研究成果"不接地
气"，不能与企业的科创需求相匹配，导致基础研究成果转化程度低；部分
创新研发支持资金以项目模式申报，准入门槛过高，导致很多资金"闲置"
而真正需要科研基金的科技型中小企业却难以享受红利，尤其是初创科技
型中小企业难以得到支持以实现重大应用科技研发突破。

（二）创新链和产业链融合不够，科技创新成果转化率不高

在产出效益层面，北京市科研主体和市场主体结合度低。北京市
2015～2021 年战略性新兴产业增加值占 GDP 的比重从 21.78% 增长到
27%，2021 年战略性新兴产业增加值为 9961.6 亿元；2021 年深圳战略性
新兴产业增加值达 1.21 万亿元，占 GDP 的比重高达 39.6%。深圳 GDP
低于北京，但战略性新兴产业增加值对 GDP 的贡献率显著高于北京，这
在一定程度上说明北京科创转化能力相对不强。北京市科研创新成果转
化率不高的重要原因是试验发展经费投入不足。2021 年北京市基础研究、
应用研究、试验发展经费占全社会 R&D 经费的比重分别 16.1%、25% 和
58.9%，全国三项占比分别为 6.5%、11.25% 和 82.25%，广东三项占比
分别为 5.9%、9.2% 和 84.9%。① 北京市试验发展经费占比远低于广东
和全国平均水平，在一定程度导致科技创新与产业应用存在脱节问题。

---

① 数据来源于《广东省科技经费投入公报》。

（三）科技创新溢出效应不显著，对京津冀区域辐射引领能力不强

从京津冀地区经济发展水平来看，三地人均 GDP 差异系数从 2015 年的 0.4219 持续攀升至 2020 年的 0.4532，2021 年有所回落但仍处于 0.4523 的高位，其中一个原因就是北京创新引领作用发挥得不够，京津冀地区协同创新发展进程慢于预期，协同创新效果与长三角地区相比有一定差距。据梁婉君、何平的测算，京津冀区域 2018 年协同创新总指数为 106.35%，大大低于长三角区域协同创新总指数 118.44%。两个地区主要在创新环境协同和创新资源协同领域存在差距，京津冀创新环境协同指数为 96.93%，比长三角地区低 28.79 个百分点；京津冀创新资源协同指数为 109.42%，比长三角低 11.67 个百分点。[1] 这说明北京作为国际科技创新中心，对津冀的辐射作用仍有较大提升空间，科技创新成果的区域转化效率不高。在科研人才方面，北京市高等教育优势明显，2020 年有 10.19 万名研究生毕业生，占全国的 14.34%，居各省区市首位，远高于上海的 7.16% 和广东的 4.98%。北京市普通高校的专任教师中博士比例居各省区市首位，高达 68.14%，高于上海（58.41%）和广东（29.67%）；北京市正高级职称人数占全国的比重也是最高的，为 11%，远高于上海（3.85%）和广东（6.9%）。[2] 以科研资源为基础，北京应该成为京津冀协同创新发展的引领者和推动者。

五　北京加快建设国际科技创新中心路径与对策

得益于丰富的科教研究资源，北京是典型的"科研供给驱动型"科

---

[1] 梁婉君、何平：《京津冀区域协同创新监测系统研究——兼与长三角区域协同创新比较》，《统计研究》2022 年第 3 期。

[2] 数据来源于教育部官网。

技创新中心。北京建设国际科技创新中心要释放基础研究外溢效应与科技创新资源潜力，促进区域创新协同，畅通"基础研究—应用研究—产业发展"，为中国式现代化在科技创新中心建设中的生动实践贡献"北京智慧"。

（一）立足国家战略需要，发挥基础科学研究前沿优势

1.加强关键领域科研攻关，提升原始创新能力

以"国家基础研究十年行动"为指导，发挥优质高校和科研院所的聚集优势，加快在京形成高端国家实验室体系，在重大理论、专利等方面实现重大突破。加强北京"三城一区"科技创新主阵地与怀柔国家综合性科学中心的有效衔接。资金支持在京重大科技基础设施建设，鼓励各类创新主体利用先进科技基础设施实现科学发现、提升原始创新能力。培育创新文化，弘扬科学家精神，通过营造"敢为人先、大胆试错、自由探索"的科学氛围，鼓励各类创新主体在原创科学前沿领域敢闯敢试、勇于创新。系统布局生命科学、航空航天、量子信息、材料科学、人工智能等重点领域，构建"跨领域、融学科、全链条、大协作"的科学研究体系，为实现国家高水平科技自立自强提供"北京支撑"。

2.建设前沿技术研究中心，提升经济发展牵引实力

注重"政产学研金介贸"在科技创新中的密切配合，整合科研院所、高校等创新主体力量，跨界联动形成区域创新协同联盟，主导推出区域创新人才直通车、新技术应用场景集。进一步聚焦集成电路、生物医药、人工智能、新材料等领域的前沿问题与技术发展方向，引进国际知名科学家团队，依托北京众多高校的学科及科研优势，深化科研合作，在原创性研究领域共同推进高品质创新平台建设，解决基础研究和应用研究"两张皮"问题，逐步打造若干前沿技术研究中心，为科技催生新业态、新市场、新需求夯实基础。

3.开展科学前沿的国际合作，增强国际影响力

充分发挥在京大院大所在扩大国际科技交流合作方面的"先锋队"和"排头兵"作用，鼓励科研人员开展国际交流合作，对接世界科学前沿、技术前沿和工程前沿。将气候变化、数字经济、中医中药等纳入中关村论坛议题，围绕造福全人类的共同发展领域，深化"共生型"合作，增强前沿科学研究合作的国际影响力，扩大中国创新的影响力。立足"四个中心"，借力国际交往中心打造科技创新中心，制订国外人才引入计划和本土人才输送计划，依托在京跨国公司总部设立本土研发中心吸纳高端人才。以国内外共同研发项目为基础，开展双边或多边的联合项目研究，搭建深层次、多学科、多元化国际科技创新合作联盟网络，努力形成具有全球竞争力的开放创新生态。

（二）培育创新主体，激发企业创新活力

1.完善技术创新激励政策

目前全市创新激励制度在顶层设计和指导原则上强调重视科技创新质量，但受科技创新主体数量多、创新质量测度难、评估资源不充足等因素制约，执行层面难以完全按照质量评判，陷入"数量论"困境。建议进一步加大重点领域和关键领域的原创性、基础性、公益性创新研究的激励力度，使技术评价与激励制度真正起到对产业链关键环节"补短板""锻长板""填空白"的重要支撑作用。推进科技激励政策改革，将技术创新成果的原创性、前瞻性、溢出性、转化率等纳入技术创新评估体系。抓紧引入配套的、可操作的容错纠错机制和实施细则，制定科技创新容错清单。对科技型企业要落实"三个区分开来"，明确在"目的正当、程序合规、行为合法、结果合理"的前提下，分类设定失败免责的容忍度，对创新失败情况予以免责。对于被免责的科技创新人员，失败情况不纳入科研信用不良记录，不影响再次申请科技项目和考核评优、职称晋升等。进一步统辖干部人事、审计、巡视、科协、国有资产监管、司法等部门，形成科技创新

支持合力，实现相关部门尺度统一、步调一致，切实解决科技创新容错纠错实践中跨部门政策冲突、协调不畅等问题。推进国有企业改革，引导完善国有企业创新考核制度，鼓励国有科技型企业实施股权和分红激励政策并逐步扩大适用范围。持续推进国有科技型企业混合所有制改革，积极吸纳民营资本加入国有科技型企业，为国有科技型企业科技创新注入活力。大力培育民营科技型企业，营造公平环境支持民营科技企业参与政府科研项目、成果转化、创新平台建设等。

2. 为市场主体科技创新提供资金支持

一是进一步增强财税资金引导效应。市区各级财政为创新主体提供前奖励、后补助、政府采购、税收减免、风险补偿等资金支持，形成财政资金"投入—运营—退出—再投入"良性循环机制。进一步落实《北京市全面优化营商环境助力企业高质量发展实施方案》《关于继续加大中小微企业帮扶力度加快困难企业恢复发展的若干措施》等税收减免政策，逐步实现税费减免政策"免申即享""即申即享"，适度加大税收减免力度，为科技型企业尤其是科技型中小型企业创新营造良好的税收环境。引导企业加大核心科技研发投入，探索调整研发支出认定口径，提高政策优惠的普及度，避免将促进关键技术创新的研发支出排除在认定范围外的情况出现，激励在京企业在基础领域的创新热情。

二是优化科创金融生态，促进科技金融业务模式创新。进一步推动银行业金融机构设立科创支行，支持银行机构制定更具针对性的授信政策。持续探索多种形式的投贷联动、贷款保证保险、专利综合保险、重大技术装备首台（套）保险、重点新材料首批次应用保险等科技金融创新产品和服务。定期举办"政银企对接会"，与金融机构签订战略合作协议，积极运用首续贷产品、"科技贷"特色产品等综合服务模式激活更多信贷资源。探索建立科技企业贷款"白名单"管理制度，为符合条件的科技创新型企业提供循环贷款模式下多次提取、随借随还、循环使用贷款额度等便利。完善传统的担保、坏账核销、风险补偿等政策支持体系，建立包容审慎管理框架，设计好金融改革创新的容错机制，促进北京开展金融创新。以国际标准推进中关村创新环境建设，依托中关村科创金融服务中心，积极申请创建中关村科创金融改革试验区，为园区内及全市科创企业提供包括信贷支持、保险服务、投融资对接、股权交易等在内的一揽子金融服务，为创新主体在海外建设科技园区、创新中心和孵化器提供融资支持，争取打造一流的科技创新金融服务体系。

三是撬动社会资本激发市场主体创新活力。引导带动社会资本投入科技创新，激励企业、社会组织等以共建科研机构、公益捐赠、联合资助等方式为基础研究和技术研发提供资金支持。充分发挥利用国内开发性金融机构"融资、融商、融智"功能，通过"政府选择项目入口—开发性金融孵化—市场出口"的运作模式，为科技创新主体提供组织增信、孵化培育、多元融资支持和专业技术支持等多方面帮助。建设并依托北京证券交易所，持续推进创业板、新三板、四板市场等多层次资本市场的制度创新，利用北交所为科技创新企业提供精准服务，激励科创企业用好北京四板市场科技创新板。利用好北京科创基金，与天使投资、创业投资等形成合力，激发在京众多高校、科研院所和科创型企业的创新活力，引导符合首都战略定位的新能源汽车、生物医药、电子信息、数字经济等"高精尖"专项高端科研成果落地孵化转化。改革产业基金运行机制，大力发展市场化创业投资基金，鼓励境内外投资机构合作组建创新投资基金，用以整合全球科技创新资源。支持科技创新企业探索开展跨境贸易与资产证券化、知识产权跨境交易等业务；支持符合条件的金融机构为科创企业跨境资金收付、境内外融资等业务提供专业服务。

（三）夯实创新链与产业链纽带，提升科技创新转化效能

以创新链补强产业链，重点布局新一代信息技术和医药健康产业，做大做强包括集成电路、智能装备、绿色能源、智能汽车等在内的

"北京智造",做优做精包括区块链与信息技术服务、数字服务、演出经纪、智能特色消费、智慧城市等在内的"北京优服"。

1.科技创新赋能产业转型升级

依托科技创新为北京市产业升级和经济高质量发展提供新动能和新增长点。一是立足比较优势,发展壮大特色新兴产业。突出北京在电子信息、生物医药、人工智能、区块链、量子信息等领域的学科优势和研究优势,加快高新技术转化,抢占产业技术制高点。探索推出支持高等院校和科研机构创办衍生企业的"学术创新创业"政策,鼓励更多科研团队通过新技术孵化新企业,培育更多高质量创新市场主体。搭建新型"政产学研金介贸"科技创新网络,实现从"线性创新"到"网络化创新"的模式转变。二是重视发展对制造业有变革性影响的新技术研发,以"新技术"构建"北京智造"产业体系。顺应制造业与数字产业、制造业与服务业的融合趋势,加大对技术密集型、资本密集型高端智能制造产业的支持力度,鼓励市区两级发布智能制造方案、智慧运维及工业上楼项目等,加快制造业向智能化、轻量化、绿色化发展,形成智能装备、医药健康、新材料等新兴产业集群。

2.增强企业科技创新竞争力

部门协调多管齐下,放大政策叠加效应,尽量缩短新技术研发到产业化应用的周期,鼓励企业拓展科技与生产的融合速度和深度,增强科技创新竞争力。一是助推基础研究成果加速应用。充分发挥"概念验证中心"在缩短实验室基础研究成果与市场应用成果差距方面的独特优势,将中关村科学城实施"概念验证支持计划"的经验尽快推广到北京全域。概念验证、测量技术和标准等具有公共产品属性,市场对其投资热情不高,而概念验证中心可以解决市场失灵问题,帮助初创企业加快实现从技术到产业的转化。二是完善服务企业科技创新的机制。秉承"科技创新永远在路上"的发展理念,以持续提升企业自主创新能力为突破口,谋划启动"科技创新提质工程",搭桥促进科技型企业与京内高等院校、科研院所和知名科技研发团队、岗位专家进行对接，以政府买单形式为企业提供"科技创新"服务，针对不同企业开出科技研发、专利培育、基金申报、财务管理等发展"良方"，助力企业迅速提升科技创新能力。三是培育多元化高端科技型人才。实行科技人才梯次培养模式，培育打造一批高水平科技经纪人队伍，加快科技创新供给与产业需求高效衔接；打造一批高素质"科学家+工程师"队伍，推进产学研深度融合。形成"研发人才、技术人才、科技服务人才"互相支持、和谐共生的局面，满足新职业、新兴产业的多元人才需求。鼓励高校以"项目制"培养人才，推动高等院校人才培养与企业需求"精准对接"；探索在高校和科研机构开展赋予科研人员科技成果所有权或长期使用权的试点。

（四）充分发挥首都创新溢出效应，强化区域协同创新

1. 立足首都创新优势，构建京津冀区域创新合作网络矩阵体系

依托中关村国家自主创新示范区，形成以中关村为龙头的京津冀区域创新协同生态网络，打造世界级创新集群。真正发挥首都对京津冀地区的创新引领效应，引导北京优质高校、研究机构、高科技企业在共建园区设立分支机构、研发基地和转化平台，放大溢出效应。加强与雄安新区、天津滨海新区、河北石家庄、廊坊等重要创新节点城市的合作联动，打造区域创新要素共生共融共建共享模式。提高"政产学研金介贸"合作效率，组建区域创新协同联盟，主导推出区域创新人才直通车、新技术应用场景集，实现区域创新载体和创新机制深度协同。

2. 构筑"高端高质高新"产业圈层，深度嵌入国内大循环

以创新链带动产业链，打造京津冀创新驱动型"产业圈"。在北京市内部圈层，以"三城一区"为主平台，在新能源、生物医药、电子信息、人工智能等高精尖领域形成规模更大、产业链更为齐全的产业集群。在津冀外部圈层，形成"北京研发—就近转化"的产业链协作关系。紧抓雄安新区和北京城市副中心建设、节点城市培育的良好机遇，

在重要节点城市布局高技术产业园区和产业走廊，引导北京不同层级产业向津冀集聚，优化区域产业链布局。探索共建新能源汽车、工业互联网等上下游衔接的供应链和产业链体系，做大做强特色产业链和高技术产业地域综合体，推动产业向价值链高端攀升。充分利用城市副中心的区位和研发优势、雄安新区研发与转化优势，加速区域科技协同创新，使北京国际科技创新中心建设从依托"三城一区"向"三城两翼一区"转变（"两翼"是指城市副中心与雄安新区）。

参考文献

蔡奇：《坚持以首都发展为统领 奋力谱写社会主义现代化的北京篇章》，《人民日报》2021年5月6日。

陈莉莉：《北京深化全国科技创新中心建设问题研究——基于北京、上海和深圳三地对比优势分析的视角》，《创新科技》2020年第7期。

邓丽姝：《科技创新中心引领北京现代化经济体系建设的战略路径》，《城市发展研究》2019年第2期。

关成华：《全球科技创新变革下北京建设国际科技创新中心的使命与未来》，《科技导报》2021年第21期。

黄群慧、崔志新、叶振宇：《北京"三城一区"科技创新要素流动和联动发展路径研究》，《北京工业大学学报》（社会科学版）2020年第3期。

寇明婷、李秋景、杨媛棋：《创新激励政策对企业基础研究产出的影响——来自中关村企业的微观证据》，《科学学与科学技术管理》2022年第9期。

陆园园：《北京科技创新中心建设路径》，《前线》2018年第10期。

任俊宇、袁晓辉：《北京"创新城区"发展水平评价及建议》，《北京规划建设》2018年第3期。

赵峥、刘芸、李成龙：《北京建设全国科技创新中心的战略思路与评价体系》，《中国发展观察》2015年第6期。

北京数字经济创新应用示范体系建设研究

李　茂[*]

摘　要：创新应用示范是数字经济创新层和产业层之间的中间环节，也是连接创新层和产业层的重要枢纽。开展北京数字经济创新应用示范体系建设研究，有助于进一步掌握北京数字经济的新优势，为建设全球数字经济标杆城市奠定良好的基础。本文采用概念分析、文献研究、调查分析等方法，分析了北京数字经济创新应用示范体系建设现状，指出了存在的问题与不足，在参考其他城市先进经验的基础上，提出了今后一段时期北京数字经济创新应用示范体系建设的基本思路和对策建议。

关键词：数字经济　创新应用　北京

"十四五"时期，面对世界百年未有之大变局，党和政府高瞻远瞩、高屋建瓴，大力推动数字经济发展。这是构筑数字时代国家竞争新优势的必然选择，也是形成以国内大循环为主体、国内国际双循环相互促进的新发展格局，以及打造高质量发展新引擎的现实需要。习近平总书记指出，要推动产业数字化，利用互联网新技术新应用对传统产业进

　＊　李茂，博士，北京市社会科学院传媒与舆情所副研究员。

行全方位、全角度、全链条的改造，提高全要素生产率，释放数字对经济发展的放大、叠加、倍增作用。[①] 习近平总书记强调要发挥数据的基础资源作用和创新引擎作用，加快形成以创新为主要引领和支撑的数字经济，推动实体经济和数字经济融合发展。

在数字经济体系中，创新应用示范是创新层和产业层之间的中间环节，也是连接创新层和产业层之间的重要环节和枢纽。通过新产品新技术的应用，对现有的技术进行集成创新或者开展新产品新模式研发，以及进行创新性应用推广，推动数字创新向大规模产业化迈进。开展北京数字经济创新应用示范体系建设研究，发现商业新形态、业务新环节、产业新组织、价值新链条，探索北京数字经济创新示范制度建设、标准设定、平台搭建等内容，有助于进一步掌握北京数字经济的新优势，为建设全球数字经济标杆城市和北京高质量发展奠定良好的基础。

现有的北京数字经济研究集中在技术态势、融合渠道和经济价值等方面，缺乏对相关新技术新产品示范应用支撑体系的研究，本文尝试将创新应用示范标准和创新应用示范平台建设内容作为研究的靶向领域，进一步丰富北京数字经济相关研究内容。同时，本文还具备一定的实践价值，有助于政府相关部门全面了解北京数字经济创新应用示范体系的基本情况，把握创新应用示范体系发展的一般规律和基本要素，为相关决策提供支撑。

一　文献述评

数字经济是一个宽泛且不断演进的概念（见图 1）。学术界对于数字经济的定义较多，不同的定义有着不同的切入点，如技术角度、产业

[①]　张晓松、朱基钗：《敏锐抓住信息化发展历史机遇　自主创新推进网络强国建设》，《人民日报》2018 年 4 月 22 日。

形态角度、投入产出角度等。一般认为，数字技术指的是通过大数据（数字化的知识与信息）的识别—选择—过滤—存储—使用，引导资源的快速优化配置与再生、实现经济高质量发展的经济形态。

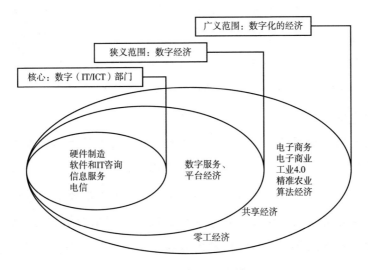

图 1　数字经济内涵示意

1996 年，美国学者 Don Tapscott 在 *The Digital Economy：Promise and Peril in the Age of Networked Intelligence* 一书中首次提出"数字经济"概念。Goldfarb 与 Tucker（2019）对近五十年来西方的数字经济研究进行了系统回顾。根据他们的分类，西方的数字经济研究着重关注五大类经济成本变动的机制和原理，即搜索成本、复制成本、运输成本、跟踪成本、验证成本，主要应用的模型分别是搜索模型、非排他性产品模型、运输成本模型、价格歧视模型、声誉模型。[①] 由此可见，西方的数字经济研究更多地集中在微观和中观领域。国内学者更多关注的是数字经济的宏观层面，靶向领域主要包括数字经济的内涵与测度、数字经济的治理问题、数字贸易与数字金融的经济效应等。国内学者从不同角度对数

---

① Goldfarb A., Tucker C., "Digital Economics," *Journal of Economic Literature*, 2019, 57（1）.

字经济的内涵进行了研究，但普遍认为数字经济是信息化发展到高级阶段形成的经济形态。[①] 佟家栋、张千认为数字经济来源于以信息化为载体的核心生产要素，借助网络技术发挥作用，是技术融合、产业融合、生产者与消费者融合的新型经济形态。[②] 数字经济的测度是深入研究数字经济的重要环节，有的学者提出用数字产业部门总增加值与非数字产业中的数字活动创造的增加值或资本存量之和来衡量数字经济的总体规模；[③] 有一部分学者构建了数字经济发展评价指标体系，以某种方法汇总多个维度指标，获得我国不同地区的数字经济发展指数。[④] 数据经济治理与网络安全问题、数据管理问题密切相关。数字经济在全球范围内的快速发展直接影响了传统的税收管辖权划分原则、现有规则对不同交易形式的适用及税基确认等。[⑤] 梁鲜珍、王宝顺等学者从常设机构视角分析数字经济对国际税收征管的影响机制，并提出对策。[⑥] 随着数字经济与实体经济的融合，数字贸易内容的相关拓展使得现代信息网络结构的运用成为可能，进而实现制造领域和管理领域等的数字化。[⑦] 但数字贸易发展也带来了一系列问题和挑战，比如数字贸易规则滞后、数字贸易壁垒的存在以及对传统的贸易理论的挑战。国内现有数字贸易文献也多是基于这些挑战对国外数字贸易规则和经验的总结，主要关注的是美

---

① 欧阳日辉：《数字经济的理论演进、内涵特征和发展规律》，《广东社会科学》2023 年第 1 期。

② 佟家栋、张千：《数字经济内涵及其对未来经济发展的超常贡献》，《南开学报》（哲学社会科学版）2022 年第 3 期。

③ 《数字经济发展水平测度及其对全要素生产率的影响效应》，《改革》2022 年第 1 期。

④ 万晓榆、罗炎卿、袁野：《数字经济发展的评估指标体系研究》，《重庆邮电大学学报》（社会科学版）2019 年第 6 期。

⑤ 郭心洁、张博、高立群：《数字经济时代国际税收面临的挑战与对策》，《国际税收》2015 年第 3 期。

⑥ 梁鲜珍：《数字经济对税收的影响及其应对措施》，《税收经济研究》2017 年第 3 期；王宝顺、邱柯、张秋璇：《数字经济对国际税收征管的影响与对策——基于常设机构视角》，《税务研究》2019 年第 2 期。

⑦ 马述忠、房超、梁银锋：《数字贸易及其时代价值与研究展望》，《国际贸易问题》2018 年第 10 期。

国和欧盟的数字贸易规则。[①] 王先林、曹汇通过研究数字经济时代平台垄断问题以及平台垄断对反垄断规则的挑战，提出要结合中国实际完善数字经济反垄断规制体系。[②]

数字经济创新应用示范属于科技成果转化范畴，西方学者大多从投入产出的角度分析科研资金投入和科技成果转化的效益。Rubinstein 和 Geisler 提出了科技成果转化的四大类型；[③] Klementz 通过案例研究，对技术商业化效率进行了测度。[④] 国内学者对科技成果转化的研究多是从技术创新理论和技术扩散理论出发，对我国科技成果转化进行了深入分析，研究的靶向领域主要集中在科技成果转化模式、技术成果转化的有效评价及阻碍产业化的障碍等。杨希雄分析了高校科技成果转化机制存在的问题，提出了要从利益分配机制等角度出发进一步优化科技成果转化机制；[⑤] 杜宝贵、张鹏举以 22 个省区市数据为基础，分析了科技成果转化的多重并发因果关系与多元路径；[⑥] 方永恒、兰椿翔利用非参数模型估算了高校科技成果转化效率，指出我国高校科技成果转化效率不高的主要原因是地区禀赋不同，不同地区间高校科技成果转化效率维度下的纯技术效率和规模效率差异较大；[⑦] 徐洁探讨

---

① 李杨、陈寰琦、周念利：《数字贸易规则"美式模板"对中国的挑战及应对》，《国际贸易》2016 年第 10 期；周念利、陈寰琦：《数字贸易规则"欧式模板"的典型特征及发展趋向》，《国际经贸探索》2018 年第 3 期。

② 王先林、曹汇：《数字平台个性化定价的反垄断规制》，《山东大学学报》（哲学社会科学版）2022 年第 4 期。

③ Rubinstein A., Geisler E., "Innovation and Technology Transfer in University Research," *The Journal of Technology Transfer*, 2012, 37 (3).

④ Klementz M., "Commercializing Academic Technology: What is the Role of Federal Funding in the Formation of University Startups?" *The Journal of Technology Transfer*, 2015, 40 (3).

⑤ 杨希雄：《打通技术要素体制机制梗阻 促进高校科技成果高效转化》，《中国科技产业》2021 年第 2 期。

⑥ 杜宝贵、张鹏举：《科技成果转化政策的多重并发因果关系与多元路径——基于上海等 22 个省市的 QCA 分析》，《科学学与科学技术管理》2019 年第 11 期。

⑦ 方永恒、兰椿翔：《高校科技成果转化效率评价——基于三阶段超效率 SBM 模型》，《科学与管理》，网络首发。

了在加快建设创新型国家背景下科技成果转化的制度障碍与应对措施。①

以上文献为本文提供了扎实的研究基础和成果参考。北京是中国数字经济发展高地,具有较为明显的地域特点和区域优势,还具有很多先行先试的政策条件。特别是自北京提出建设全球数字经济标杆城市以来,深入分析北京数字经济创新示范应用体系建设情况的研究并不多,尤其是如何发挥创新应用示范作用,全面赋能全球数字经济标杆城市建设的研究仍是空白。本文的理论边际贡献在于充分考虑北京建设全球数字经济标杆城市和国际科技创新中心的背景,结合实际深入分析当前创新应用示范体系建设中存在的问题,提出创新应用示范体系建设的要点。

二 北京数字经济创新应用示范体系建设现状

(一)基本概念

1. 创新应用示范体系的内涵

在产业创新体系中,新模式、新应用示范是创新层和产业层之间的中间环节,是连接创新层和产业层之间的桥梁。通过创新应用示范体系的构建,以实际市场需求为导向,对现有的技术进行集成创新或者开展新产品试制,以及进行一些初步的应用推广,推动科技创新向大规模产业化迈进。

从产业创新体系内部结构来看,产业创新体系包括资源层、研发层、技术层、产品层和产业层五个层次(见图2)。其中,资源层为研发层提供创新资源,研发层为技术层提供技术成果,技术层为产品层提供科技产品,产品层为产业层提供多样的科技产品。五个层次之间紧密

---

① 徐洁:《科技成果转化制度障碍表现与应对消除措施探讨》,《科技与创新》2018年第10期。

相关。将资源层、研发层和技术层统称为创新层，将产品层和产业层统称为产业层。在整个产业创新体系中，从创新层向产业层转化至关重要，也是最容易出现断裂的环节。

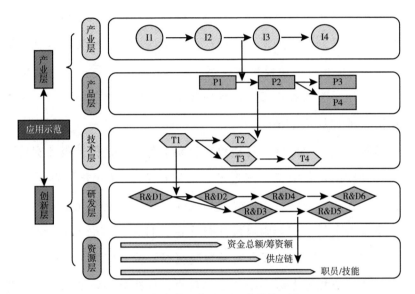

图2　创新体系与应用示范结构示意

2. 创新应用示范体系的作用机理

第一，通过创新应用示范体系，将数字经济资源层、研发层和技术层与产业层和产品层有机衔接在一起，实现创新耦合效应，达到"1+1>2"的突破性效果，提高数字经济的内生动力，提升数字经济的发展质量。

第二，通过创新应用示范体系，促进资源层、研发层、技术层等的相互竞争，实现产业内部更新，淘汰落后理念和陈旧产品，推动产品层和产业层升级换代。

第三，通过创新应用示范体系，推动前沿创新应用走向市场，积极了解客户需求，把握产品与服务的竞争优势，为创新应用的真正落地提供大量的信息。

（二）北京数字经济创新应用示范体系建设现状

1.示范平台建设情况

示范平台是示范体系的物质基础，是应用示范向社会与市场展示的主要窗口，更是创新应用走向市场、接受市场检验、收集市场反馈信息的"主战场"。北京在建设全球数字经济标杆城市进程中，高度重视示范平台的作用，不断夯实示范体系的底座，围绕各类创新应用，建立了不同类型、种类的示范平台。

一是数字贸易示范区。打造数字贸易示范区，是促进服务贸易更高水平对外开放的重要举措。习近平总书记在2021年中国国际服务贸易交易会全球服务贸易峰会上发表视频致辞时提出，支持北京等地开展国际高水平自由贸易协定规则对接先行先试，打造数字贸易示范区。① 商务部发布的《"十四五"服务贸易发展规划》为数字贸易示范区的建设指明了路径：依托国家数字服务出口基地，打造数字贸易示范区。北京在数字服务市场准入、国际规制对接、跨境数据流动、数据规范化采集和分级分类监管等方面先行先试，开展压力测试，培育科技、制度双创新的数字贸易集聚区。开展好中关村示范区数据跨境传输安全管理试点，推进数字贸易示范区建设，加快培育数字贸易龙头企业，推动一批数字贸易产业项目落地。

二是数字经济引领示范区。北京在数字经济发展进程中，坚持错位发展、聚焦发展、特色发展，支持各区结合自身资源禀赋、产业特征和发展诉求等，探索各具特色的数字经济发展新模式、新体系、新路径。目前，初步形成了三个发展梯队，即以城六区为主要组成部分的数字经济引领示范区、以城市副中心和平原新城为主的数字经济先行先试区、

---

① 《习近平在2021年中国国际服务贸易交易会全球服务贸易峰会上发表视频致辞》，《人民日报》2021年9月3日。

以生态涵养区为主的数字经济特色发展区。其中，数字经济引领示范区形成数字经济核心产业聚集发展、数字技术赋能业态转型升级的发展特色，充分发挥引领示范作用（见表1）。

表1　数字经济引领示范区主要示范项目

示范区	主要示范项目
海淀区	推进法定数字货币试验区建设，已有5000多个市场主体具备数字人民币收款功能。在民生领域建设数字技术推动互联网诊疗服务平台、线上学习平台、5G超高清视频融合服务平台等
朝阳区	在数字金融领域构建数字资产金融综合服务平台，在数字消费领域推动VR/AR等信息技术的融合应用，在数字文化领域打造以文化传媒、数字内容、电竞游戏为支撑的高端产业体系
西城区	引进国内首家电信业数字化咨询公司中移数智科技、全球C2M电子商务模式的首倡企业必要科技等一批数字经济优势企业，以国家级金科新区为主要载体，累计吸引147家数字金融企业和专业服务机构
东城区	持续推进传统商圈改造，建设王府井智慧商街，打造国际化消费示范区域，加强数字文旅融合发展，打造数字文旅消费新场景，培育"沉浸式"文化科技项目
丰台区	建设智能开放的国际科技创新大数据平台，形成基于人工智能的"创新大脑"，打造科技创新全链条服务生态
石景山区	开展"信用+医疗"服务，探索"先诊疗、后付费、保险兜底"的信用就医模式，首钢医院、石景山医院、广宁社区卫生服务中心正式上线信用就医服务。运用数字技术提升城市治理水平。深化区块链政务全场景应用，实现600余个政务服务应用场景落地

三是北京服务业扩大开放综合示范区。北京立足首都城市战略定位，服务国家重大战略，在风险可控前提下，精心组织，大胆实践，在扩大服务业对外开放、建设更高水平开放型经济新体制方面大胆创新，为全国服务业开放发展、创新发展提供示范引领。目前，重点建设的示范园区有：第一，以"一园一区"等为基础，打造数字贸易发展引领区。立足中关村软件园，推动数字证书、电子签名等的国际互认，试点数据跨境流动，建设国际信息产业和数字贸易港，探索建立

以软件实名认证、数据产地标签识别为基础的监管体系。立足北京大兴国际机场临空经济区特定区域，在数字经济新业态准入、数字服务、国际资源引进等领域开展试点，探索数据审计等新型业务。第二，以未来科技城、怀柔科学城等为依托，推动科技成果转化服务创新发展。支持在北京高端制造业基地、北京创新产业集群示范区放宽自动驾驶测试道路和测试牌照管理权限，支持建设面向全国的第三方自动驾驶测试平台，支持北京市智能汽车基础地图应用试点工作。第三，以金融街、国家级金融科技示范区、丽泽金融商务区为主阵地，打造金融科技创新示范区。进一步支持依法开展金融科技创新活动。支持金融机构和大型科技企业依法设立金融科技公司。探索开展适合科技型企业的个性化融资服务。在京设立国家金融科技风险监控中心。第四，以通州文化旅游区等为龙头，打造新型文体旅游融合发展示范区。在通州文化旅游区，鼓励举办国际性文娱演出、艺术品和体育用品展会（交易会），允许外商投资文艺表演团体（须由中方控股），简化营业性演出许可审批流程。

2. 示范工程推进情况

示范工程是创新应用的主要载体，是社会与市场实现技术变革和生产范式革新的重要推动力量。北京高度重视各种新兴数字技术示范项目的落地推广，积极探索前沿数字经济的经济效益和社会效益，摸索创新应用的技术边界和适用范围，形成了一批具有社会影响力、行业引领力与技术创新力的亮点示范工程。

一是数字城市操作系统示范工程。北京市数字城市操作系统主要围绕空间计算操作系统的关键工程技术和应用生态搭建需求，研发城市应用场景模板库，增强场景模拟技术能力，开发通用 IoT 连接模块，打造开放、开源的城市知识图谱，不断迭代空间计算操作系统共性技术，推广数字原生应用，持续构建北京数字原生生态，同时与城市网格融合，在海淀区交付数字底座及低代码开发平台，与城市疾控结合，交付公共卫生卫士技术包等，落地一批场景应用。围绕上述共性技术研发任务，政府相关部门在与数字城市操作系统相关企业商讨后，制定了《北京数原数字化城市研究中心建设方案》，细化了年度建设目标和任务，2021年通过"包干制"方式支持经费达4992万元，2022年的支持经费达4000万元。

二是高级别自动驾驶全场景运营示范工程。北京市自2020年高级别自动驾驶全场景运营示范区设立以来，按照"小步快跑、迭代完善"的工作思路分阶段实施，具体分为1.0阶段（试验环境搭建）、2.0阶段（小规模部署）、3.0阶段（规模部署和场景拓展）和4.0阶段（推广和场景优化）。目前示范区已完成2.0阶段建设，12公里城市道路、10公里高速公路和1个AVP停车场的智能化设施部署完成，支持高级别自动驾驶车辆的城市级工程试验平台搭建完成，网联云控系统对外服务能力初步形成，国内首个智能网联汽车政策先行区正式设立，头部智能网联企业聚集效果初显，业界影响力不断增强，在自动驾驶领域走在了全国的前列。在高级别自动驾驶全场景运营示范区内，车端车路协同技术研究、路侧设施智能化阶段性实验、网联云控系统和低时延专网试点等重点示范子项目建设完成。与此同时，还建立了车用高精度地图平台，深化地图试点工作。

三是跨体系数字医疗示范中心工程。北京市不断强化制度建设，以制度的不断完善指导跨体系数字医疗示范中心工程建设。按照《北京市关于加快建设全球数字经济标杆城市的实施方案》《北京市"十四五"时期智慧城市发展行动纲要》等，北京市编制并通过了《北京智慧医疗健康实施方案》，明确了卫生健康行业大数据汇聚和共享应用的主要任务与实施路径。方案对于"全民健康信息平台"等重点项目的实施、实现医疗健康数据的高质量汇聚和典型试点应用场景突破提供了发展思路，为跨体系数字医疗示范中心工程建设奠定了坚实的基础。北京市在跨体系数字医疗示范中心工程建设中，按照应用场景牵引原则，完成部分应用场景示范工作。

3.示范企业运营情况

数字经济标杆企业是指在数字经济发展进程中取得显著成效，具有先进性与行业代表性的企业，是北京建设全球数字经济标杆城市的有生力量。以网络媒体报道为基础，以"数字经济标杆企业"为检索词，笔者筛选了近百余家被公开报道的北京数字经济标杆企业。标杆企业大多分布于软件、医疗健康、电子、智能制造、交通、物流、互联网等领域。从业务方向来看，数字基础技术类标杆企业主要分布在人工智能、数据智能和芯片研发与设计等领域，数字赋能类标杆企业主要分布在数字化服务、智能工厂等领域，数字平台类标杆企业主要分布在产业互联网、商业服务平台、软硬一体化等领域，新模式新应用类标杆企业主要分布在新一代出行、新型数字健康等领域，其运行特点如下。

第一，数字基础技术类标杆企业拥有自主知识产权，融资带动企业快速成长。自主知识产权是数字经济创新力的有效保护工具，也是生产力、竞争力提升的必然手段。数字经济时代的自主知识产权，呈现出从基础设施到应用的系统性和整体性变化。自主知识产权对于数字基础技术类企业而言具有重要意义，通过自主知识产权所带来的商业化应用，能激发更多的创新创造，从而进一步推动企业竞争力提高和产业生态升级。

第二，数字赋能类标杆企业为多行业布局，产品市场占有率不断提升。多行业布局是当前数字赋能类标杆企业常规战略选择，企业在形成规模并具备一定的竞争力之后，就会沿着自己的产业链、创新链和价值链的方向扩大业务范畴，力求通过多行业布局实现范围经济，充分降低风险、提高市场竞争能力。

第三，数字平台类标杆企业保持快速增长，积极布局新业务。新业务是数字平台类标杆企业创新的必然选择。通过新市场、新业务与新客户群体，企业进一步开拓市场，抢占竞争高地，符合著名经济学家熊彼得的创新理论所指出的——创新是通过生产要素（新产品、新方法、新市场、新资源、新组织）的重组，创造新的产品组合或服务。北京数字平台类标杆企业面对激励的行业竞争，不断地开辟"蓝海"，利用业务创新引领行业发展。

第四，新模式新应用类标杆企业重要场景先行先试，产品应用加快落地。在北京各级政府的有力支持下，新模式新应用类标杆企业围绕应用场景关键技术难题，组织实施重大项目，加大技术攻关力度，开发具有较强行业竞争力和较好市场前景的重大科技成果、重点创新产品。同时，探索场景可复制、可推广模式，通过重点领域和关键场景先行先试、率先突破，探索有区域特色优势、技术特色优势的可复制、可推广、可借鉴的数字经济应用场景标杆，以点带面推动北京数字经济产业全面发展。

4.示范制度构建情况

制度是示范体系建设的灵魂，是示范体系建设中不可或缺的"软件"，更是保障示范体系不断完善的基本要素。近年来，北京数字经济创新应用示范体系的制度构建力度不断加大，根据数字技术的应用场景和数字经济政策的适用范围，形成了三级联动、各有侧重的应用示范制度框架（见表2）。

表 2　北京数字经济创新应用示范制度框架

层面	政策	时间	主要内容
市级层面	《北京市促进数字经济创新发展行动纲要(2020—2022年)》	2020年9月	将北京市打造成为我国数字经济发展的先导区和示范区；建设成为国际数字化大都市、全球数字经济标杆城市；以全面推动北京市数字经济高质量发展为方向，围绕基础设施建设、数字产业化、产业数字化、数字化治理、数据价值化和数字贸易发展等任务，推动重点工程建设

层面	政策	时间	主要内容
	《北京市区块链创新发展行动计划(2020—2022年)》	2020年6月	到2022年,北京初步建设成为具有影响力的区块链科技创新高地、应用示范高地、产业发展高地、创新人才高地,率先形成区块链赋能经济社会发展的"北京方案",建立区块链科技创新与产业发展融合互动的新体系,为北京经济高质量发展持续注入新动能新活力
区级层面	《东城区推进数字经济标杆城市建设行动方案(2022—2024年)》	2022年6月	东城区将持续优化政策体系,加快数字基础建设,创新场景应用示范,数字赋能实体经济,构建产业发展新格局,营造数字经济发展新生态
	《北京市西城区建设全球数字经济标杆城市示范区实施方案》	2022年3月	加快推进新基建、新场景建设,引进和培育了一批数字经济优势企业,实施一批应用场景示范项目
	《中关村科学城数字经济创新发展三年行动计划(2021—2023年)》	2021年7月	培育数字产业新业态新模式,通过监管创新、场景供给、示范带动多措并举,大力发展互联网教育、互联网医疗、云上会展、数字文化产业
园区项目层面	数字贸易示范区	2020年1月至今	北京市围绕建设数字贸易示范区,发布《北京市关于打造数字贸易试验区实施方案》,进一步明确数字贸易三个试验区的不同定位和发展路径,中关村软件园初步形成数字贸易港建设思路,金盏正在研究编制促进金盏数字贸易试验区发展相关办法,大兴区已编制《大兴区数字经济创新发展三年行动计划(2021—2023年)》。《北京市关于促进数字贸易高质量发展的若干措施》已经市政府同意,拟于近期印发。在全国率先试行数字贸易统计测度方法,印发《北京市数字贸易统计测度方法(试行)》
	高级别自动驾驶全场景应用示范项目	2019年至今	设立了智能网联汽车政策先行区,实施范围覆盖亦庄新城225平方公里规划范围以及6条总长约143公里的不同级别道路,逐渐构建"2+5+N"智能网联汽车管理政策体系,首次突破自动驾驶车辆早晚高峰测试限制,率先出台异地测试结果互认管理办法,出台国内首个无人配送车管理实施细则、首个智能网联汽车高速公路道路测试与示范应用实施细则,开放国内首个出行服务商业化试点
	跨体系数字医疗示范中心项目	2021年至今	《北京智慧医疗健康实施方案》重点明确了卫生健康行业大数据汇聚和共享应用的主要任务和实施路径

三 北京数字经济创新应用示范体系建设中存在的不足

（一）体系建设中重硬件、轻软件

从目前情况来看，北京数字经济创新应用示范体系的建设重点集中在示范园区这样的"硬件"上，相关"软件"配套制度建设相对滞后。截至 2022 年底，北京共有大大小小的数字经济示范园区 25 个，集中分布在城六区和顺义、大兴等远郊城区。这些园区普遍拥有良好的基础设施、较大的空间，并且硬件水平较高。但从制度层面来看，一方面，缺乏市级层面统一的示范园区配套管理制度，明确示范园区的功能、定位和职责；另一方面，缺乏园区层面的制度规则和运行标准，示范园区运行缺乏有效的原则。尤其是一些云服务、物联网、大数据等示范园区存在较为显著的标准规则不明确、具体细则有待于优化等问题，严重制约了示范园区高质量发展。

（二）建设推进中重工程、轻队伍

在全球数字经济标杆城市建设过程中，遴选了一批有利于打通数据生成—汇聚—交易—消费—应用全链条的重点示范工程，这些示范工程具有技术引领力强、市场带动力好等特点，在盘活北京数字资产、推动数字经济创新、培育技术创新点方面发挥着重要作用。但需要注意到，在实践中比较侧重于重点工程的实施，忽视人才队伍的建设。从实际情况来看，重点示范工程与人才结构供需不匹配，"腰部"人才供给不足。根据现有重点示范实施量估计，北京数字经济标杆城市八大任务中的三大重点示范工程需要大量的跨界人才（技术与营销），而现有的人才供给主要集中在计算机科学、软件工程、电气和电子工程等领域，人才队伍建设不足。不仅如此，面向示范工程的人才培养体系尚未有效建立，学校、企业和社会组织都难以建立起适应产业和市场发展形势的培训体系。

（三）配套措施中重搭建、轻实施

已有示范体系中的配套措施能够发挥一定的作用，但还存在理解不到位、执行不到位、实施不到位等情况。调研发现，个别园区和政府部门制度执行不到位，把制度写在纸上、贴在墙上、锁在抽屉里，使其形同虚设，成为"纸老虎"，无法释放制度本身所蕴含的治理效能。具体执行部门对配套制度的理解和认识不到位，使得制度被误解和误读，导致制度执行出现偏差。一些制度的初衷是好的，但是执行部门在具体执行时却歪曲了制度初衷，使其南辕北辙或本末倒置。尤其是针对企业的优惠扶持措施，在配套制度中是有着明确的规定和内容的，但在具体实施过程中出现较大的偏差：政府相关部门以各种理由搁置、拖延执行相关优惠政策，示范园区内的企业难以享受到真正的优惠政策；在企业与政府的沟通中，制度政策的解释权归政府相关部门，随意性很大，企业难以享受到已有政策和配套措施的红利。

（四）市场运行中重规模、轻效益

围绕领先设施建设、示范项目实施、核心技术突破、标杆企业培育等，北京开展了多方面的市场试点，形成了一批新模式、新案例。据不完全统计，现有市级数字经济创新示范应用25个，园区级创新示范应用117个，技术创新示范应用2100多个，创新示范应用市场规模显著扩大。但这些市场化的创新应用项目还处于粗放式发展阶段，注重流量、注重投入，轻产出、轻质量。调研发现，很多企业的创新应用项目大都是"一次性工程"，只追求短期效果，忽视长期经济效益，更多的是采用包装形象获得市场投资人青睐进而融资的"套路"。示范应用的技术反馈作用难以实现，带来的实际经济效益有限，遑论实现应用示范和技术研发、市场运行的循环迭代、优化更新。不仅如此，个别数字经济企业打着"示范应用"的旗号，大肆扩展业务规模，扩展经营边界，为社会融资和上市融资营造虚假"业绩单"，给政府和社会带来各种风险隐患；还有少数企业，以"数字经济创新应用"名义跑马圈地，抢占园区用地大搞房地产开发，严重扰乱北京数字经济市场秩序。

四 北京数字经济创新应用示范体系建设的基本思路与对策建议

（一）基本思路

一要推动延伸提升。要充分发挥应用示范体系的基本作用，展现体系的主要功能，全面延伸首都地区数字经济产业链，大力提升首都地区数字经济产业在全球价值链、供应链中的地位。

二是加强集成创新。通过应用示范园区，聚集各类创新要素，凝聚人才队伍，创造良好的创新应用示范环境，推动首都地区数字产业的集成创新，助推基于技术的应用集成和基于特定场景的应用试点。

三是形成全链示范。形成全产业链示范，随着首都数字经济体系的日益复杂，创新应用示范应是全产业链的示范，围绕着产业链各个环节的产业主体联合开展示范，通过示范让产业界找到自身在产业链中所处的位置，然后针对这一环节开展新一轮的应用创新。

四是开展科学评价。在现有配套制度的基础上，充分考虑首都实际情况，构建北京数字经济创新应用示范园区和示范项目评价体系，科学地选择指标及其计算方法，应关注用户反馈、市场占有率和经济效益等市场因素。

（二）对策建议

1. 加强创新应用示范制度设计

结合首都地区数字经济发展实际情况，在已有基础上，结合建设全球数字经济标杆城市和建设国际科技创新中心任务，充分用好北京先行先试的政策优势，进一步完善创新应用示范体制机制。围绕创新应用转化创新，有效地实现"基础研究—技术攻关—应用示范—成果产业化"全过程衔接；深耕产业和市场，注重全过程、泛资源、多链条对接服务，形成"产业链—研发链—示范链—风险链—价值链"全链条衔接模式，补齐应用创新制度方面的短板，形成纵横联动的应用示范立体网络。

2. 提升创新应用示范平台能量能级

通过虚实结合的方式，建设北京数字创新应用线上展示示范平台和北京数字经济创新应用示范园区，提升示范效应的能量能级。从首都经济社会发展实际需求出发，紧密围绕北京地区资源禀赋、产业布局、区位优势和科技优势等，落实不同类型的示范任务。打造形成一批政策先行、机制创新、市场活跃的数字经济创新应用示范高地，形成一批可复制、可推广的经验做法。

3. 遴选创新应用示范重点领域

北京数字经济创新应用示范产品类型多、业态模式丰富，应提升标准要求，着重遴选能够突出数字经济"四化"特点（产业数字化、数字产业化、数据价值化和治理数字化）、突出北京数字经济高地优势、有全球标杆引领效应的重点项目，如基于新技术的自动出行技术项目、跨越时空边界的互联网教育项目、生产资料共享和数据资源流通等商业平台项目。

4. 加强跨界人才队伍培养

数字经济创新应用示范体系建设需要复合型跨界人才，突破传统学科培养范式和人才培训模式。进一步促进高校、科研院所合作，开展精准培养、定向培养等（如设立博士后科研工作站），构建符合北京实际需要的数字经济应用示范人才培养体系，通过系统化、专业化培训（线上课程与线下实践相结合），搭建产学研创综合平台，形成差异化人才培养模式。

5.优化相关法律法规框架

在相关法律法规的基础上，研究提出今后有利于创新示范应用的法律法规框架的重点建设领域，力争为创新应用示范营造鼓励创新、允许试错、宽容失败的氛围。明确近期工作重点，做好国家安全、招标投标等相关法律法规条款释义和解读工作。

6.完善相关配套政策

在现有政策基础上，提出优化对策，完善创新应用示范项目分类、遴选标准、组织实施等方面的制度，更好地实现行业政策激励与创新应用示范相结合。注重科技、产业、财政、金融、保险等政策的衔接，提出一系列具有实操性的对策建议。

7.形成创新示范平台建设的基础方案

依托前沿创新项目和有条件的行业骨干企业等，建立北京数字经济创新示范应用园区（基地），尝试构建北京数字经济创新示范网络平台，完善示范项目遴选机制，提升示范项目标准建设水平，形成"虚拟展示+现实示范"的双平台格局。尝试研究示范应用园区的空间布局等相关问题，提升示范应用园区管理水平，制定示范应用园区的评估指标体系。

8.建立数字创新应用示范联盟

依托行业协会、龙头企业，组建由用户、设计、设备成套、研发、制造、检测等企业参加的示范应用联盟，搭建供需对接平台。鼓励组建示范应用联合体，通过合资合作等方式建设示范应用生产线。发挥工程公司、设备成套商的集成作用，结合研制和使用需求，制定示范应用方案。

种业之都视域下
北京现代育种体系建设研究

陆小成[*]

摘　要： 构建现代育种体系是实现种业科技自立自强、种源自主可控、推动种业振兴、打造"种业之都"的关键。当前，发达国家已进入种业育种 4.0 阶段，而北京种业育种还处于 2.0~3.0 阶段，面临三大"卡脖子"技术挑战和四大创新难题，育种规模化和组织化程度低、育种模式亟待迭代升级。北京要打造"种业之都"，应加快推动种业从传统 2.0~3.0 育种模式向现代 4.0 育种模式转变，构建覆盖育种全链条、智能化的现代育种体系，实施优质种质资源引进、保护与育种创新工程，深化种业体制改革，加强知识产权保护，深化育种国际合作，高质量推进北京种业振兴与种业之都建设。

关键词： 北京　种业之都　现代育种体系　种质资源

一　种业之都视域下北京种业育种的基本现状与主要成效

北京作为大国首都，拥有着丰富的种业育种资源，创造性地提出打

---

* 陆小成，博士，北京市社会科学院城市问题研究所所长、研究员。

造"种业之都"。北京不是我国的粮食和蔬菜重要种植区，但是拥有大量与农业种子有关的科研院所和企业，利用首都优势地位使种业更好地辐射全国。基于此，2010 年，北京提出了建设"种业之都"的目标。①2021 年 4 月，北京出台《关于全面推进乡村振兴加快农业农村现代化的实施方案》，明确提出北京将服务国家农业科技自立自强，接续实施现代种业发展三年行动计划，打造"种业之都"。2022 年 1 月 10 日，北京市第十五届人大第五次会议通过的《北京市种子条例》中明确提出，推进种业之都建设，促进种业科技自立自强、种源自主可控。2022 年 6 月，市第十三次党代会提出，北京作为首都，要发挥科技和人才优势，打造"种业之都"。把推进农业中关村建设、打造"种业之都"作为未来五年全市的重点任务。2023 年 4 月，北京市《关于做好 2023 年全面推进乡村振兴重点工作的实施方案》提出，积极发展都市型现代农业，打造"种业之都"，推进通州区农作物种业创新示范区建设，继续办好中国北京种业大会。

北京打造"种业之都"，是基于大国首都应承担推动种业振兴的责任担当、建设全球科技创新中心以及拥有种业科研国家队等资源所提出来的。北京在种业科技创新方面拥有其他省区市所无法比拟的科技与人才等资源优势，汇聚了全国 1/3 的种业科研国家队，理应当好先头部队。农业农村部门的数据显示，北京聚集了全国最多的国家级种业研发机构和高端种业创新人才，集中了全国 80% 以上的国家级种业科研力量：全国共有国家级农业科研院所 46 个，其中北京有 12 个；全国有作物双一流学科 33 个，其中北京有 11 个，占全国的 1/3；全国有院士 108 人，其中北京有 48 人，占全国的近一半；全国有体系岗位科学家 306 人，其中北京有 49 人，占全国的 1/6。北京作为国家首都，凭借自身的科技和人才优势，应在推动国家种业振兴、实施建设农业强国战略中发挥创新引领、

---

① 李鹏：《北京打造"种业之都"》，《北京科技报》2014 年 5 月 26 日。

辐射带动的突出作用。北京出台的《北京现代种业发展三年行动计划
（2020—2022 年）》《北京种业振兴实施方案》等均明确提出以通州、平
谷、延庆三区为重点，建设国家级现代种业发展高地，打造具有全球影响
力的"农业中关村"，为粮食安全和重要农产品供给做出"北京贡献"。北
京围绕种业振兴工作主线，加强体制机制改革，推进种质资源、联合攻关、
良种更新、北京种业大会等重点工作，为打造种业之都提供重要的支撑。
北京依托首都优势，综合在京国家种业创新资源，通过央地协同、政企联
合，推动种业高质量发展并取得显著成效。

（一）形成四大种业体系，"京字头"种子走向全国

一是北京基本形成农作物、畜禽、水产、林果四大种业体系，玉
米、蔬菜、小麦、蛋鸡等北京特色优势物种育种成果显著。如表 1 所
示，北京种业生产收入 2020 年为 12.13805 亿元，2021 年为 11.90572 亿
元，较 2020 年有所下降。其中 2021 年农业领域种业生产收入为 1.30954
亿元，林业领域种业生产收入为 0.20984 亿元，牧业领域种业生产收入为
10.08268 亿元，渔业领域种业生产收入为 0.30366 亿元（见表 1）。种业
属于第一产业中的"高精尖"产业。种业不等同于传统农业，是涉及科
技创新的高精尖产业。北京生物育种技术全国领先，新品种研发能力处
于全国前列，培育了一批重大种业科技成果，育种发明专利授权数量、
植物新品种权授权数量和通过国审品种数量均居全国首位。

二是"京字头"种子从北京走向全国。据北京市农业农村局种业
处的数据，北京市三大主要农作物的生产制种面积在全国的占比不断上
升。2012 年至今，在京科研单位创制了世界首个水稻全基因组芯片；
绘制了世界首张西瓜全基因组序列图谱；建成了全球规模最大的玉米品
种标准 DNA 指纹库；创建了中国二系杂交小麦技术体系，使我国杂交
小麦育种技术跻身世界领先行列；启动了战略性先导科技专项；获得了
世界上第一株抗白粉病小麦；创制了具有稻米香味的玉米新种质材料。

表1　2020年、2021年北京种业生产情况

项　　目	产　　量		收入（万元）	
	2021年	2020年	2021年	2020年
总　计			119057.2	121380.5
农　业			13095.4	10794.1
小麦种（公斤）	550000	584600	134.2	131.0
玉米种（公斤）	62775	55150	45.1	37.0
蔬菜种（公斤）	47991	681478.8	2505.1	2504.6
林　业			2098.4	2718.6
树苗（百株）	5140.6	4478.8	2098.4	2718.6
牧　业			100826.8	107488.7
种猪（头）	30255	22716	14716.1	14910.8
种雏禽（万只）	1829.2	2596.0	40775.7	51707.2
种蛋（万枚）	23431.5	23453.9	29252.7	27738.1
渔　业			3036.6	379.1
种鱼苗（万尾）	10114.2	1134.4	3036.6	379.1

资料来源：https://nj.tjj.beijing.gov.cn/nj/main/2022-tjnj/zk/indexch.htm。

（二）国外引进与自主创新相结合，产学研合作不断推进

北京市制定鼓励育种创新政策，完善育种法规保障体系和交易平台，推动种业高质量发展。北京聚集了国家级种业研发机构和高端种业创新人才，省级种质资源保护体系建设水平位于全国前列。北京尽管不是农业大市，但在国家级农业科研院所、双一流学科、院士数、体系岗位科学家等方面均位居全国第一。北京有农作物种业"育繁推"一体化企业13家，占全国的12%。世界农作物种业前十强均在北京设立了研发中心或办事处。①育种企业创新能力不断提升，2021年，北京种业销售额达162.2亿元，研发投入9.6亿元，其中企业投入5.3亿元。入选国家种业阵型企业机构

---

① 武文娟：《今年创新试点粮食作物完全成本保险》，https://www.sohu.com/a/632046073_255783。

31 个，其中畜禽种业企业和机构 17 个，占全国的 19%。2020 年北京育种发明专利申请与授权量、农作物新品种审定量、畜禽新品种审定量、植物新品种授权量等均居全国首位。已建立完善的蛋鸡、北京鸭、肉鸡等商业化育种体系，培育了京粉京红系列蛋鸡、沃德系列白羽肉鸡等标志性品种。其中，北京肉种鸭与蛋种鸡的国内畜禽市场占有率分别达到 80%、58%。[①]

北京市种业育种主要采取自主育种、购买国外技术、与科研院所合作等模式。以玉米育种为例，先正达、隆平高科等企业以购买国外技术和自主育种相结合，建立内部育种体系，完成性状相关性、配合力测定、自交系评价、杂交种组配、抗逆性育种等多项研究，发挥了龙头育种企业作用。北京市种业企业共 1863 家，种业销售额达 160.2 亿元，带动京郊种植农户增收超过 10%。种业企业加快育种模式创新，与科研院所、农户、政府等合作，实现创新集聚发展。北京在通州、平谷、延庆等地均建有试验、推广、应用等基地，形成了良好的发展基础。首农中育、新希望、六马、四方红、大伟嘉等企业建立规模化种猪场，以"企业+村集体+农户"等合作机制，形成饲料生产、籽种繁育、屠宰加工、产品调运、市场销售等全产业链发展模式，推动种业振兴与农民增收致富。

（三）形成多个种业品牌，推动种源自主可控

不少种业企业通过购买技术、项目合作、引进专家等多种方式建立现代育种体系，形成多个有特色的种业品种和品牌，加快推动北京种源自主可控。从北京特色农产品种质资源来看，如表 2 所示，北京打造"种业之都"，加强对北京鸭、北京油鸡、宫廷金鱼、鲟鱼等特色种质资源的保护，开展北京优势特色物种种质创制与品种选育联合攻关。北京是全国农作物、蔬菜种质资源最全的区域，培育全国杰出贡献玉米自交

---

① 王以中：《北京现代种业产业链创新发展研究》，《中国种业》2020 年第 12 期。

系 13 个、占全国的 24%，自交系选育的杂交种推广种植面积 47 亿亩、占全国的 38%；"京科 968" 玉米品种累计推广超 1 亿亩，成为可以和美国品种抗衡的全国第二大玉米品种。北京鸭、蛋种鸡、牛冻精的全国市场占有率分别为 80%、58%、40%。峪口禽业从购买国外设备和种鸡起步，通过对进口鸡种遗传距离测定、从收购原种场中选出自有素材等进行杂交选育，与中国农大等科研项目和专家团队合作，培育京红 1 号、京粉 1 号、京粉 2 号、京白 1 号、京粉 6 号等蛋鸡新品种和小型白羽肉鸡品种沃德 168 等新品种，蛋鸡商业化育种水平国际领先。比如，自主培育的沃德系列白羽肉鸡，为确保我国白羽肉鸡种源自主可控奠定了基础；自主培育的杂交鲟京龙 1 号，成为我国第一个作为食用鱼的鲟鱼新品种；蛋种鸡、奶牛国产冻精的全国市场占有率分别为 58%、35%，鲟鱼种苗年产量约占全国的 70%。[①] 先正达、隆平高科等企业创新 "农大 108" "中单 2 号" "京科 968" 等 "北京籍" 玉米新品种。

表 2　北京特色农产品种质资源

农产品	种质资源
北京特有品种	北京鸭、北京油鸡、宫廷金鱼、鲟鱼等
北京贡品	京西稻、御塘米、心里美萝卜、五色韭、红头香椿、京白梨、黄土坎鸭梨、红肖梨、慕田峪糖梨、磨盘柿、苏子峪蜜枣、龙泉务香白杏、御杏 "铁吧哒"、八棱海棠、"白蜡皮" 桑椹、燕山板栗等
经济关键种	绿头鸭、草兔、中华蜜蜂、柞蚕、虹鳟、鲤鱼

二　当前北京种业育种存在的主要挑战与难题

2023 年中央一号文件指出，深入实施种业振兴行动。农业现代化，种子是基础，必须把民族种业搞上去。种子是农业的 "芯片"，不仅关

---

① 丁静：《北京全力打造 "种业之都"》，https：//cj.sina.com.cn，2022 年 10 月 24 日。

系着粮食安全，也是农业现代化的"题中之义"。20世纪以来全球种业发展历程大致可以分为四个阶段：1.0阶段是农家育种；2.0阶段是杂交育种；3.0阶段是分子育种，包括分子标记、转基因、基因编辑育种等；4.0阶段是"生物技术+人工智能+大数据信息技术"育种。目前，国际一流种业正由分子育种的3.0阶段进入智能育种的4.0阶段，正在发力研究新一代革命性、颠覆性育种技术。党的十八大以来，党中央、国务院高度重视种业振兴，我国种业发展和育种创新取得一定成效。我国农作物自主选育品种面积占比超过95%，畜禽核心种源自给率超过75%，对农业增产和农民增收作出重要贡献。目前，北京种业仍在由杂交育种的2.0阶段过渡到分子育种的3.0阶段，还未进入4.0阶段，育种模式转型相对滞后，面临不少的挑战与难题。

（一）从种业市场看，优质种源严重缺失，存在三大"卡脖子"技术挑战

目前，北京种业在自主创新、育种规模化组织化程度、商业化育种体系等方面面临许多挑战，主要表现在：一是优质种质资源被"卡脖子"。发达国家将收集国外种质资源作为国家战略，并严控核心遗传资源输出。美国收集的国外种质资源量约占美国种质库存量的72%。我国以国内种质资源为主，起源于国外的种质资源量仅占24%，遗传多样性较差，优质种质资源匮乏，如瘦肉型猪和白羽肉鸡的商业化程度低，大豆、油用豆大量依赖进口。一些高端蔬菜种子大多依赖进口，部分地区的"洋种子"占比甚至超过80%。二是生物编谱等技术专利被"卡脖子"，在生物编谱技术储备上与先发国家相比存在一定差距，商业化育种滞后。比如，我国在生物技术育种领域处于全球优势地位，但缺乏原始创新技术。目前常用的基因编辑核心技术源自美国，专利权基本由欧德森-柏若德斯大学、科迪华公司所掌握，我国在先进育种技术创新、高效育种体系建设、规模化商业应用等方面面临"卡脖子"风

险。我国精准鉴定资源比例低，在保存的 5.2×10^5 份种质资源中，完成精准鉴定的不足 1.5×10^4 份，资源农艺性状、抗性基因等的精准鉴定工作缺失。三是分子育种关键设备和试剂耗材被"卡脖子"，关键设备和试剂耗材基本依赖进口，导致育种创新成本高，影响新品种研发效率。

（二）从育种主体看，资源要素分散，存在"四大"创新难题

从高校和科研院所来看，育种研发体系主要是以课题组为单位，上中下游分离，存在基础研究和高端仪器设备等对品种创新支撑不足、种质资源量较大但丰富性不够、种质资源深度研究不够等问题。大部分科研院所仅重视项目立项、论文发表等，原始创新动力不足，许多育种成果只是停留在实验室，在生物育种、基因编辑育种等领域缺乏创新，成果转化与应用不足。以基于 CRISPR/Cas 的基因编辑技术为例，虽然我国学者针对基因编辑技术在安全性和效率方面进行了改进，但延伸性、尾随性研发居多，原始创新不足等。

从企业来看，种业企业研发能力弱、规模小、力量分散。我国种子企业发展迅速，但与国际一流企业相比差距较大，研发投入严重不足。2020 年，拜耳公司研发投入为 71.26 亿欧元，科迪华公司研发投入为 11.42 亿美元；作为我国种业"领头羊"的袁隆平农业高科技股份有限公司研发投入仅为 4.11 亿元人民币。我国种业企业组织化规模化水平低，全国种业年产值约 1200 亿元，却容纳了数千家种业企业，呈现"小而散"的局面，这不仅难以提升种业科技创新能力，也制约了优良品种的大规模开发应用。

育种存在的四大创新难题，主要表现为：一是产学研用对接难。种业企业缺乏创新资源整合，产学研用对接机制不完善，与政府、科研院所、中介服务机构等之间的合作较少，对产业的支撑与贡献不够。二是项目基地平台人才融合难。种子市场准入门槛低，种业企业规模小，科研设备配备不足，难以吸引到优秀的育种人才进入，缺乏开展生物育

种、智能育种的创新能力，面向 4.0 阶段的现代育种模式尚未形成。三是协同创新跨界难。现代育种创新大多属于生物技术、大数据技术、智能技术等多种技术的集成、协同、跨界创新，涉及农业、环保、能源、科技、智能制造等多个领域，受体制机制制约，许多技术与资源难以共享和转化，许多科研机构的科技成果因缺乏中试基地和资金而停留在实验室，难以走向市场实现产业化应用。四是社会力量参与难。缺乏有效的社会化机制，难以吸引社会力量参与育种，商业化育种体系不够完善。

（三）从育种政策看，存在实施不到位、扶持力度不够、融资能力不强等难题

从育种体制机制和政策层面看，人才、资源、技术主要集中在高校和科研单位，育种企业在获得财政性项目、引进人才等方面存在劣势，研发能力严重不足，在生物育种、大数据育种等方面缺乏必要的财政投入和政策扶持，在育种用地、苗圃设施及数字化智能化的育种设施建设方面缺乏政策支撑。比如，农作物育种平均周期为 5~10 年，而科技项目一般周期为 3~5 年，存在期限错配问题。育种企业的市场化融资能力不足，难以吸引社会资本参与育种创新和种业发展。此外，我国针对转基因及新生物技术的监管滞后，对采用基因编辑等新技术生产的生物产品，是否属于转基因产品，是否需要监管及如何监管？缺乏明确的政策规定，制约基因组编辑等生物新技术的研发与应用。

（四）从产权保护看，种业侵权案件追溯难、取证难、查处难，营商环境亟待优化

种业侵权违法、种子打假一直是难啃的"硬骨头"。种业创新的最大难题是对知识产权保护不足，障碍根源在于种质资源的流失和被窃。我国种业企业创新能力不足，除了因体量小而"不能"创新外，还包

括因知识产权保护不力而"不敢"创新。长期以来，很多企业主要靠买种子而不是靠创新驱动发展。种业侵权事件特别是同质化、仿种子及套牌侵权行为屡禁不止。一方面，在利益驱使下，不法分子心存侥幸，打法律的"擦边球"，存在种子交易"黑市"，偷盗繁殖材料、修饰性育种等侵害植物新品种权的现象较为普遍。种业假冒、套牌、剽窃等侵权成本低，企业维权成本高，制约种业科技创新。另一方面，种业知识产权保护制度不完善、体制机制不健全，保护手段不够多、措施不够硬，存在种业侵权案件追溯难、取证难、查处难、震慑弱等问题，难以有效遏制品种权侵权行为。

三 加快构建北京现代育种体系、打造"种业之都"的路径选择

农业农村部印发的《国家育种联合攻关总体方案》明确提出，建立规模化、协同化、智能化现代育种新模式。践行"藏粮于地、藏粮于技"，必须集中力量强优势、补短板、破卡点，加快推进种业振兴。北京作为大国首都，具有种业科技资源富集优势，打好种业翻身仗，针对育种三大"卡脖子"技术挑战和四大创新难题，以资源为基础、以基因为核心、以品种为载体，加快从传统 2.0~3.0 育种模式向现代 4.0 育种模式迭代升级，基于种源保护、基因挖掘、种子研发、育繁推一体化等全产业链构建规模化、协同化、智能化的现代育种体系，助力北京打造"种业之都"。

（一）实施优质种质资源引进、保护与育种创新工程，强优势、补短板、破卡点，加快构建现代育种创新体系

一是加强种质资源保护与优质基因挖掘。种子是农业的"芯片"，种质资源中蕴含的优质基因则是种子"芯片"中的"芯片"。目前，我

国保存有 50 万份种质资源，其中大量的抗逆、高产等优质基因有待挖掘。建议借鉴美国经验，树立全国"一盘棋"思想，将收集国外优质种质资源上升为国家战略，从优质种质资源搜集、深度挖掘、精准鉴定、设计育种、生物安全防护等方面实施优质种质资源引进、保护与育种创新工程。第一，采取国家行动，通过种子企业"走出去"等方式对具有弥补国内资源多样性的国外特色种质资源进行大量采购。第二，协调北京各级管理部门、科研院所、种业企业参与种质资源保护和优质基因精准挖掘工作，加强对我国濒危种质资源和野生品种的保护，在北京等地加快布局现代核心种质群和种质资源库，以代表性核心种质替代种质库中遗传资源，构建由国家主导的种质资源保护体系。第三，设立专项基金，持续支持种子资源库建设和资源精准鉴定工作，发掘一批优异种质和基因，支持育种关键技术、关键环节研究，加强生物编谱等技术研发，加快分子育种关键设备和试剂耗材的研发与制造，破解育种三大"卡脖子"难题。第四，发挥国家战略科技力量，组建北京现代育种创新团队，开展北京重大战略品种培育，建立北京现代育种资源共享服务平台，实现种质资源信息的远程查询和实物资源的网上服务。

二是以强优势、补短板、破卡点为关键抓手，建立 4.0 育种模式协同攻关团队，破除"断供"瓶颈。强优势，就是针对水稻、小麦、玉米等三大主粮品种，继续深入开展主粮种质资源关键性状优异基因发掘，在保持优势地位的基础上采取新一代信息技术进行创新提质，选育一批满足多样化、多层次、多元化需求的突破性育种材料和新品种，促进品种更新换代，不断增加国外市场占有率，提升国际话语权，实现从有到优的转变。补短板，就是在能提供部分保障的种子品种上，如奶牛等品种要加强技术创新与新品种研发，提高性能和竞争力。建议筛选并推广种植具有现实需求性、长远性，不与种粮争地的农作物品种，缓解农产品供给中的突出短板。加强存在短板的农作物品种创新与培育，切实提升大豆、玉米等农作物单产水平，实现从弱到强的转变。破卡点，就是针对大部分或完全依靠进口"洋种子"的"卡脖子"领域，加强现代育种技术攻关与重大突破。比如，在西兰花、胡萝卜、辣椒、菠菜、洋葱、茄子、高端品种番茄等种子"卡点"领域，提升全基因组筛选分子标记育种、转基因育种和基因编辑育种等能力，培育和推广一批突破性优良品种，破除"断供"瓶颈，降低或减少对进口的依赖，实现从"0 到 1"的突破。

三是融合生物技术与新一代信息技术，加快构建覆盖育种全链条、智能化的现代育种创新体系。围绕育种前沿技术和重点领域，部署一批国际一流的育种创新服务平台，加快生物育种、智慧育种等技术的战略性布局与产业化应用。建议北京将种业科技创新纳入国际科技创新中心建设内容，积极承接国家重大种业创新项目，强化种业基础性前沿性研究，加强央地合作，共建农业中关村，聚焦优势物种、种源关键核心技术开展联合攻关，将平谷、通州、延庆三大种业创新示范区打造为首都种业科技创新高地。

（二）发挥企业创新主体作用，实施种业企业扶优行动，加快种业资源整合，组建引领全球的国际种业集团

一是借鉴孟山都发展经验，组建国际一流的北京跨国种业集团。孟山都通过育种技术创新引领和持续并购扩张，由一家化学品公司一跃成为长期领先全球的国际种业巨头。先锋作为全球第一家杂交玉米种子公司，1996 年开展玉米基因组学研究，1999 年公司被杜邦收购，2019 年陶氏与杜邦业务整合后上市，加大研发投入，加速海外扩张和转基因研发，育种研发实力居全球领先地位。借鉴孟山都、杜邦先锋的发展经验，建议北京提高种子市场准入门槛，加快中小型种业公司兼并重组，将不具备发展前沿技术的国有农业科研单位转型为产业化应用类型的跨国种业集团。发挥企业创新主体作用，改变传统育种依靠企业个体单打独斗的模式，依靠集团化、系统化、规模化的力量统筹推进，切实提升

种业创新能力。比如，建议北京整合种业企业资源，构建国家种业企业
阵型，打造种业振兴骨干力量，鼓励"走出去"。发挥北京育种在全国
的示范引领作用，推动先进育种技术在京津冀乃至全国的应用，加速全
国战略布局；同时，在共建"一带一路"等沿线国家或地区建设育种
基地，提升中国种业创新力。

二是推动创新链产业链融合，构建大规模化、开源式的现代育种协
同创新模式。发挥各级政府、种业企业、科研院所、社会组织、金融机
构等各自的优势，构建大规模化、开源式、市场化的育种协同创新模
式，打破自研自销的传统模式，推动种质研发资源与市场需求相结合，
实现强强联合、利益共享。比如，发挥优势种业企业"主板"集成作
用，针对种质资源、功能基因、关键技术等进行组装集成，支持龙头企
业建设高水平种业研发中心。与生产企业共同合作开展生物产品技术创
新和示范验证，鼓励种业企业育繁推一体化发展。种业企业与其他主体
密切合作，建立重点企业"一对一"联系机制，发挥重点企业的产业
带动作用，打造优势种业企业集群与育种创新联合体。

（三）深化种业体制改革，吸引社会资本参与，打造以价值实现为目标的中国特色商业化育种体系

一是制定现代育种创新驱动战略，加强体制机制改革，破解四大
创新难题。鉴于我国种业的人才、资源、技术仍聚集在科研机构，建
议继续推行并深化"科企脱钩"，同时加强科企联合，选择科研实力
强、研究基础好的科研机构与种业企业建立创新联合体，共建高水平
新型育种研发机构。吸引社会力量参与，构建商业化育种利益分配与
价值实现机制；引进种业高端人才，构建项目基地平台人才融合机
制，加快形成以产业为主导、以企业为主体、以人才为支撑、以价值
实现为目标、以产学研协同创新为引擎的育繁推一体化的现代育种新
体制。针对重大育种科学问题和关键技术开展攻关，建立种业创新基

金、育种成果转化基金等政府引导基金，以种业 4.0 育种模式科技专项的形式，建立现代特色育种国家实验室并予以长期稳定的支持。培育国家级育种成果转化基地，建立面向种业全产业链集成创新的育种成果转化机制，提高创新效率和转化绩效。比如，建议北京发挥种业科技和人才优势，在通州、平谷、延庆等区利用现有育种基地，规划建设中国特色（农作物、畜禽、林果花草蜂药等）种质资源库，推动特色育种国家实验室落户北京。

二是创新育种体制机制，完善扶持政策。打破体制机制障碍，采取"揭榜挂帅""部市联动"等有效机制，激发北京种业产业链上各主体的内在动力，完善覆盖成果转化全过程的政策服务体系，鼓励育种科研机构、种业企业开展全产业链流程示范。以实施乡村振兴战略为总抓手，加大政策扶持力度，优化市场环境，提升种业创新能力、供种保障能力和依法治理能力。有关种业管理部门应制定扶持政策的具体实施办法，加大对生物育种企业在融资、税收等方面的政策扶持力度，增加育种创新的财政性资金投入，鼓励育种企业申请财政性研发项目，出台政策支持种业企业加大研发投入，解决科研单位和企业"两张皮"问题。鼓励并吸引社会资本参与育种创新，建立多元化的金融政策与市场化机制。探索专利权、品种权等知识产权无形资产抵质押模式，创新种业产业链信贷产品。

在育种用地、配套设施建设以及数字化智能化建设等方面加大支持力度。比如，针对北京育种用地紧张、租地成本高等难题，建议合理规划全市制种基地，将平谷、延庆、大兴、房山、密云等的现有育种土地与"碎片化""腾退"后闲置、土地利用率低的"瓦片"土地等进行规模化、集中化整治，规划为长期性、高标准、高质量的现代育种用地，打造商业化育种创新基地，保障制种耕地永续利用，切实保障北京育种大棚、苗圃及配套设施用地需求，避免育种大棚设施被拆除。

（四）加强知识产权保护，加强育种国际合作，高质量推进种业之都建设

一是完善育种安全评价指南和管理规程，拓展保护环节。推进种业育种法治建设，按照简政放权、放管结合原则，加强生物育种等配套规章和规范性文件修订。特别是针对基因编辑、合成生物和智能育种等前沿技术，完善相关安全评价技术指南和产业化应用的管理规程。将种子知识产权保护范围由授权品种的繁殖材料拓展到收获材料，从保护环节拓展到生产、繁殖、销售、进出口、储存等全过程。

二是健全知识产权保护和激励制度，加大惩罚力度。抓住新种子法实施契机，健全知识产权保护和激励制度，坚持常态化专项整治，加强种子企业和市场检查，加强种畜禽生产经营许可管理和质量检测。建立种业育种大数据平台，利用大数据等新技术手段强化制种基地监管，完善品种假冒、侵权认定标准，构建涵盖种子质量、真实性、转基因检测等内容的监管标准体系，实现可追溯监管。针对基因编辑技术尽快出台明确的、前瞻性的、不同于转基因生物的监管政策、发展规划及配套措施，激发科研机构和企业的研发动力。规范各级种子执法部门办案程序，杜绝行业不正之风，维护市场监管公正。保持严查严打高压态势，对套牌侵权行为参照假冒注册商标行为从严处理。强化司法衔接，加强品种权综合执法，健全维权援助体系。加强行业自律，将品种权侵权行为信息纳入社会信用记录。

三是深化育种领域"放管服"改革，加强国际合作。持续深化育种技术创新、行业监管、新品种应用等领域的"放管服"改革，为育繁推一体化企业开通品种审定绿色通道。创新种质资源国际合作模式，在北京、海南等地建立全球种质资源引进中转基地，简化国外资源引进流程，拓宽种质资源来源，特别是发挥南繁硅谷的作用，加强育种国际合作。发挥北京作为国家种业育种窗口的平台作用，将农业科技创新纳

入北京国际科技创新中心建设内容，加快建设现代育种体系，全力打造
"种业之都"，让中国优质种质资源、育种技术走出国门，开拓国际市
场，提升国际话语权，为增强我国种业创新力和国际竞争力筑牢根基，
助推种业振兴与高质量发展。

参考文献

倪国华、苏丹华：《智慧育种时代我国种业科技创新发展的问题思考》，《科技中国》2023 年第 3 期。

余志刚、宫思羽：《新发展格局下实现种业科技自立自强的瓶颈及其破解》，《中州学刊》2023 年第 2 期。

徐宣国、尹春凤：《种业振兴背景下粮食安全与种业创新协调发展研究》，《农林经济管理学报》2023 年第 1 期。

李士凡：《促进现代畜禽种业发展研究》，《中国畜牧业》2023 年第 2 期。

王以中：《北京现代种业产业链创新发展研究》，《中国种业》2020 年第 12 期。

杨思雨、侯军岐、靳雅楠：《北京种业差异化战略》，《中国种业》2017 年第 9 期。

靳雅楠、侯军岐、张琼琼：《北京种业"育种+服务"双核战略》，《中国种业》2017 年第 8 期。

陈玛琳、陈俊红：《新形势下北京种业发展的路径研究》，《北方园艺》2016 年第 6 期。

李鹏：《北京打造"种业之都"》，《北京科技报》2014 年 5 月 26 日。

依法建立民营企业产权保护长效机制探析

唐　鑫[*]

摘　要： 民营企业产权保护是社会主义市场经济的基石，加强民营企业产权保护是促进经济高质量发展的必要举措，依法保护民营企业产权、构建全面协调的民营企业产权保护机制，是建立民营企业产权保护长效机制的内在要求。当前民营企业产权保护问题较突出，应优化法治营商环境、加强信用体系建设、提高服务保障水平。建立民营企业产权保护长效机制，提高认识，汇聚力量，形成法治营商环境共建模式；团结协作，强化法治，构建民营企业产权保护司法协同机制；聚焦难点，精准服务，建立"亲""清"新型政商关系。

关键词： 民营企业　产权保护　北京

深入学习贯彻党的二十大和北京市十三次党代会精神，促进非公有制经济乃至经济社会高质量发展，加强民营企业产权保护。北京市在全国率先构建民营企业产权保护社会化服务体系、打造法治营商环境，形成民营企业产权保护长效机制，使党中央加强民营企业产权保护的部署得到落实，促进了非公有制经济的健康发展。本文以北京为案例，理论

＊　唐鑫，北京市社会科学院市情研究所所长、研究员，北京世界城市研究基地主任。

与实践相结合，从文献综述、基本情况、存在问题、实践经验等方面探讨了依法建立民营企业产权保护长效机制的路径，为推广北京的成功模式奠定了基础。

一 民营企业产权保护文献综述

（一）产权制度是社会主义市场经济体制的基石

关于民营企业产权的概念，学术界具有不同的观点，具有代表性的观点是，"民营企业产权是民营企业的一切具有财产价值的权利，既包括物权、股权、知识产权等权利，也包括具有财产性质的公共资源使用权等权利"。[①] 在社会主义市场经济条件下，民营企业的产权具有经济实体性、可分离性以及流动的独立性等属性，具有资源配置、激励、约束、协调等诸多方面的功能。由此可见，以法权形式体现所有制关系的科学合理的民营企业产权保护制度，可以规范市场经济中的财产关系，约束企业的生产经营行为，维护经济秩序，进而促进民营经济高质量发展。在社会主义市场经济活动中，对民营企业产权加以保护，可以稳定民营企业投资者的预期，进而为民营企业生产经营活动提供保障。换言之，要深化社会主义市场经济体制改革，就必须完善保护民营企业产权的法律制度，保证民营企业在市场中的公平竞争。假如企业产权和企业家权益得不到有效的保护，民营企业就无法正常运营，更谈不上公平竞争，反而会严重影响民营经济发展，更不能发挥民营企业在社会主义市场经济中的作用。因此，依法保护民营企业产权和企业家权益是经济社会持续健康发展的基础。

[①] 闫爱青：《民营经济的高质量发展研究——基于民营企业的产权保护视角》，《经济问题》2022 年第 10 期。

（二）法治是保护民营企业产权的必要条件

法律具有长期性、稳定性的特征，依法保护民营企业产权是建立长效保护机制的关键。2016 年 11 月 27 日发布的《中共中央 国务院关于完善产权保护制度依法保护产权的意见》对保护产权特别是民营企业产权和企业家权益作出了具体规定，为促进民营经济发展壮大提供了制度保障；2020 年颁布的《中华人民共和国民法典》是一部全面保护产权的宣言书，构建了产权制度的基本框架，确立了确认产权、物尽其用、保护产权的具体规则，为市场的正常运行奠定了基础。[①] 依法保护民营企业产权，必须体现在立法、执法、司法等环节，完善平等保护的立法、执法、司法机制，在全社会增强法治观念、形成良好的法治营商环境、建立法律监督平台。依法平等保护民营企业及企业家的合法权益应做到"三个坚持"，即坚持诉讼地位和诉讼权利平等、坚持法律适用和法律责任平等、坚持司法保护和诉讼服务平等。[②]

（三）全面协调是构建民营企业产权保护机制的基本要求

民营企业产权保护需要全面落实贯彻产权保护的司法理念，只有各有关方面统筹协调、密切合作、形成合力，才能取得成效。有学者从检察机关的角度，探讨了解决全面、协调的问题。一是坚持全面保护原则，以学习贯彻《民法典》为契机，全面保护民营企业的物权、债权、股权、知识产权等各种产权。二是积极推进检察机关与行业主管、市场监督管理部门等之间对民营企业产权保护的信息互通与协作平台建设，严厉打击侵犯民营企业产权的违法犯罪行为，注重打击利用公权力侵犯

---

① 王利明：《依法保护民营企业产权和企业家权益》，《中国司法》2022 年第 11 期。
② 谢小剑、单森林：《贯彻刑事检察新理念优化民营企业法治营商环境》，《人民检察》2022 年第 2 期。

民营企业产权的行为，依法严惩黑恶势力侵害民营企业及企业家财产权益的犯罪。三是健全民营企业涉案财产处置程序，慎重使用查封、扣押、冻结等强制性措施，最大限度降低对民营企业生产经营活动的不利影响，采取非强制性措施不影响案件办理的，尽量不使用强制性措施。探索运用大数据等科技手段提升涉案财产甄别审查能力和效率，实现合法财产和非法财产的准确分离，保障合法财产不被采取强制措施。四是加强对民营企业涉案财产的管理，探索建立由专业机构负责管理、分类管理等机制，采取有效措施避免财产损失。[1]

二 北京市民营企业发展基本情况

（一）非公有制经济受到党和政府的高度重视

党的十八大以来，党中央高度重视非公有制经济健康发展，习近平总书记强调两个"毫不动摇"，要求保证各种所有制经济依法平等使用生产要素、公平参与市场竞争、同等受到法律保护；明确民营企业和民营企业家是"自己人"，民营经济只能壮大，不能弱化，要走向更广阔的舞台，给予了民营企业家亲切关怀。党的二十大报告指出，优化民营企业发展环境，依法保护民营企业产权和企业家权益，促进民营经济发展壮大。[2] 要健全以公平为核心原则的产权保护制度，毫不动摇巩固和发展公有制经济，毫不动摇鼓励、支持、引导非公有制经济发展，公有制经济财产权不可侵犯，非公有制经济财产权同样不可侵犯。为新时代新发展阶段我国民营企业的产权保护指明了方

---

① 谢小剑、单森林：《贯彻刑事检察新理念优化民营企业法治营商环境》，《人民检察》2022年第2期。

② 习近平：《高举中国特色社会主义伟大旗帜 为全面建设社会主义现代化国家而团结奋斗——在中国共产党第二十次全国代表大会上的报告》，人民出版社，2022。

向，提供了可靠的政治保障。

北京市坚决贯彻落实习近平总书记重要指示和党的二十大精神，把鼓励、支持、引导非公有制经济发展、打造一流的营商环境作为一项重大政治任务来抓。市委主要领导亲自部署推动、坚持深入企业一线调研。市政府定期专题调度，协调解决民营企业发展中面临的重点和难点问题，推进改革政策落地见效。北京在全国率先出台改革优化营商环境实施方案，接连推出 5 个版本的政策举措，在全国营商环境评价排名中连续两年居首位，为我国在世行的营商环境排名中大幅提升作出了北京贡献。建立市区两级领导走访服务企业制度。依靠改革激发各类市场主体活力、应对经济下行压力，为民营经济发展创造了更加公平公正的环境。中共北京市第十三次党代会报告明确提出，要毫不动摇鼓励、支持、引导非公有制经济发展，健全支持民营经济、中小企业发展的制度，落实好减税降费、援企稳岗等政策措施，进一步激发市场主体活力。对促进"两个健康"提出了更高要求，为民营企业发展提供了政策支持。

（二）疫情期间民营企业呈现企稳向好的发展态势

北京市民营企业克服新冠疫情带来的影响，迎难而上，奋发有为，取得了良好的业绩。2020 年以来，物美集团在支持抗疫保供、保障人民生活方面发挥了重要作用，每当市场出现物资供应紧张情况，物美就立即启动应急保障机制，重点民生商品按 5~10 倍备货，起到了"市场稳定器"的作用。疫情期间，物美把物流中心商品全部调至仓库，仓库至货架每日三补，承诺"顾客不离店、门店不打烊"，给百姓吃下了"定心丸"。同时，物美还凭借数字化优势，依靠高强度作业，在订单激增的情况下保证按时履约，承担了几个主要封管控区的保供工作，按时间要求准时送达指定地点，彰显了"物美速度"，体现了"物美担当"。疫情期间，民营企业踊跃捐款捐物，累计捐赠超过 22 亿元，其中，百度设立总规模达 3 亿元的疫情及公共卫生安全攻坚专项基金，物美设立 3 亿元平物价、保供应专项基金，美团捐赠 2 亿元设立全国医护人员支持关怀专项基金、2022 年又捐赠 100 万个 N95 口罩，字节跳动向中国红十字基金会捐赠 2 亿元设立抗击疫情医务人员人道救助专项基金，展现出了大义担当与家国情怀。

截至 2022 年底，全市私营、个体经济市场主体 216 万户，同比增长 5.7%，占全市市场主体的 91.5%；注册资本总额 23.7 万亿元，同比增长 5.8%；国地税入库税收合计 1910.6 亿元，同比减少 7.4%；民间固定投资同比降低 6.1%。规模以上股份制工业企业增加值同比下降 10.6%。规模以上股份制工业企业 2331 户，占规模以上工业企业总数的 76.6%；其中亏损企业 588 家，同比增长 25.9%；应收账款 3699.2 亿元，同比增长 13.1%。规模以上股份制工业企业营业收入 1.6 万亿元，同比增长 2%；研发费用 436.9 亿元，同比增长 9.7%；利润总额 976.6 亿元，同比下降 39.4%。规模以上第三产业私营企业 1.7 万户，收入合计 1.6 万亿元，同比下降 11.1%；利润总额 456.1 亿元，同比下降 36.5%。2022 年前三季度，全市中小微企业营业收入 5.4 万亿元，同比下降 1.7%；利润总额 2929.8 亿元，同比下降 2.4%；从业人员平均人数 292 万人，同比下降 4.3%。北京市累计培育市级"专精特新"企业 5360 家、国家级"小巨人"企业 588 家，数量均列全国首位。认定两批隐形冠军企业共 32 家，其中民营企业 26 家，占 81.25%。目前，全市民营经济贡献了全市 40% 以上的 GDP、近 50% 的税收收入，解决了 70% 的就业；高新技术企业、专精特新中小企业中民营企业占比超过 90%，民间投资占全市固定资产投资的近 40%。北京民营经济发展态势向好，企业不断发展壮大，产业结构不断优化，新兴动能加快聚集，行业龙头持续做大做强，企业转型升级途径多元，为促进首都高质量发展作出了突出贡献。

三 民营企业健康发展亟待加强企业产权保护

（一）产权保护问题较突出

据 2022 年度全国工商联上规模民营企业调研报告，民营企业对营商环境的持续优化满怀期待。要素环境方面，企业对融资支持、科技人才服务等有更多期待；政务环境方面，企业对减税降费、优化政务大厅办事流程等有进一步期待；市场环境方面，企业希望产业支持政策更加精准、市场准入门槛进一步降低；法治环境方面，企业期待企业维权统一服务平台更加健全、涉企案件办理效率进一步提高；创新环境方面，企业对高端人才引进、科技金融支持方面有新的期待。在全部样本企业中，8.67% 的企业遭遇产权问题。从某种意义上说，产权保护不力问题已经成为民营企业发展不稳定的深层次原因。

（二）营商环境需要优化

调研发现，北京市保护民营企业合法权益的法治营商环境主要存在以下问题：一是体制机制还不够健全。各级政府、政法等相关部门对民营企业重视程度、扶持力度不一，形成合力不够，甚至政策相互冲突，存在政出多门、力量分散等问题。二是监管执法不够规范。一些监管部门多头检查、重复检查、选择性执法，重执法、轻教育，重处罚、轻指导。调研中40% 的企业反映存在以罚代管、只罚不管和事前放任、事发严处等现象。三是知识产权保护不够有力。相关部门对制假贩假、商标侵权等问题的管控打击力度不够，致使守法诚信经营的民营企业竞争优势被削弱。例如，某饮料品牌企业市场前景看好，但被多个不法企业盗用商标、假冒生产，企业多次求助相关执法部门，但假冒行为仍屡禁不止。四是民营企业和企业家合法权益保护机制缺失。有的部门对涉案民营企业财产与企业家个人财物未作明确区分，不当扩大查封、扣押、冻结范围，甚至"一扣到底"，致使企业"雪上加霜"。判决执行难问题突出，有些企业提出胜诉案件得不到有效执行，常常面临"赢了官司、损了钱财、输了市场"的结局。

（三）信用体系建设必须加强

调研发现，北京市保护民营企业合法权益的信用体系主要存在以下问题：一是招商引资承诺兑现不到位。一些市县招商引资时承诺许多优惠政策，项目落地后却因政策变化、规划调整、承诺不切实际等因素，优惠政策难以及时兑现甚至不了了之，导致企业投资计划难达预期、生产经营蒙受损失。二是拖欠民营企业账款问题较多，新官不理旧账时有发生。部分市、县和国有企业盲目铺摊子、上项目，项目完成后以领导更替、超出预算、质量瑕疵等多种理由拖延结算付款。三是信用体系建设的协同性不够。各部门、单位信用体系建设进度参差不齐，信用信息基础数据库不够完善，社会共建、资源共享、互联互通机制尚未形成，信用数据归集不及时。部分民营企业不够重视信用管理，经常出现产品质量瑕疵不及时消除、财务报表不够真实完整等问题，导致企业信用缺失。

（四）服务保障水平有待提高

通过调研发现，北京市为民营企业发展提供的服务保障水平还有较大提升空间，主要存在以下问题：一是政策细化落实不到位。部分企业反映，近年来政策扶持力度虽然加大，但政策解读宣传、定向推送不及时，配套操作流程不明晰，企业对有些政策一知半解，找起来麻烦、用起来费时，兑现周期较长。有些政策门槛高、受惠面不宽，如鼓励引进人才政策偏重于高层次人才，大多数中小企业引才达不到支持条件，享受不到政策红利。二是"亲""清"政商关系不到位。部分政府部门工作人员"脸好看、事不办"，与企业家"清"而不"亲"。涉企事项听证和征求意见制度不健全，企业表达诉求渠道机制不够畅通，一些部门只强调"不能办",很少说"怎么行"。针对一些企业反映的问题或投诉,政府部门之间推诿扯皮、不及时解决。三是服务衔接不到位。放权与承接不同步,特别是涉及多部门多环节审批服务事项,权限下放不配套、不同步、不联动,基层承接能力不足、办理效率不高,出现"接不住""用不好"现象,变相增加企业办事成本。

四　建立民营企业产权保护社会化服务体系

(一)提高认识,汇聚力量,形成营商环境共建模式

从贯彻落实党中央促进非公有制经济发展大政方针的高度,正确认识和对待民营企业产权保护。制约民营企业发展的最大痛点是产权保护问题,为此,北京市积极探索构建民营企业产权保护社会化服务体系。该体系是以保护民营企业产权为目标,以打造法治营商环境为载体,汇聚各种力量更好地为民营企业服务而形成的法律制度、政策举措的系统集成。实践表明,建立这个体系,是毫不动摇鼓励、支持、引导非公有制经济发展的重要抓手,也是大力推动法治营商环境建设的重要切入点,更是积极吸引社会资本投资的必由之路,有利于调动各方积极性,消除不正确的认识、做法和举措,促进全社会尊重、爱护、帮助民营企业,促进非公有制经济发展。

协调各方形成合力,解决民营企业产权保护问题。民营企业产权保护问题涵盖面宽、涉及部门多,需要通过建立长效协同机制来予以解决。2019年7月,经中共北京市委批准,市委统战工作领导小组下发了《关于建立北京民营企业产权保护社会化服务体系的意见》,由分管相关工作的市委常委牵头负责,市委统战部、市工商联、市发展改革委、市高级人民法院、市人民检察院、市公安局、市司法局、市市场监督管理局、市知识产权局、北京知识产权法院等十部门组成了专门的工

作领导小组（办公室设在市工商联），经过三年多的努力，建成我国首个民营企业产权保护社会化服务体系。目前，该体系已实现市、区两级全覆盖，为构建法治营商环境奠定了坚实的基础。

在建立体系的基础上，形成了政府主导、工商联搭台、专业人员唱戏、广大民营企业受益的法治营商环境共建模式。据了解，全市累计建立市、区两级民营企业维权服务平台45家（全市16个区都已建立），为民营企业提供服务4.4万余次。市级平台参与北京12345市民热线涉民企法律咨询回复工作，累计回复咨询369件。建立首批160人第三方监督评估机制专业人员名录库，就适用北京市第三方机制相关案件，抽取及协商邀请63名专业人员组建第三方组织，代理了一批诉讼案件服务、调解案件服务，成功率达到50%以上。同时，构建市、区两级民营企业信用风险监测系统，实现市工商联执委以上338家企业信用监测、信用对比、破产预警，指导列入法院失信被执行人"黑名单"高风险企业信用修复，力争年底实现各区工商联执常委企业信用监测范围全覆盖。这为实现民营企业产权保护工作落实落地、形成具有首都特色的法治营商环境共建模式作出了贡献，受到民营企业的普遍欢迎和高度评价。在世界银行发布的《全球营商环境报告2022》中，北京作为样本城市，开办企业等5个指标排名进入全球前30名，国务院将优化营商环境的"北京经验"在全国范围内予以复制推广。

（二）团结协作，强化法治，建立民营企业产权保护司法协同机制

市工商联与市、区两级法院合作建立民营企业产权保护调解室，分别与北京市第一、二、三、四中级人民法院及东城区法院共同建立了"民营企业产权保护调解室"，充分发挥工商联商会组织的商会调解及律师、退休法官的专业调解等各方资源优势，相互配合，形成合力，积极探索诉调对接机制，开展了大量产权矛盾纠纷化解工作，推动多元调

解工作向深度和广度拓展。市工商联在北京一中院设立的北京市首家"民营企业产权保护调解室"，仅用 7 天时间就成功调解一起标的 2200 多万元、长达 13 年的合同纠纷案。石景山区产权保护体系依托民营企业产权保护调解室，构建共享式专业调解资源供应链，采取"驻院调解+专业调解"相结合模式，缩短纠纷化解周期，提升企业维权效率。市工商联会同市高级人民法院印发《关于深入推进民营经济领域纠纷多元化解机制建设的实施意见》，促进调解工作的机制化、规范化、体系化。

市工商联与市检察院系统共同开展涉案企业合规第三方监督评估机制工作。市工商联、市检察院等十二部门共同启动北京市涉案企业合规第三方监督评估机制工作。试点检察机关在办理涉企犯罪案件时，对符合企业合规适用条件的，交由第三方监督评估机制管委会选任组成的第三方监督评估组织，对涉案企业合规承诺的整改落实情况进行调查、评估、监督和考察，考察结果作为检察院依法处理案件重要参考，以此作出不批准逮捕、不起诉决定或者根据认罪认罚从宽制度提出轻缓量刑建议等。市工商联承担市级第三方机制管委会日常工作，并牵头组建市级第三方机制专业人员名录库。在市检察院支持下，市工商联严格对标中央层面要求，会同相关成员单位，共同参与选任方案等有关制度文件的制定工作，组织召开市级第三方机制管委会成立仪式暨第一次联席会议，对工作进行部署。同时，市工商联还成立了工作推进组和监督保障组，确保相关工作依法依规有序开展。已经开展了市级第三方机制专业人员的推荐工作，于 2021 年底完成了人员名录汇总，2022 年 1 月中旬正式建成市级名录库。东城、西城、朝阳、海淀、丰台、通州、大兴、昌平等八个试点区在市工商联推动下建立了"区级合规试点工商联工作群"。西城、朝阳、海淀、丰台区工商联参与了由区检察院召开的企业合规听证会，朝阳区工商联与区检察院签署了相关工作协议。市工商联会同市人民检察院印发《关于协同推进涉案企业合规改革优化法治化营商环境的意见》，建立更加完整、高效的协同机制。

市工商联与市司法局合作推动商会组织开展人民调解和商事调解工作。为了推动商会组织建立调解机构，市工商联与市司法局联合下发文件，指导行业性、专业性商会组织成立人民调解委员会，推动全市商会建立了一批调解组织。市工商联通过调研走访、召开座谈会、组织线上线下培训等，及时了解商会调解组织运行情况，不断提升商会调解能力。同时，为填补商事调解行业规则空白，实现商事调解可持续健康发展，市工商联积极作为、主动担责，认真研究相关制度文件，听取调解组织意见建议，与市司法局交流研讨制定商事调解工作标准和规范的可行性。商会组织通过开展人民调解与商事调解，在化解民营企业矛盾纠纷、维护企业合法权益等方面发挥了重要作用。例如，北京投融资商会产权保护调解中心与多家法院开展对接工作，采取诉前调解、保全调解、执行调解一体化方式，成功调解多起金融债权案件；海淀区工商联知识产权人民调解委员会发挥专业优势，成功调解多起知识产权纠纷案件，并走进展会答复企业相关咨询，增强企业知识产权保护意识。

市工商联与社会力量共同搭建民营企业维权服务平台。市工商联采取线下线上相结合的方式建立北京市民营企业维权服务平台，为民营企业提供法律咨询、案例分析、诉调对接、普法培训等服务。线下，与4家优秀律师事务所合作建立北京市民营企业维权服务平台，开通平台服务热线，并负责答复12345热线转来的民营企业法律咨询等；与市司法局和市律协共同组建包括207名律师的体系律师团队，并在疫情期间，协调53家律所的148名律师组建抗疫律师服务团队。线上，开通了北京市民营企业产权保护社会化服务体系微信公众号，设立"维权服务""政策法规""以案释法""律师团队"等15个二级菜单栏目；开通"民营企业普法大讲堂"头条号，为商会企业开展普法宣传直播。石景山区从区律师协会会员中遴选律所代表，与区工商联14家商会"一对一"结对建立商会法律服务工作站，为商会会员企业提供法律咨询、普法宣传、权益维护、纠纷调解等服务,区律协配合区工商联开展工作督导,实现"一所联一会"工作模式全覆盖。

(三)聚焦难点,精准服务,构建"亲""清"新型政商关系

着力打造上下互通、左右联动的政企联动工作体系。市工商联聘请了相关政府部门、科研院所和新闻媒体负责人担任市工商联十四届执委会特邀顾问,成立了北京市法治环境建设、新型政商关系和青年企业家等方面的6个专委会,以"百千万"联系服务机制为抓手,聚焦民营企业难点痛点,联合有关部门开展大走访大调研,深入企业了解困难、回应诉求,推动服务企业举措落实落地。

着力构建"亲"上有温度、"清"上有尺度、引导有力度的新型政商关系。北京市发布了《北京市大力营造企业家创新创业环境充分激发和弘扬优秀企业家精神若干措施》,推出了8个方面24项具体举措,健全了政企良性互动联系机制,把联系服务企业作为各级党委、政府的经常性、常态化工作。制定了重点企业"服务包"制度,根据企业定位提供普惠式服务包,根据企业遇到的问题提供定制版服务包。

在金融部门的支持下,为民营企业提供优质金融服务。北京市出台了《全面深化北京民营和小微企业金融服务行动方案(2019—2020年)》等,充分发挥小微企业金融综合服务平台、企业上市综合服务平台、融资担保基金、纾困基金、小微企业续贷中心的作用,大力改善民营企业融资环境,着力解决融资难融资贵问题。市工商联聚焦民营企业融资难题,连续十年举办首都民营经济金融服务推进会,累计帮助数千家民营企业获得资金支持超千亿元;通过开展民营企业金融服务早餐会、百强企业银企对接会等活动,联合相关部门为重点企业提供"一企一策"定制服务包,推动解决了一大批企业融资问题。

综上所述,加强民营企业产权保护是完善社会主义市场经济体制机制的必要举措,也是新时代全面建设社会主义现代化国家的必然要求;

解决民营企业产权保护中的问题，需要树立法治观念，依法推进营商环境优化，统筹协调政府和司法部门的力量形成合力，形成常抓共管的长效机制，使各项保护举措落到实处，进一步调动民营企业家的积极性，使他们形成良好的投资经营预期，促进非公有制经济健康发展，为我国经济高质量发展作出更大贡献。

参考文献

习近平：《高举中国特色社会主义伟大旗帜　为全面建设社会主义现代化国家而团结奋斗——在中国共产党第二十次全国代表大会上的报告》，人民出版社，2022。

闫爱青：《民营经济的高质量发展研究——基于民营企业的产权保护视角》，《经济问题》2022 年第 10 期。

王利明：《依法保护民营企业产权和企业家权益》，《中国司法》2022 年第 11 期。

谢小剑、单森林：《贯彻刑事检察新理念优化民营企业法治营商环境》，《人民检察》2022 年第 2 期。

严鹏飞、席诚浩：《民营企业知识产权保护困境及其对策》，《科技创业月刊》2022 年第 11 期。

文化和旅游发展研究

穿越暗夜周期，重塑文旅产品

——坚持企业家创新、尊重市场需求、持续创造价值

王笑宇*

摘　要： 在经济高质量发展阶段，我国文旅市场面临消费需求不振、市场结构性调整等挑战。应借鉴先发国家的供需适配及企业家创新等有益经验，摒弃行政配置资源思维，根据市场细分需求，弘扬企业家创新精神，促进文旅产品投资、建设、运营全流程发展，以适应新市场、适配新需求。

关键词： 企业家创新　文旅市场　新消费

中国经济进入高质量发展阶段，产品开发手段、项目运营方式等亟待转型。在文旅产品方面，消费需求、开发形式、运营方式等的结构性变化，促使文旅产业的底层发展逻辑发生改变。宏观上，从资本型助力的文旅产业高速度、大规模、重资产转向运营优先的文旅产业高质量、精细化、轻重结合；微观上，文旅企业既要生存、保留火种，也要挖掘发展潜力、改变创新方式，在提升投资、建设、运营集成化创新产品能力的同时，尝试性探索细分领域、多元主题的新产品、新消费。

---

* 王笑宇，世界旅游城市联合会特聘专家、研究员。

一 工业革命、产业升级与文旅消费的关系

综观历次工业革命，从本质上讲都是科学技术创新与企业家商业应用的结合，借助现代金融手段，推动产业升级、市场发展，刺激企业家创新文旅产品，进而促进文旅市场繁荣。例如，在第一次工业革命期间，詹姆斯·瓦特发明了蒸汽机，奠定了工业革命的技术基础，马修·博尔顿等大批工业制造业企业家结合这一技术，在蒸汽机纺纱厂、铁路运输、轮船航运等相关产业大力开展商业化应用，拉开了产业升级大幕。工业制造、交通运输、金融、餐饮及商业配套等产业链上下游出现了大批的工业制造业、服务业企业，在提供新产品、新服务的同时，也孵化了大众消费群体，进而催生出不断升级且多元的文旅消费需求，倒逼文旅市场创新产品。

随着需求持续增加，企业家敏锐地洞察到商机，大批文旅创新产品如雨后春笋般涌现。例如，以托马斯·库克为代表的团队出游方式在英国始现。围绕这一旅游形态，产生了诸多周边如交通产品、住宿产品、支付手段等多元产品业态。第二次工业革命以及第三次计算机互联网革命推动汽车、航空、计算机及互联网等行业发展壮大，催生了更为多元的文旅消费需求。

伴随历次工业革命、产业升级发展，公路、铁路、航空网络、支付系统、公共安全卫生等基础设施日趋完善，文旅创新条件业已具备。诸多欧美企业家纷纷创新产品，文旅市场也发生了天翻地覆的变化，主题公园、度假村、连锁酒店等纷纷出现并发展壮大。例如，美国的企业家华特·迪士尼，敏锐地洞察到市场需求，市场现有产品大多为机械骑乘类乐园，缺乏主题 IP、家庭亲子娱乐产品及服务。他依托动漫、电影工业的 IP 主题和场景、特效技术资源及人力资源优势，创建了著名的迪士尼主题乐园。又如，在马歇尔计划支持的产业升级背景下，对滨海、滑雪、森林等主题休闲度假、一站式服务的消费需求增加，但市场仍是传

统客栈、酒店类功能型住宿产品的情况下，欧洲的杰勒德·布利茨、杰拉德·布雷蒙也纷纷基于市场需求的变化，依托各自的组织资源、产业资源，创新开发地中海俱乐部度假产品、太阳季目的地度假产品等。

二 产业升级推动的文旅开发与消费
具有金融及经济周期属性

工业革命推动产业升级，而产业发展上升期或加速期往往伴随着经济、繁荣，借助金融手段，实施顺周期且具有金融信贷属性的产业升级扩张行为，进而推动文旅开发与消费。不论是支持蒸汽纺纱厂扩建以及火车、铁路建设的企业债券，支持汽车飞机制造业、大西洋电缆电报电信业发展的银行贷款、股权融资，还是支持现代计算机、互联网、数字科技企业发展的金融工具，都离不开金融信贷的支持。同理，文旅企业也概莫能外，不论是在用户消费端的托马斯·库克的消费券、美国运通的旅行支票、美国富兰克林银行的信用卡及 PayPal 线上支付，还是在产品开发端的银行贷款、企业债券、一级市场风险投资、二级市场股权融资、Reits 不动产信托等工具，都利用顺周期的金融宽松条件，大力开发文旅项目，通过各种金融工具支持处于上升期的文旅市场的各种消费行为。

不论是第一次工业革命期间英国的旅行社产品形态创新，第二次工业革命期间美国文化电影产业、主题公园产业、酒店业、休闲度假产业孵化，还是第三次工业革命期间美国的细分主题乐园、娱乐综合体业态开发等，都是乘着产业升级的东风，基于市场繁荣、细分消费需求旺盛，借助金融手段，实施的顺周期开发行为。

不论是 20 世纪 60 年代的美国住宿业 Reits 融资，80、90 年代的主题乐园+小镇度假地产融资，还是连锁酒店的风险投资，都属于不同类型的金融形态。基于旺盛的文旅消费需求、宽松的金融环境和信贷条件，企业家得以大胆地围绕需求开发产品，依托持续扩张的消费群体、不断增加的消费红利，获取最大的经济利益。例如，第三次工业革命期间，美国的计算机互联网、航天工业等产业发展重心由铁锈地带的底特律等地区转向西海岸洛杉矶、南海岸佛罗里达等区域（后来被称为太阳地带），产业升级、金融宽松刺激了文旅行业的蓬勃发展。洛杉矶环球影城、佛罗里达奥兰多迪士尼大本营主题公园群落等都是在这一时期借助产业升级加速、金融信贷宽松进而快速扩张的成果。

债务具有周期属性，与经济周期高度相关。简言之，债务早期，产业升级加速、经济发展向好，金融信贷宽松有利于文旅开发、创新，而中后期，产业升级降速、经济萧条、金融信贷紧缩不利于创新开发。而周期长度，根据瑞·达利欧等金融实业家判断为 75～100 年。具体言之，文旅产品开发具有重资金、回报周期长、长短期收益需平衡等特点，极为需要产业升级、金融条件宽松、经济发展向好等外部条件支持。简言之，只有产业好、信贷松、收入高、预期好，文旅产品开发才能实现良性融资、健康运营、预期收益可持续。

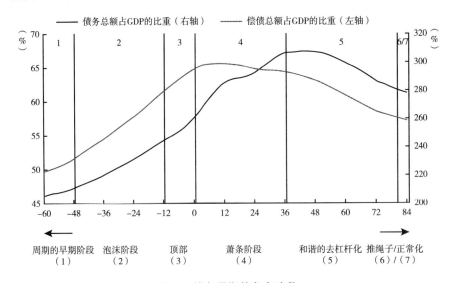

图 1　债务周期的各个阶段

资料来源：〔美〕瑞·达利欧：《债务危机》，刘波译，中信出版社，2019。

因此，在产业发展上升期，一般会伴随金融信贷宽松，即债务周期早期，文旅产品借助金融力量快速开发、新产品新业态层出不穷。但是，在产业升级停滞、金融信贷紧缩期，即债务周期中晚期，文旅市场需求不足、项目信贷融资困难、短期变现难、运营现金流紧缩等诸多挑战出现。这一阶段，也是市场结构优化调整期，应潜心创新产品、控制开发投资节奏、持续优化产品运营，为后续环境向好、需求恢复做准备。举例言之，以资产抵押方式申请银行贷款。在产业升级、经济向好、债务周期初期，资产价值不断提升、贷款利率较低、融资条件宽松、市场消费需求旺盛。因此，酒店、主题乐园等文旅产品较容易获得利率较低的银行贷款，以推动项目开发。待项目建成，随着资产升值和现金流收益提升，项目价值持续提升，资产变现的价格和持续融资开发的可操作性也大幅提升。同理，以现金流重置方式申请银行贷款。随着消费者收入持续提升、信贷消费利率降低，消费市场持续扩大、文旅项目的现金流预期收益会持续提升，其获得的贷款额度与审批通过可能性也不断提升。资产证券化融资、风险投资股权融资等的底层逻辑等同视之，随着资产升值、现金流提高，其获得金融支持及优惠利率的可能性大大提升，都是看重资产在顺周期的升值和持续现金流收益，反之同理。

借此，从以上社会经济发展历程、债务周期演变规律可以观察得出工业革命推动文旅创新的逻辑，即工业革命（科学突破、技术商用）—顺周期金融—产业升级加速—市场持续繁荣—文旅产品创新。每一次工业革命引发的产业升级都会促进文旅产品创新、市场蓬勃发展，每一次的文旅市场发展也都需要产业升级支撑、金融信贷支持。

因此，在产业升级受阻、债务周期中晚期、金融环境紧缩阶段，文旅产品的开发创新也会巨大改变，即市场需求萎缩、项目开发降速、产品调整适配新需求、运营注重现金流及差异化。

当下，文旅市场发展形势日趋严峻。根据全球顶级私募基金"桥水"的创始人瑞·达利欧的判断，全球债务周期将进入收缩期，进而引发经济衰退。而据国际金融协会的《全球债务监测报告》及国际货币基金组织发布的 2022 年全球债务数据统计，全球债务水平达到 303 万亿美元，创历史之最，家庭和企业债务、贷款、债券占 GDP 比重为 247.71%，是 1950 年以来最高水平，可见经济压力与避险需求困扰着消费与生产主体。

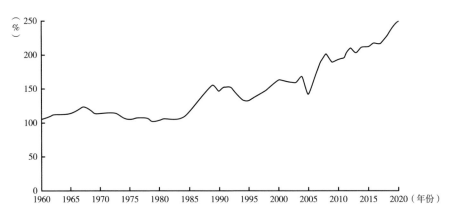

图 2 1960~2020 年美国家庭和企业债务、贷款、债券占 GDP 比重

数据来源：国际货币基金组织 IMF（International Monetary Fund）数据库。

三　中国的文旅市场正面临结构性调整

前文所述每个周期的文旅项目创新都有共同特点，即企业家引领创新，坚持为用户创造价值，持续优化运营。例如，迪士尼动漫工作室的创始人华特·迪士尼推动迪士尼主题乐园创新发展。在企业家创新层面，其遵循创新规律，依靠洞察需求、判断机会、重组资源、创新产品的科学路径，持续不断的创新好产品、好服务。迪士尼洞察了美国亲子娱乐类主题乐园的旺盛需求，以及市场供给错配带来的机遇。通过判断市场机会，决定创立蓝天工作室，重组整合编剧、艺术家、机械师等优秀人才及动漫电影制作的工具、场景等资源，基于研发 IP、创新产品、提升场景体验创造优秀产品。

在为用户创造价值层面，迪士尼不仅坚持为用户提供功能型骑乘娱乐产品，还为其提供最佳的主题场景体验及服务。除了制定安全、礼仪、表演、效率等方面的工作标准，提升服务价值、提高游客体验，还通过不断优化产品及服务，持续为用户创造价值。在持续优化运营方面，迪士尼坚持与员工、游客互动，观察游客的消费行为及产品服务短板。随着迪士尼主题乐园拓展至日本市场，企业通过知识管理工具，将各项产品标准、执行流程规范化、手册化。例如，关于扫地都有规定的工具、流程和目标，雨天用什么扫把、雪天用什么扫把，在什么场景下扫地是为了清洁，什么场景下扫地是为了提升用户场景体验感等。

反观我国的文旅产品在企业家引领、创造用户价值、运营优化驱动方面还存在较大的差距。近年来文旅市场开发方面，由资本驱动的各种小镇、度假村、综合体新项目保持近两位数的年均投资增长速度，远高于全球 3% 的均速，近 1.7 万亿元的年度投资规模，开发了诸多总投资过百亿的项目，也存在投资泡沫。其中，大批模仿、复制的同质化、低水平产品充斥着市场，造成了我国文旅市场出现观光居多、体验很少与美景很多、文化匮乏的现象。

伴随着中国改革开放 40 多年的快速发展，产业升级孵化的同时消费需求也发生巨大变化，具有品质优化、体验细化、文化深化、主题多元等特性。由资本驱动的诸多文旅产品，未能关注用户新需求、市场新需要，而是追求短期投资收益，形成了诸多烂尾项目，也产生了大量开发问题。

同时，我国的文旅市场发展环境改变，消费需求、金融条件、市场环境等都发生重大改变，未来文旅市场发展亟须转变轨道。

一是在消费需求变化方面，中高收入人群的消费更加理性、对产品要求提高，偏好远途目的地、近途城市或乡村的高性价比、高品质、高体验感产品，应聚焦多元主题、细化体验、文化消费、场景娱乐方向。这些从金陵小城网红照片频频刷屏，开元森泊一房难求，露营、房车等新业态就能一窥端倪。文旅消费向泛文化娱乐、休闲消费、碎片化消费转变。

二是在金融条件改变方面，下一阶段文旅产品创新的金融环境将更为苛刻，对项目资产、运营现金流的要求更高，对目标客群、细分市场、产品模型、商业模式的底层逻辑要求更加精准。

三是在竞争环境调整方面，消费下降、市场细分、融资受限、竞争加剧等，使得未来的文旅市场产品开发将从之前的开发流程碎片化、挖坑式策规划、粗放式开发、放任型托管运营转向开发流程一体化集成、围绕需求运营前置式策规划、用户导向集约型开发、目标精细化运营。同时，相对于前期的高杠杆、重资产、资本驱动、地产变现等开发模式，未来文旅产品的开发模式将转向运营驱动型、需求引导型、市场细分型、保障现金流健康型。

在这一周期重置、产业重构、经济恢复、文旅重塑的过程中，极为需要文旅行业弘扬企业家创新精神、注重运营导向开发、持续为用户创造价值，在顺应周期的前提下，坚持运营优化和创新产品。

四　拥抱变化　积极应对

总体来讲，我国大部分文旅产品开发还停留在模仿、套利阶段，技术创新、产品创新、服务创新还很欠缺，真正的创新极为稀缺，文旅市场的结构也因优质供给稀缺而存在严重的供需错配问题。例如，我国的酒店行业，不论是经济型连锁酒店，还是高端星级酒店，都是模仿西方的酒店产品形态及管理方式。尽管近年来有诸多本土化产品形态创新，部分大型酒店管理集团开展了经济型酒店的信息系统自主研发，但是在多数高星级酒店的核心 PMS 前台预订系统、CRS 中央预订系统以及

CRM 客源管理系统方面国内软件厂商仅能提供边缘解决方案。

再如，主题公园行业方面，从微缩景观类到机械骑乘娱乐类再到高科技虚实互动类，我国一直在模仿、复制国外的主题公园产品形态。但是，拥有市场广泛认可的自主 IP、支持产品迭代创新的知识管理系统、科学的创新组织等核心内容生产、研发知识储备、系统化创新体系等还不完善，无法支持新 IP 研发、新知识孵化、新产品体系化创新。

因此，面对新阶段、新市场、新挑战，我们应做到避免资本驱动型开发的冲动，顺应发展周期，聚焦用户需求，遵循创新规律、强化运营导向、持续创造价值。

一是顺应发展周期，调整开发模式。优化新形势下的开发模式：①从追求高杠杆、重投资、大体量的资本驱动式盲目扩张向追求低杠杆、轻重结合、适当体量、优化产品模型的运营驱动式精细开发转向，即重资产小体量试验模型，轻资产全流程投建运一体化拓展市场；②从多赛道、高增长、高收益向聚焦细分赛道、现金流稳定、能力持续成长转型；③从关注功能型产品向聚焦功能产品与多元文化娱乐体验兼顾转向；④从流程碎片式开发、运营向投资、建设、运营一体化集成型转向，即策规划、投资、开发、建设、运营、迭代、营销一条龙集成化开发和运营。

二是聚焦用户需求，关注细分市场。在新形势下，如前所述，客群分化、需求细化、市场细分，对应的产品品质、性价比、功能及体验各不相同。同时，除了之前业已出现的主题多元、文化多样、品质升级、体验细化等需求特点外，也发生了诸多变化。例如，对差异化 IP 要求高，对性价比关注，对提升便捷性、体验感的技术青睐，对文化娱乐性消费偏好，对技能型、学习型旅游关注，同时，体育旅游、工业旅游、疗愈旅游、亲子旅游等多元旅游产品形态进一步细分。

三是遵循创新规律，企业家引领创新。文旅产品的开发有一定的规律，尤其是在新消费需求、新开发形势、新运营要求的背景下，更应尊重文旅产品的创新规律。除了前文所述的，企业家创新文旅产品的洞察需求、判断机会、重组资源、创新产品、持续迭代外，从产品创新流程、创新组织体系构建以及创新产品的新特性等方面，需进一步细化：①从产品创新流程讲，从研究市场、寻找对标、逆向分解、研发 IP、讲述故事、规划场景、打造产品、落地执行及跟踪细化去系统开发、建设、运营。②从创新组织体系讲，包括内部的策划、规划、开发、建设、运营组织体系，知识管理系统，IT 开发及管理平台，外部产业链上下游开发、投资、建设、运营等供应商体系等。③从创新产品的新特性讲，首先，强化产品 IP 的差异化辨识度。在新形势下，泛文旅消费、主题娱乐消费将细化发展，在需求收缩、竞争加剧的背景下，市场认可、辨识度高的 IP 以及其引领的主题场景及系列产品，将优先占领市场。其次，提升产品技术含量。追求技术加持下的沉浸式体验、科技助力的服务体验提升、运营效率提高。再次，增强产品的文化娱乐属性。最后，提高产品的性价比。

四是强化运营导向，追求健康发展。在产品创意、模型设计阶段，便考虑基于良好用户体验的未来现金流收益，以及健康可持续的运营管理模式。①在运营现金流方面，要保障基于良好产品品质、服务品质的营运现金流、运营成本、利润率优良；②在投资、开发、运营全流程方面，关注目标客群消费能力，聚焦产品业态、体验内容的运营合理性及收益持续性，聚焦策规划、开发建设、运营迭代不同阶段的投资回收周期、产品更新周期、运营成本及现金流收益等。例如，在产品创新投资不可控的情况下，先尝试小体量模型开发、试运营，掌握开发、运营成本及用户消费、运营收益等数据和市场反馈，使轻重资产结合、运营开发联动，推动基于高效运营的市场拓展工作。

五是持续创造价值，重塑文旅市场。顺应周期、健康发展的文旅产品，一定是持续创造价值的产品，通过为消费者创造价值、为甲方及股东创造价值、为增强自身能力创造价值、为市场创造价值，实现满足需求、商业成功、能力积累、引领创新。①为消费者创造价值。创新产品一定要满足消费者的产品功能需求及多元主题体验需要。其中，功能需求包括满足基础旅游六要素的食、住、行、游、购、娱等需要，在安全、便捷、性价比、品质等方面持续提升，如科技助力的快速人脸识别门票、入住系统，标准清晰、执行高效的安全交通运输产品，高性价比的品质住宿床品或餐食等。主题体验需求包括 IP 引领和文化引导的主题场景审美体验、主题氛围五感沉浸体验、细分技能或文化学习体验、主题社交互动体验、场景游戏娱乐体验等。例如，拈花湾禅意小镇的"禅文化"主题 IP 引领下的主题激光水幕演艺秀、主题禅行、禅文化茶艺、花道等体验。②为甲方及股东创造价值。未来的文旅产品创新，为控制全流程资金及项目风险，保障产品品质，一定是投资、建设、运营全流程集成型一体化开发运营。一定要依托企业家引领，基于市场认可，通过全流程集成性一体化投资、建设、运营解决方案，在创新产品、节约资金、高效开发、保障品质、优化运营等方面提供超越同行的集成性解决方案，实现投资高效、商业成功、运营健康可持续、资产增值、产品可复制。③为增强自身能力创造价值。每一次优质的产品创新都是一次细分赛道的知识累积、能力构建。未来的文旅开发，除了要遵循投建运一体化集成开发流程外，还要依托于完善的创新组织体系和知识管理平台，以及不断成长的企业家创新团队。因此，在创新文旅产品的过程中，除了满足用户、获取收益外，还需要持续优化自身的策划、规划、投资、建设、运营创新组织能力，以及完善覆盖全流程的知识管理体系。以上知识累积、能力构建方面的持续努力，旨在能够在集成开发、运营的过程中，通过更新各个流程的标准化、手册化、信息化的策划规划、开发建设、运营迭代知识，不断丰富开发和运营知识体系。在标准化知识管理体系的加持下，总结开发失败教训，积累成功项目经验。在此基础上，面临新产品创新及项目拓展复制时，企业家引领关键IP 的创意决策、主题场景及产品形态的选择、运营模式的判断。开发及运营团队，应根据管理信息，在前序项目、各流程执行过程中借鉴之前项目的经验，在节约时间、提升产品品质的同时，还有利于提高团队开发能力、培育创新人才。④为市场创造价值。需要颠覆性的文旅创新、精细化的开发建设、差异化的良性竞争。在满足需求、获取收益、提升能力的过程中，引领市场创新方向、激活区域文旅经济、带动产业健康发展。

我国重启入出境旅游市场的政策建议

——基于对日本入出境旅游高速发展的分析

赵雅萍[*]

摘　要： 2022 年 11 月 11 日"新二十条"发布，我国入出境旅游市场迎来复苏和回暖的窗口期。国内外旅游业界积极加强宣传推广、产品研发和人力资源开发。文旅相关部门应加强市场调研和政策设计，有序引导行业企业为重启入出境旅游市场做好准备。

关键词： 旅游市场　海外旅游目的地　产品研发

一　我国重启入出境旅游市场的背景

（一）加速恢复的全球旅游业更加关注我国入出境市场

2022 年 2 月澳大利亚全面开放边境，2022 年 5 月欧盟宣布取消所有旅行限制。加拿大、新西兰和韩国从 2022 年 10 月起均取消所有与新冠疫情有关的入境限制。2022 年 10 月日本也取消了入境人数的上限，同时开放个人自由行，恢复了 68 个国家与地区的免签入境。新加坡、

---

　*　赵雅萍，北京市社会科学院市情所博士，北京世界城市研究基地专职研究员。

泰国、马来西亚、越南和菲律宾等东南亚国家也基本取消入境限制。2022 年 11 月美国取消 33 个国家和地区的航空旅行限制。

截至 2022 年底，我国主要出境旅游目的地前 15 位中，全面取消入境限制的国家有越南、泰国、韩国、马来西亚、柬埔寨和澳大利亚。2019 年上述国家的中国游客到访人数超过 3000 万人次，占当年我国出境总人数的比例超过 20%。我国主要入境客源国前 15 位中，全面取消入境限制的国家有越南、蒙古、韩国、马来西亚、泰国、澳大利亚和加拿大等。2019 年上述七国到访中国的游客人数约 1800 万人次，占当年我国入境游客总人数的比例超过 12%。

以上国家是国际旅游复苏中的"排头兵"。2022 年 1~7 月，我国部分周边国家在接待国际游客方面恢复显著，较 2019 年平均恢复幅度为 2%~19%，柬埔寨 7 月的恢复幅度甚至达到 47%。

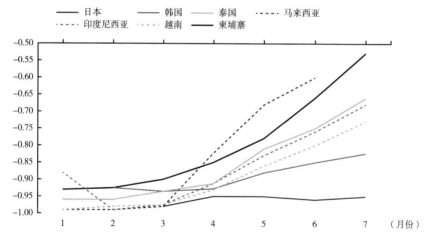

图 1　2022 年 1~7 月我国周边国家接待国际游客情况

资料来源：世界旅游组织。

（二）我国国民对出境旅游的信心逐步恢复

世界旅游组织的数据显示，2022 年 1~7 月，法国、德国、越南、意大利和美国等国家的出境旅游支出已恢复至 2019 年同期的七成以上（75%～90%），韩国、加拿大、新加坡等国家的出境旅游支出也恢复至 2019 年同期的近一半（40%～55%），印度的出境旅游支出甚至超过了 2019 年同期水平。文化和旅游部数据中心的专项调查显示，选择欧美作为出境旅游目的地的受访者比例从 2021 年的 18% 上升到 2022 年的 44%，排名第一，较排名第二的东亚地区高出了 14 个百分点。这反映了国民出境旅游的信心加速恢复，并愿意到访更远的海外目的地。境外目的地一直在为市场复苏做准备。2022 年各境外目的地旅游推广机构针对中国游客的促销活动频率较 2021 年明显增加。几乎每个月都有针对中国出境游客的市场推广活动，广告营销和路演增多。各境外目的地通过维持话题热度来培育和强化品牌优势，挖掘潜在游客，增进与中国客源市场的连接。澳门推出了美食、节庆、世遗景点和博物馆等主题游澳套餐，并通过微信、抖音和小红书等社交媒体开展推广促销。"感受澳门乐无限"大篷车巡回路演覆盖中秋、国庆等重要节假日。韩国借助"2021～2022 中韩文化交流年"的契机，在北京、上海、成都开启线上话题打卡活动，用户在线上就可以体验地道多元的韩国生活方式。加拿大旅游局瞄准健康解压目标市场，提供沉浸式轻瑜伽体验，在介绍健康、有意义的旅行和生活方式的同时，宣传推广加拿大旅游目的地。泰国与中国游客"云"上相见，推出宋干节专题直播，邀请网友"云泼水"。新加坡在北京举行"2022 新加坡旅游局大中华区会奖业大会"，采用"线上+线下"多地连线的混合会议模式，帮助中国和新加坡从业者进行远距离的线上沟通。

（三）市场主体开始为入出境旅游做好全面准备

入境旅游企业前往东南亚、美国、德国等客源地开展促销活动的积极性明显提升，尝试与境外伙伴的新合作模式。比如，北京千乘假期用中阿英三语为西亚北非国家的旅行商制作培训短视频，总长度接近 200 分钟，还聚焦东南亚客源市场开展宁夏的定向营销推广。出境旅游企业的发力重点在产品开发和资源整合上。众信旅游集团旗下的高端品牌奇迹旅行推出了 MSC 环球邮轮 121 天产品。远海国际旅游集团积极为出海企业提供公关媒体、品牌推广、经销商会议、布展参展、协助拍摄、公司团建、高管会议等各类落地服务，同时努力储备各类目的地资源。

二 我国在国际旅游业发展和恢复中所扮演的角色

（一）疫情前我国在国际旅游业发展中所扮演的角色

近年来，我国入境旅游和出境旅游共同创建了国际旅游交流合作新格局，增进了各国民众间的相互了解和彼此信任，有力地推动了人类命运共同体建设。疫情前，我国入出境旅游交流规模超过 3 亿人次，特别是出境旅游以巨大规模和发展速度引起了国际社会高度关注。自 1997 年正式放开公民自费出境旅游业务以来，我国出境旅游蓬勃发展，截至 2018 年底，我国出境旅游人数和消费年均增长率分别为 15.3% 和 22.9%。2018 年，我国出境游人数达 1.5 亿人次，除港澳台入境游客外，我国共接待外国入境游客 3054 万人次（见图 2），同期日本、泰国接待国际游客分别为 3119 万人次和 3828 万人次，而法国接待国际游客更是高达 9000 万人次，远超中国入境游游客接待量。中国游客和企业与相关国家和地区的频频接触和旅游交往，有利于更加直接、形象地传播中国形象、讲好中国故事。党的二十大明确要求，坚持以文塑旅、以旅彰文，推进文化和旅游深度融合发展，加快构建中国话语和中国叙事体系，讲好中国故事、传播好中国声音，展现可信、可爱、可敬的中国形象。在全面建成社会主义现代化强国、实现第二个百年奋斗目标的新征程中，包括入出境旅游在内的对外旅游交流与合作必然要在增强中华文明传播力影响力上发挥更为重要的作用。

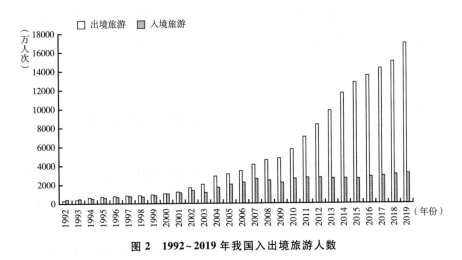

图2 1992~2019年我国入出境旅游人数

（二）疫情后我国在国际旅游业恢复中所扮演的角色

谷歌搜索数据也展示了与疫情防控政策优化相呼应的潜在需求增长。2022年6月以来，境外对来华航班和住宿的搜索量较上年同期明显回升。境外游客一般有提前半年预订的消费习惯，这意味着2023年我国入境旅游市场将显著恢复，值得期待。

在推动国内旅游市场稳步复苏的同时，国家和地方管理部门在保持入出境政策及行动出台的节奏和数量方面已经进行了大量工作。国务院同意上海、重庆外资旅行社从事出境游业务；文化和旅游部会同外交部等部门研究起草《边境旅游管理办法（修订征求意见稿）》；"欢乐春节"、"旅游年"、中国国际旅游交易会等一系列重大活动先后举办；在APEC、金砖国家和二十国集团等重要国际平台持续发出中国声音；派驻前方的文化中心和旅游办事处更是积极与各方交流。这些工作是入出境旅游快速恢复的重要基础，通过坚持与国际同行的多方交流，传递信心,逐步达成合作共识。

针对境外业内的期盼和开放边境、恢复航班等举措,有针对性的研究和预案储备,并适时回应各方关切。开展如何更充分挖掘当前国内旅游发展潜力的专题调研,为未来提升入境游客便利度和满意度提供政策储备。

三 日本入出境旅游高速发展的经验及做法

2003 年,日本政府提出观光立国的理念,组织实施《访日旅行促进事业》。从此,日本入出境旅游,特别是入境旅游发展步入了快车道。根据日本政府观光局(JNTO)发布的数据,2009 年访日游客总数为 679 万人次。2015 年,访日游客数量取得了近半个世纪以来里程碑式的突破,达到 1900 万人次,实现了对出境旅游人数的反超。在此高速发展势头下,日本政府于 2016 年正式提出 2020 年访日游客总数达到 4000 万人次、2030 年达到 6000 万人次的目标。截至 2019 年底,年度访日游客总数超过了 3188 万人次,10 年间增长了接近 5 倍。

可以从内外因两个方面对日本入出境旅游高速发展进行分析。在外部机遇方面,2008 年国际金融危机后,世界经济逐步复苏,以中国为代表的东亚地区成为全球经济增长的主要引擎,周边客源市场的蓬勃兴起为日本入境旅游发展带来了难得的历史性机遇。在内部条件方面,从目的地竞争力角度审视,既有日本经济社会高度发达、旅游公共服务高效完善等原因,也有文化国际传播能力强、旅游产品和服务人性化、营销推广高度专业化等原因。从制度环境角度,日本政府专门制定以入境旅游为核心的旅游发展战略,围绕发展入境旅游推出放宽签证、升级免税制度、改革出入国管理机制、革新旅游管理体制、扩大航空网络等多项改革举措。

（一）日本入出境旅游发展的基本态势

2003 年，在小泉内阁召集的第一回观光立国恳谈会上，发展入出境旅游被认为兼具经济效益和社会效益，是经济产业与社会事业的统一。此次恳谈会表示旅游是国家文化对外展示、传播和交流的有力载体，发展入出境旅游对加强文化对外输出、提升文化软实力具有重要意义，构建宜游目的地与建设宜居、宜学、宜业国家的目标是统一的。

2007 年，《观光立国推进基本法》正式实施，以法律形式确认了旅游业作为支柱产业的战略地位，把发展旅游业明确为 21 世纪日本的基本国策之一。为全面实现观光立国相关发展目标，日本政府制定实施《观光立国推进基本计划》并且每五年修订一次。2008 年，福田内阁推动修改《国土交通省设置法》，专门设立作为国土交通省外局之一的观光厅，具体组织实施《观光立国推进基本计划》。2015 年，在访日游客年度总数接近 2000 万人的背景下，安倍内阁召开了第一次"支撑明天日本的观光愿景构想会议"（以下简称"观光愿景构想会议"），由首相担任议长，内阁官房长官、国土交通大臣担任副议长。会议进一步强调在人口老龄化程度不断加深、国内旅游消费提升空间有限的情形下，发展入出境旅游对推动经济可持续发展而言具有重要意义。2016 年，第二次观光愿景构想会议围绕发展入出境旅游分别从资源、产业和公共服务视角，明确十项改革任务，制定更完整、更系统的实施方案。

（二）日本发展入出境旅游的政策体系

在"支撑明天日本的观光愿景"制度框架下，日本政府发展入出境旅游的政策体系主要围绕资源开发、产业革新和公共服务三个维度进行设计。入出境旅游资源开发政策组合着力于充分挖掘各类自然和人文资源的旅游价值，完善入出境旅游服务功能，包括公共设施开发利用、文化遗产开发、国立公园接待能力建设、历史文化街区营造、地方旅游消费促进、精品旅游线路培育等方面。入出境旅游产业革新政策组合集中于改革已不适应入出境旅游高速发展的制度规范，包括导游管理改革、旅行社监管改革、民宿经营改革、旅游教育课程改革、目的地营销与管理改革、入出境旅游相关税制改革等方面。入出境旅游公共服务政策组合着力于优化入境旅游相关管理措施，调动市场化服务资源，补足公共服务短板，包括入境审查便利化、民间资本投入促进机制、旅游支付体系建设、多语种旅游数字信息服务、旅游保险制度、地方航线建设、国际邮轮港口建设等方面。

（三）日本发展入出境旅游的推广机制

日本政府观光局（JNTO）是政府设立的从事入境旅游推广相关事务的独立行政法人。JNTO执行观光厅制定的推广整体规划和阶段性方针政策，具体负责入境旅游市场数据平台建设、海外推广信息平台建设、游客信息服务平台建设、客源市场研究分析、客源市场开发营销以及智力支持服务等六类基本业务。JNTO的运营资金来源包括三部分：一是政府拨付运营资金；二是会员缴纳的会员费，主要来自旅行、住宿、零售、交通、广告等相关企业；三是赞助团体的赞助金，来自地方公共团体（观光协会）等。JNTO的组织架构分为总部（包括企划总室、海外推广部、MICE促进部、区域合作部等）和海外分支机构（包括22个海外事务所①）。

四 日本入出境旅游高速发展对我国的启示

（一）坚持立法规划先行，构建发展制度保障

日本出台《观光立国推进基本法》，以法律形式确认了以入境旅游

---

① 数据截至2021年1月底。

为中心的旅游业发展战略；通过制定《观光立国推进基本计划》，明确入境旅游发展的阶段性目标和制度框架，使各类政策部署做到有的放矢；由内阁总理大臣牵头、相关省厅参加的观光愿景构想会议等议事协调机制，强化入境旅游制度顶层设计，及时梳理发展中的新课题，推动改革事项尽快落地，协调出台部门联合政策，构建覆盖法律、规划、政策三个层级，兼具战略稳定性和政策灵活性的入境旅游发展制度保障体系。

（二）秉持融合发展理念，整合各类资源平台

日本政府在发展入境旅游过程中一直秉持融合发展理念，整合入境旅游涉及的各类自然、社会和文化资源。首先，在旅游资源开发和目的地建设方面，认识到宜游目的地与宜居社会建设目标的统一性，强化了旅游观光地营造与居民社区建设的融合。其次，在出台入境旅游促进政策方面，认识到旅游政策与文化遗产传承、环境保护、乡村振兴等政策目标之间存在共通性和互补性，不断出台融合型政策措施。最后，在入境旅游推广方面，认识到发展入境旅游与推动文化输出是相互促进、相互赋能的关系，统筹旅游营销与内容产业的对外推广，形成国家形象推广综合体系。

（三）完善配套政策系统，推动产业全面发展

发展入境旅游是一项系统性工程，日本政府出台的大量入境旅游配套政策呈现出显著的系统化特征：一方面，在配套政策外部实施系统化衔接，与放宽签证、入出境便利化、免税退税、航线扩充等跨行业、跨部门政策措施密切联动、综合发力，极大优化入境旅游制度环境。另一方面，在配套政策内部进行系统化建构，从资源开发、产业革新、公共服务三个角度开展制度设计，充分调动民间投资和市场资源，坚持需求侧刺激和供给侧改革双向推进，进而串起建设旅游目的地、整合区域旅

游资源、延伸旅游产业链条、提升旅游产品竞争力、改善旅游基础设施、优化旅游公共服务等系列发展目标。

（四）改革创新监管模式，释放社会供给潜力

在入境旅游市场突飞猛进带来游客数量激增，无法及时充分提供旅游服务供给，以及移动互联、大数据、人工智能等数字技术普遍应用架空传统行政监管的背景下，日本政府通过修改《口译导游士法》，将口译导游士的业务独占性转变为名称独占性，从注重事先许可向注重后续监管转变，并逐步建立口译导游客户评价体系等市场化调节机制，优化了导游服务供给；通过出台《住宅宿泊事业法》，明确了民宿经营的主体、条件、规范及限制，盘活了闲置的存量社会资源，既满足了游客的个性化需求，又补齐了住宿业巨大的供需缺口。

（五）注重市场分析研究，强化数据引导作用

日本政府高度重视入境旅游数据采集和市场分析研究，充分发挥数据在提升入境旅游国际竞争力方面的基础性作用。JNTO通过建立入出境旅游数据库共享平台，向政府部门、市场企业、公共组织和研究机构提供各主要客源市场入境人流和消费细分数据及变化趋势分析，在制定产业政策、提供公共服务、推动产品创新和实施市场推广方面发挥智力引导作用；通过发布访日旅游研究分析报告、举办主题研讨会以及提供个别咨询服务，协助各类旅游企业和团体准确把握客源地访日旅游市场现状、政策动向和变化趋势，提高市场预判和对策实施的精准度。

五　我国重启入出境旅游市场的政策建议

在新冠疫情前日本入出境旅游高速发展，政府对入出境旅游战略高

度重视，充分调动市场资源、激活产业要素，对我国重启入出境旅游市场有一定的借鉴意义。

（一）提高政策实施的精准度，明确限制条件下的应对路径

一是针对境外目的地的"抢跑"现实，积极分析评估重要境外目的地开放边境、目的地建设、推广活动和产品创新的影响，明确限制条件下的应对路径。对外推广重点从维持基础热度、保持合作伙伴信心转移到以更新目的地形象、重启预热、特定市场重点推广和全面推进为主要任务。明确适配和特定阶段相契合的推广主题、推广模式、推广重点、推广范围和推广强度。尽快组建市场化导向、专业化运作的国家旅游推广机构。引导和鼓励北京、上海、广州、深圳、成都等有条件的城市先期开展更具针对性的入境旅游推广活动，在境外尽快设立办事处和专业推广机构。鼓励利用数字化工具创新开展营销信息发布、产品在线预订和交易支付等业务。

（二）做好现有市场开发挖潜，完善和优化入出境旅游供应链

聚焦针对商务、探亲、科研、留学等入出境人群的服务，探索未来服务人群可能的扩展方向。鼓励市场主体为客户提供一揽子服务，包括商务旅行、整合营销策略推荐、差旅管理和物流保障等。引入专业研究机构，对商务旅游等现实旅游活动的相关法规和政策环境、目的地文化背景、业态、发展现状和趋势等进行常态化专业分析，制定商务旅游发展规划；培育具有国际影响力的会展品牌，完善和优化商务旅游供应链，引导和鼓励商务旅游服务的品牌建设。鼓励提供会展、商业谈判、营销、培训等领域的精细化服务，满足个性化需要。

（三）聚焦市场主体主要困难，形成有针对性的帮扶措施

不仅要及时提供纾困补贴和稳岗补贴，还要形成涵盖企业增信、从

业资历维护、转行成本补偿、继续教育服务、数字化技术配备等方面的一揽子纾困解难政策，探索提供融资、信息、法律、技术、人才等方面的服务。重点探索为未来入出境旅游开放储备足量人才的可行方案。比如为高技能在岗人员提供定向补贴，提升市场主体参与度和从业人员的"获得感"。在供给匹配上，鼓励入出境小微企业的创业创新实践。遴选入出境市场主体的自救、发展和创新案例，为各方提供借鉴和增强信心。

（四）成立入出境旅游工作专班，做好风险管控和压力测试

做好不同边境开放程度场景下的系列政策和技术准备，对于组织在华境外游客游中国和在境外开展针对外国人的旅游活动，都要有风险评估和相应预案。预估入出境旅游不同复苏程度的人群规模和结构，特别对五一、暑假、国庆等重要时间节点的入出境旅游规模，先期做好预案，针对性开展压力测试。评估入出境大规模开放需求与现有产业供给能力之间的匹配程度，采取有力措施补短板。持续推动以签证为代表的旅游便利化进程，尝试用数字化技术确保安全与发展，尽快解决异地指纹采集等突出问题。

参考文献

Munehiko Harada, "Changing Relationship Between Work and Leisure after the 'Bubble Economy' in Japan," *Society and Leisure*, 1998, 21 (1).

Scott M. Fuess, "Leisure Time in Japan: How Much and for Whom?" IZA Discussion Paper No. 2002.

Yashisa Suganuma, Naohiko Hibino, Shigeru Morichi, "Trend Analysis of Domestic Tourist Travel in Japan Based on Individual Data from Tourism Statistics," *Journal of the Eastern Asia Society for Transportation Studies*, 2011 (9).

戴学锋：《基于国际比较的中国出境旅游超前发展初探》，《旅游学刊》2012 年第

9 期。

　　金准：《旅游业发展应抓住经济换挡期机遇》，《中国发展观察》2019 年第 19 期。

　　凌强：《日本观光立国战略的新发展及特点》，《现代日本经济》2013 年第 4 期。

　　宋芳秀：《中国出入境旅游：特征、问题及对策》，《国际贸易》2020 年第 11 期。

　　韦夏怡：《二季度旅游业或显著复苏》，《经济参考报》2023 年 1 月 18 日。

通州文旅区主导产业选择
与空间溢出效应分析

刘 薇 唐 鑫*

摘 要：本文通过构建钻石模型与产业关联度、产业成熟度、产业成长性、产业匹配度四大类指标筛选出 14 类通州文旅区主导产业，同时通过构建指标体系，计算莫兰指数等，对通州文旅区的空间溢出效应进行评价分析，并提出应建立通州文旅区内各区域之间的合作协调机制，形成合力，加强信息共享和协调沟通，加强各区域文旅产业之间的合作和协调，形成互补优势，推动整个文旅区快速发展，提高整体竞争力。

关键词：通州 文旅区 主导产业 空间溢出

北京环球主题公园以环球影视 IP 为主题，位于北京市通州区，是中国第一个环球主题公园，也是亚洲最大的环球主题公园。在北京环球主题公园的带动下，通州文旅区产业发展迅速。北京市文旅局监测数据显示，2021 年 10 月至 2022 年 6 月，通州区接待游客同比增长 46.7%，全市排名第 1。通州区实现旅游收入 59.9 亿元，排名全市第 7，较上年

---

* 刘薇，北京市社会科学院经济所研究员；唐鑫，北京市社会科学院市情研究所所长、研究员。

上升 4 个位次；增速 44.7%，排名全市第 1，旅游市场消费活力迸发。[①]
研究通州文旅区的主导产业选择，有助于优化区域产业结构，实现产业升级，提高区域经济发展水平。深入了解通州文旅区的空间溢出效应，有助于发现区域之间的经济联系与相互影响，从而为制定相应的政策措施提供依据，推动通州文旅区各区域间协同发展，实现资源优化配置。

一 通州文旅区主导产业选择

正确选择主导产业是非常重要的。这些产业通常会吸引大量投资和创造大量就业机会，从而刺激经济增长。主导产业在发展的过程中会带动其他相关产业发展，形成产业链，从而促进经济发展。选择科技领先的主导产业可以促进科技创新，提高技术水平，推动技术进步和发展。选择主导产业还有利于优化资源配置，使得资源得到更加高效的利用和合理的分配。

钻石模型是迈克尔·波特（Michael Porter）提出的一个分析国家竞争优势的理论框架，可用于筛选和发展主导产业。钻石模型包括四个互相影响的因素，即生产要素、需求条件、相关与支持产业，以及企业战略定位、管理结构、创新能力和竞争态势。首先分析生产要素，评估国家的人力资源、资本资源、自然资源、知识资源、基础设施和技术。找出相对优势和劣势，并确定哪些产业能从这些要素中受益。其次研究国内市场需求条件，了解消费者偏好、购买力及市场变化趋势。找出具有潜力的需求领域，并确定哪些产业能满足这些需求。再次要考察相关与支持产业，分析上下游产业链，评估供应商、分销商、服务提供商等相关产业的竞争力。选择那些能从强大的相关产业中受益的产业。最后了解国内企

---

① 陈施君：《数"说"环球红利》，《北京城市副中心报》2022 年 11 月 17 日。

业的战略定位、管理结构、创新能力和竞争态势。选择那些具有国际竞争力和可持续发展潜力的产业。

（一）钻石模型构建与指标体系选择

1. 模型构建

在文献方面，Moon 和 Lee 将钻石模型应用于韩国旅游业，探讨该模型对旅游业的适用性。[①] 韩国的旅游业竞争优势源于其强大的需求条件和相关产业，如高品质的住宿设施和先进的旅游设施。张盈将钻石模型应用于我国主导产业选择，分析了我国钢铁行业和石油化工行业的竞争优势来源。我国钢铁行业的竞争优势主要源于丰富的铁矿石资源、高素质的劳动力和良好的企业管理水平，而石油化工行业的竞争优势则主要源于庞大的市场需求和支持性政策。[②] 刘雅岚使用钻石模型对区域主导产业选择进行了探索，并将其应用于城市规划中。[③] 综合以上，构建如下模型。

首先是产业成熟度。根据当前产业发展状况，从产业规模和产业基础两个维度进行评估，如果产业规模较大且产业基础完善，那么该产业成熟度较高，具有良好的发展前景，可以优先考虑将其作为主导产业。其次是产业成长性。考虑未来产业发展过程中是否具有较大的增长空间，当产业在发展潜力、市场需求和可持续发展能力等方面表现出正向趋势时，产业成长性会进一步提升。再次是产业关联度。主要涉及某一产业对其他相关产业发展的影响力，以及对上下游产业的带动作用和辐射效应。最后是产业匹配度。主导产业与所在区域的经济状况、生态环

---

① Moon H. C., Lee K. H., "The Application of the Diamond Model to the Korean Tourism Industry and Implications for Developing Countries," *Journal of Travel Research*, 2012, 51 (4).

② 乔标、刘雅岚、侯兰功：《面向主导产业选择的四要素钻石模型及其应用研究》，《特区经济》2022 年第 6 期。

③ 刘雅岚：《主导产业选择及其在城市规划中的应用》，西南科技大学博士学位论文，2021。

境和社会发展的匹配程度同样是评价主导产业的关键标准。最重要的是要考虑产业是否与当地的能源、人才结构和自然资源相适应，以及产业是否能够适应该地区的建设和发展需求。

2.指标选择

产业成熟度指标方面，产业基础包括固定资产总量、从业人员占比、文旅产业产值占比，产业规模包括企业单位个数、文旅产业总产值等；产业成长性指标方面，主要包括主营业务收入、营业利润、单位产值能耗等三级指标；产业关联度指标方面，主要包括影响力系数、感应度系数和对上下游产业的拉动性等三级指标；产业匹配度指标方面，主要包括熟练劳动力、金融资源、专业技术人才等三级指标。

（二）评价指标数据处理与权重赋值

综合国内外研究进展以及产业成熟度、成长性、关联度、匹配度四个要素，总结四要素钻石模型下主导产业评价指标体系，如表1所示。

表 1　主导产业评价指标体系

一级指标	二级指标	三级指标	指标正负	权重
成熟度	产业基础	固定资产总量(万元) y_1	正	0.1089
		从业人员占比(%) y_2	正	0.1275
		文旅产业产值占比(%) y_3	正	0.1117
	产业规模	文旅产业总产值(万元) y_4	正	0.1104
		企业单位个数(个) y_5	正	0.0988
成长性	发展潜力	主营业务收入(万元) y_6	正	0.1274
		营业利润(万元) y_7	正	0.0522
	可持续发展能力	单位产值能耗(吨标准煤/万元) y_8	负	0.0239
关联度	关联强度	影响力系数 y_9	正	0.0121
		感应度系数 y_{10}	正	0.0276
	带动性	对上下游产业的拉动性 y_{11}	正	0.0288
匹配度	要素	金融资源 y_{12}	正	0.0347
	人才结构	专业技术人才 y_{13}	正	0.0651
		熟练劳动力 y_{14}	正	0.0422

（三）评价方法

1. 熵值法赋权计算

熵值法是一种基于信息论的权重分配方法，主要应用于解决多指标决策问题中。通过计算各指标的熵值和差异度，可以得到各指标的权重。

将原始数据转换为无量纲数据，常用的方法有标准化处理（归一化）和区间缩放法。

归一化处理公式如下：

$$x'_{ij} = (x_{ij} - \min_j)/(\max_j - \min_j)$$

其中，x_{ij} 是原始数据，x'_{ij} 是归一化后的数据，i 表示第 i 个评价对象，j 表示第 j 个指标。

计算指标的概率分布，计算每个评价对象在各指标上的概率分布，公式如下：

$$p_{ij} = x'_{ij}/\Sigma(x'_{ij})$$

其中，p_{ij} 表示第 i 个评价对象在第 j 个指标上的概率分布。

计算指标的熵值，根据概率分布计算各指标的熵值，公式如下：

$$e_j = -k \times \Sigma(p_{ij} \times \ln p_{ij})$$

其中，e_j 表示第 j 个指标的熵值，k 是常数，取值为 $1/\ln(n)$，n 为评价对象的数量。

计算指标的差异度，差异度表示指标的信息量，差异度越大，信息量越丰富，公式如下：

$$g_j = 1 - e_j$$

其中，g_j 表示第 j 个指标的差异度。

计算指标权重，根据差异度计算各指标的权重，公式如下：

$$w_j = g_j/\Sigma g_j$$

其中，$w\{j\}$ 表示第 j 个指标的权重。

2. 德尔菲法

德尔菲法是一种广泛应用于解决决策、预测和规划问题的专家咨询方法。该方法基于一组专家的意见，通过多轮调查、反馈和整合以达成共识。德尔菲法的主要优点是能够汇集多个专家的知识和经验，同时减少个别专家的主观偏见对结果的影响。明确德尔菲法应用的目标和需要解决的问题，如预测未来趋势、制定战略规划等。选择具有相关领域知识和经验的专家组成专家组。专家的数量和背景因问题的性质和复杂度而异。根据问题和目标设计调查问卷，收集专家的意见和建议。问卷应包含清晰、明确的问题，并提供足够的空间供专家详细阐述观点。通过多轮调查收集专家意见。在每轮调查后，对专家的回复进行汇总和分析，提炼共识和分歧。在下一轮调查中，将汇总结果反馈给专家，并要求他们考虑其他专家的观点，对自己的意见进行修正或补充。

（四）实证研究

1. 数据来源与处理

数据主要来源于《通州统计年鉴 2021》及台湖镇、张家湾镇、宋庄镇的产业规划等。对于指标空缺情况采用插值法予以补充，数据年份为 2018~2021 年。其中，主要经济指标由通州区四经普数据（2018 年）获得；单位产值能耗指标取 2019 年通州区单位 GDP 能耗为 0.25 吨标煤/万元；专业技术人才及熟练劳动力指标按照七普人口数据获得；根据上述研究方法对原始数据进行无量纲化处理，对原始数据无量纲化处理后最大值为 1、最小值为 0，为保证运用熵权法对数据处理有意义，需将处理后的数据平移 0.0001 个单位。[①]

将《文化及相关产业分类（2018）》作为基准，依据北京环球主

[①] 祝翠悦：《供给侧结构性改革背景下区域健康服务业协同发展评价研究》，天津中医药大学博士学位论文，2021。

题公园度假区、张家湾镇、台湖镇、宋庄镇的产业发展现状及特点，筛选出以下产业门类，其中，大类 15 项、中类 34 项、国民经济行业分类代码（GB/T4754-2017）40 项。

表 2 通州文旅区文化旅游产业筛选分类

大类	中类	国民经济行业分类代码
旅游游览	公园景区及其他旅游游览	7863 其他游览景区管理
文化旅游娱乐	娱乐服务旅游文化娱乐 旅游健身娱乐 旅游休闲娱乐	8810 文化创作与表演
		901 室内娱乐活动
		8930 健身休闲活动
		9030 休闲观光活动
旅游住宿	一般旅游住宿服务	621 一般旅馆
	休养旅游住宿服务	6190 其他旅游住宿业
旅游餐饮	旅游正餐服务旅游快餐服务 旅游饮料服务 旅游小吃服务 旅游餐饮配送服务	6210 正餐服务
		6220 快餐服务
		623 饮料与冷饮
		6291 小吃服务
		6241 餐饮配送服务
旅游购物	旅游商品购物	522 零售业
内容创作生产	广播影视节目制作 创作表演服务 数字内容服务 内容保存服务 工艺美术品制造	87 广播电视电影和录音制作
		881 文艺创作与表演
		657 数字内容服务
		884 文物及非物质文化遗产保护
		243 工艺美术品及礼仪用品制造
创意设计服务	广告服务 设计服务	725 广告业
		74 专业技术服务
文化传播渠道	艺术表演 互联网文化娱乐平台 艺术品拍卖及代理 工艺美术品销售	514 文化、体育用品及器材开发
		8820 艺术表演场馆
		643 互联网平台
		5183 艺术品收藏品拍卖
		5184 艺术品代理
		5246 工艺美术品收藏品零售

续表

大类	中类	国民经济行业分类代码
旅游综合服务	旅行社及相关服务 其他旅游综合服务	7291 旅行社及相关服务
		643 互联网平台
文化辅助生产 与中介服务	会议展览服务 文化经纪代理服务 文化设备（用品）出租服务	7520 知识产权服务
		728 会议展览及相关服务
		905 文化体育娱乐活动及经纪代理服务
		712 文体设备和用品出租
文化消费 终端生产	节庆用品制造 信息服务终端制造及销售	395 非专业视听设备制造
		5272 家用视听设备零售
旅游辅助服务	旅游金融服务	66 货币金融服务
旅游装备制造业	户外旅游运动装备	2442 专项运动器材及配件制造
文化投资运营	投资与资产管理 运营管理	7212 投资与运营管理
		7211 企业总部管理
		7221 园区管理服务
文化装备生产	游乐游艺设备制造	246 游艺器材及娱乐用品制造

2. 四要素分析

（1）产业成熟度

从产业成熟度得分排名来看，广告服务、节庆用品制造、内容保存服务、创作表演服务、公园景区及其他旅游游览、旅游正餐服务旅游快餐服务、会议展览服务得分较高，优势明显，具有发展基础。广告产业是我国现代服务业和文化产业的重要组成部分，要加快推进广告产业数字化升级，促进广告产业全面创新发展。要加快广告产业的数字化改造。积极融入数字化科技浪潮，运用数字经济的数据资源和技术手段，形成与数字经济同步推进、相辅相成的格局，全面完成广告市场主体数字化改造升级，使广告产业成为数字化发展的领军行业和消费经济的增长引擎。加快广告产业重大技术突破创新。推动广告产品和服务的数字化、网络化、智能化，提高广告产业新硬件、新软件、新平台的运用水平，促进数字化技术在精准定向、规模投放、动态创意、效果展现、数据和信息识别与挖掘等专业领域的创新应用。[①] 支持广告市场主体加强广告智能技术研发，形成一批具有自主知识产权的智能广告技术公司。加快广告产业业态创新。提高广告市场主体运用人工智能和数字化技术的能力，紧密结合云计算、大数据、物联网、5G、区块链等前沿技术，跨越式提升用户信息与需求匹配度，有效拓展数字技术的应用场景，不断丰富线下广告终端形式。以提升智能化内容管理、程序化创意设计、个性化投放运营水平为重点，探索新场景下的广告创意、广告制作和用户互动的新形式。

（2）产业成长性

产业成长性得分排名较高的产业有文化经纪代理服务、创作表演服务、公园景区及其他旅游游览、旅游健身娱乐、投资与资产管理、广播影视节目制作等。首先，可依托台湖演艺小镇大力发展文化经纪代理服务产业、创作表演服务产业。这两大产业也会对文旅区的发展起到很强的牵引作用。其次是旅游健身娱乐产业，"旅游+运动"已经成为最"in"的新贵人群文旅选择。运动旅行正在成为出行新风尚和消费新热点。随着中高等收入群体逐年扩大，户外运动兴起，健康养生观念普及，运动旅行逐渐跃升为人们主流旅行模式之一。根据《2022 胡润至尚优品——中国高净值人群品牌倾向报告》，高净值人群未来三年最想尝试的活动中房车旅游（15%）列第一，其次是冲浪（13%）、滑翔伞（11%）、帆船（10%）、骑马（9%）和徒步（9%）。[②] 根据携程发布的《2022 年国庆假期旅游总结报告》，周边户外旅行订

---

① 贺寿天、姜照君、郭可鑫：《全面建设数字化创新型广告产业体系（上）》，《中国市场监管报》2020 年 12 月 3 日。

② 张岩：《中国高端市场消费规模增长　收藏热情创历史新高　胡润研究院连续第十八年发布〈胡润至尚优品——中国高净值人群品牌倾向报告〉》，《中国对外贸易》2022 年第 2 期。

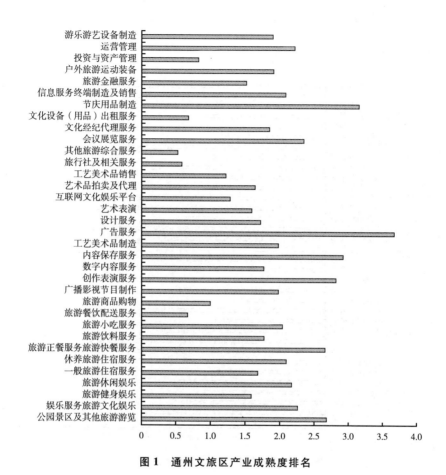

图1 通州文旅区产业成熟度排名

单量同比实现 270% 的增长，① 飞盘、皮划艇、骑行等城市新运动国庆期间同比增长 425%。最后是投资与资产管理产业，投资与资产管理属于金融行业。可依托巨大的投资资金，大力发展投资与资产管理产业，常见的文旅资产交易模式包括资本化、主辅业剥离、收并购、破产重组等。可不局限于通州文旅区，除吸引北京环球主题公园游客外，形成长续支撑的经营理念，联动环球与全国乃至全球范围的产业资源，让这些

---

① 杨明：《本地游周边游等旅游方式成主流》，《西安日报》2022 年 10 月 8 日。

空间发挥出更大的价值。而能够发挥这些连接作用的就是投资机构，尤其是产业基金类投资机构。

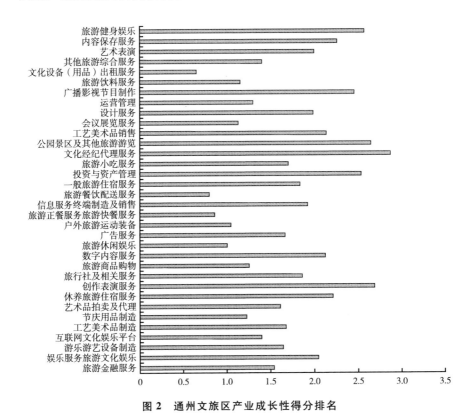

图 2　通州文旅区产业成长性得分排名

（3）产业关联度

在产业关联度排名中，文化设备（用品）出租服务、投资与资产管理、旅游金融服务、节庆用品制造、旅游餐饮配送服务、休养旅游住宿服务、其他旅游综合服务的排名均较靠前。其中，文化设备（用品）出租服务包括文体设备和用品出租，如视频设备出租服务、照相器材出租服务、娱乐设备出租服务、其他体育设备及器材出租服务。2022 年 8 月，中国人民银行、文化和旅游部联合印发《关于金融支持文化和旅游行业恢复发展的通知》，明确提出发挥多方力量、切实改善对文旅行业的金融服务。不少文旅企业具有明显的轻资产特征，其资产数据往往难以有效转化为信用数据。要充分运用金融科技的力量，探索建立文旅企业的资产及产品评估体系。[①] 在文旅产业数字资产增信标准化基础设施建设、创新文旅企业信用评估体系、数字金融与文旅产业融合发展、文旅产业统一大市场平台化等领域开展研究。

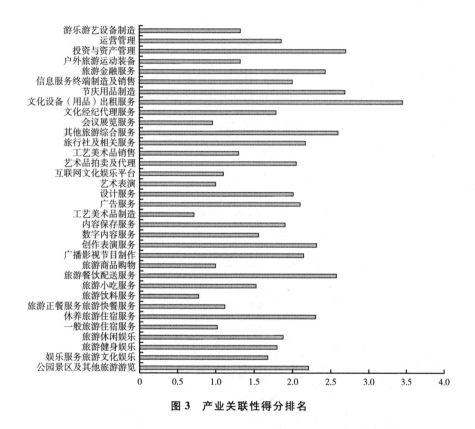

图 3　产业关联性得分排名

（4）产业匹配度

会议展览服务、工艺美术品销售、旅游小吃服务、数字内容服务、一般旅游住宿服务、广播影视节目制作、投资与资产管理为得分排名较靠前的产业。这些产业部门与文旅区的资源、能源及人才结构的匹配度

---

① 郭子源：《创新金融服务助文旅业复苏》，《经济日报》2022 年 8 月 8 日。

较高。会议展览业是新兴的服务行业，影响面广，关联度高。北京环球主题公园将会对广告会展、艺术品和文创产品拍卖交易等相关产业有一定的带动作用。美国奥兰多的会议展览产业模式成熟，其国家会展中心拥有 20 万平方米的面积，可展览面积为 100000 平方米，设有 10000 个国际标准摊位；我国国际会都 2020 年会议会展收入近 3 亿元，参考两者相关数据，预计北京环球影城会议展览业规模为 4 亿元。

动漫和游戏产业的发展离不开对 IP 的开发与转换，环球影城拥有的各大主题天然成为动漫和游戏 IP 的蓄水池。各大厂商借机积极布局 IP 改编游戏，环球主题公园也与腾讯等厂家在游戏领域谋划战略合作。环球影城将为游戏产业的 IP 提供强力补给，存量的精品 IP 将会成为 IP 生命力得以延续的关键，助力线上+线下文娱产业新格局形成。

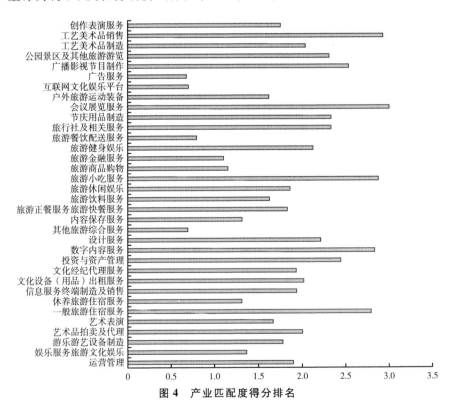

图 4　产业匹配度得分排名

（五）主导产业选择

通过数据测算及产业钻石模型的构建，可以得出通州文旅区主导产业，如图5所示。这十四大产业就是通过综合量化指标和定性指标量化而筛选出的通州文旅区主导产业。

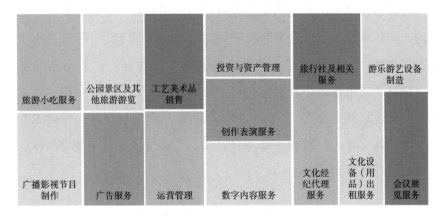

旅游小吃服务　公园景区及其他旅游游览　工艺美术品销售　投资与资产管理　旅行社及相关服务　游乐游艺设备制造　创作表演服务　广播影视节目制作　广告服务　运营管理　数字内容服务　文化经纪代理服务　文化设备（用品）出租服务　会议展览服务

图5　通州文旅区文旅主导产业选择

二　通州文旅区空间溢出效应

（一）空间相关性分析

Hsu 对旅游业发展和区域经济之间的关系进行了空间分析。[①] Liu 和 Li 分析了旅游业对中国地区经济增长的空间溢出效应，[②] 使用空间计量方法，发现旅游业对地区经济增长具有正向的空间溢出效应，并呈现出

[①] Hsu C. H.，"Tourism Development and Regional Economy：An Analysis of Spatial Correlation，" *Tourism Management*，2011，32（1）.

[②] Liu Z.，Li J.，"Spillover Effects of Tourism on Regional Economic Development in China，" *Tourism Management*，2015（46）.

明显的空间集聚特征。王钰婷、林海针对旅游业对江苏省地区经济增长的空间溢出效应进行了实证研究。研究结果表明，旅游业对江苏省地区经济增长的空间溢出效应呈现出明显的正向空间自相关性和空间集聚特征。[①] 张道婷对珠江—西江经济带旅游经济的空间溢出效应进行了研究。[②]

1. 指标选取与数据来源

旅游经济增长的影响因素错综复杂，基于柯布—道格拉斯生产函数理论，将资本投入、劳动力和科学技术作为主要指标，[③] 根据通州文旅区发展现状，选择影响文旅产业总收入的相关指标，建立空间计量模型。选取了 9 个指标，分别为人口、经济发展水平、产业结构、资本投入、劳动力、科学技术、交通条件、政府投入和环境设施。数据主要来源于通州区七普人口数据、四经普数据、《通州区统计年鉴 2021》，以及相关镇经济社会数据。

表 3 空间计量模型选取

变量	指标	计算方法	指标
被解释变量	文旅经济增长	文旅产业总收入	Y
解释变量	人口	城镇化率	X_1
	经济发展水平	GDP 总产值	X_2
	产业结构	第三产业总产值/GDP	X_3
	资本投入	第三产业固定资产投资额	X_4
	劳动力	旅游业从业人数	X_5
	科学技术	R&D 支出	X_6
	交通条件	公路、公交、地铁运行	X_7
	政府投入	一般公共预算支出	X_8
	环境设施	环境设施投入	X_9

---

① 王钰婷、林海：《旅游业对江苏省地区经济增长的空间溢出效应实证研究》，《经济地理》2018 年第 1 期。

② 张道婷：《基于空间计量模型的区域旅游经济空间溢出效应研究——以珠江—西江经济带为例》，广西师范大学硕士学位论文，2022。

③ 张道婷：《基于空间计量模型的区域旅游经济空间溢出效应研究——以珠江—西江经济带为例》，广西师范大学硕士学位论文，2022。

2. 模型解释

（1）柯布—道格拉斯生产函数

基于经济增长理论，通过构造相关经济模型来分析区域旅游经济增长的溢出效应，公式为：

$$Y = AL^\alpha K^\beta \mu \quad (A > 0, 0 < \alpha < 1, 0 < \beta < 1, \mu < 1)$$

其中，Y 代表产出，也就是生产总量；A 表示全要素生产率，是技术参数，反映生产效率；L 表示劳动力投入，即工人数量；K 表示资本投入，如设备、建筑等固定资产投入；α 表示劳动力的产出弹性，取值范围为 $0 \sim 1$；β 表示资本的产出弹性。

（2）莫兰指数

莫兰指数（Moran's I）是用于衡量空间数据的空间自相关性统计指标。它度量了一个地理区域内相邻地理单元的属性值之间的相似性或关联程度。莫兰指数的取值范围为 $-1 \sim 1$，其中，正值表示正的空间自相关性（相邻地理单元的属性值趋于相似），负值表示负的空间自相关性（相邻地理单元的属性值趋于不相似），接近于零的值表示没有显著的空间自相关性（随机分布）；一般分为全局莫兰指数和局部莫兰指数。本研究主要采用全局莫兰指数，揭示研究区域在整体上的空间相关关系，公式如下：

$$\text{Moran'I} = \frac{\sum_{i=1}^{n} \sum_{j=1}^{n} w_{ij}[(x_i - \bar{x})(x_j - \bar{x})]}{s^2 \sum_{i=1}^{n} \sum_{j=1}^{n} w_{ij}}$$

其中，n 表示研究的所有区域的数量之和，$n = 4$；w_{ij} 为两个城市之间的空间权重矩阵数值，取值 0 或 1；x_i 和 x_j 分别表示城市 i 和城市 j 的文旅产业总收入；$\bar{x}$ 表示各区域的平均值；s^2 是各区域的方差。全局莫兰指数的取值范围为 $-1 \sim 1$，当莫兰指数接近 1 时，表示空间自相关性很强，意味着相邻地理单元的属性值趋于相似，呈现出正的空间自相关性，这种情况下，空间数据呈现出明显的集聚模式；当莫兰指数接近−1时，表示负的空间自相关性，意味着相邻地理单元的属性值趋于不相似，这种情况下，空间数据呈现出离散或分散的分布模式；当莫兰指数接近 0 时，表示没有显著的空间自相关性，即空间数据分布呈现随机分布模式。

（3）空间溢出效应

经济活动的空间溢出效应是指一个地区的经济活动对邻近地区产生的正面或负面影响。这种影响可能通过多种渠道传播，如知识、技术、劳动力、资本和商品等。空间溢出效应在区域经济发展研究中具有重要意义，反映了地区间经济互动和协同发展情况，一般分为正向溢出和负向溢出。本研究主要分析北京环球主题公园的发展是否会在空间上产生溢出效应，找到能促进正向溢出效应的生产要素，为区域经济增长提供动力。

（4）空间杜宾模型

空间杜宾模型（SDM）是用于解决空间计量经济学问题的统计模型，由 James P. LeSage 和 R. Kelley Pace 提出，基于经典的线性回归模型，引入了空间相关性。空间杜宾模型可以解决空间依赖性问题，同时捕捉到解释变量之间的潜在空间效应，表达式为：

$$y = \rho W_y + X\beta + \theta WX + \varepsilon$$

其中，y 是因变量，一个 $n \times 1$ 维的向量；ρ 表示空间滞后系数，衡量空间依赖关系的强度；W 代表 $n \times n$ 维的空间权重矩阵，描述了观测值之间的空间关系；W_y 是空间滞后因变量，表示空间权重矩阵 W 与因变量 y 的乘积；X 为解释变量矩阵；β 表示解释变量的系数向量；WX 为空间滞后解释变量，表示空间权重矩阵 W 与解释变量 X 的乘积；θ 表示空间滞后解释变量的系数向量；ε 为误差项，$n \times 1$ 维。

3.数据处理

空间杜宾模型（SDM）：

$$\ln Y_{it} = \rho \sum W_{ij}\ln Y_{it} + \alpha_0 + \beta_1\ln X_{1it} + \beta_2\ln X_{2it} + \beta_3\ln X_{3it} + \beta_4\ln X_{4it} + \beta_5\ln X_{5it}$$
$$+ \beta_6\ln X_{6it} + \beta_7\ln X_{7it} + \beta_8\ln X_{8it} + \beta_9\ln X_{9it} + \theta_1 \sum W_{ij}\ln X_{1it} + \theta_2 \sum W_{ij}\ln X_{2it}$$
$$+ \theta_3 \sum W_{ij}\ln X_{3it} + \theta_4 \sum W_{ij}\ln X_{4it} + \theta_5 \sum W_{ij}\ln X_{5it} + \theta_6 \sum W_{ij}\ln X_{6it}$$
$$+ \theta_7 \sum W_{ij}\ln X_{7it} + \theta_8 \sum W_{ij}\ln X_{8it} + \theta_9 \sum W_{ij}\ln X_{9it}$$

其中，α_0为常数项，ρ 表示空间滞后系数，W_{ij}表示空间权重矩阵，β表示回归系数，θ表示来自其他地区自变量影响的系数。i，j = 1，2，3，…，n；t = 1，2，3，…，T。

在空间计量中，所有的分析和检验的前提是建立一个正确的空间权重矩阵，本研究构建了地理空间邻近权重矩阵。

表 4　通州文旅区空间权重矩阵

区域	北京环球主题公园	张家湾镇	台湖镇	宋庄镇
北京环球主题公园	0	1	1	1
张家湾镇	1	0	0	1
台湖镇	0	0	0	0
宋庄镇	1	1	1	0

通过对通州文旅区文旅产业总收入进行全局莫兰指数检验，探究各区域之间是否存在空间相关性。标准化后检验结果如表 5 可知，通州文旅区文旅产业收入存在显著的空间相关性，2016~2020 年全局莫兰指数都为正值，在 5% 的显著性水平下通过了检验，再基于 2020 年的经济数据测算局部莫兰指数。

表 5　2016~2020 年通州文旅区文旅产业总收入莫兰指数值

年份	I	E(I)	sd(I)	z	p-value
2016	0.056	−0.1	0.322	1.748	0.036
2017	0.118	−0.1	0.294	1.620	0.051
2018	0.137	−0.1	0.158	1.412	0.072
2019	0.155	−0.1	0.117	1.210	0.051
2020	0.175	−0.1	0.109	0.119	0.031

（二）空间溢出效应分析

本研究使用 Stata 软件建立空间固定效应下的空间杜宾模型，对文旅区的空间溢出效应进行研究。从结果可以看出，除劳动力 $\ln x_5$ 外，所有的回归系数在 5% 的显著性水平下均为正。经济发展水平 $\ln x_2$ 的回归系数为 0.437，说明区域经济发展水平对文化旅游产业发展有促进作用；产业结构 $\ln x_3$ 回归系数为 0.776，说明进一步优化产业结构有利于促进区域文化旅游业发展；资本投入 $\ln x_4$ 回归系数为 0.033，说明增加第三产业投资额能有效促进区域文化旅游发展；劳动力 $\ln x_5$ 没有通过显著性检验；科学技术 $\ln x_6$ 回归系数为 0.370，说明随着区域科技创新水平提高，文化旅游收入也会不断上升；交通条件 $\ln x_7$ 回归系数为 0.018，说明区域内公共交通条件的改善，能显著提升文化旅游发展水平；政府投入 $\ln x_8$ 的回归系数为 0.187，表明政府加大公共预算支出的重要作用；环境设施 $\ln x_9$ 的回归系数为 0.011，说明加大环境设施投入、改善城区面貌有利于文化旅游产业发展。

表 6　空间固定效应下的空间杜宾模型分析结果

lny	Coef.	P>z	lny	Coef.	P>z
Main			Wx		
$\ln x_1$	0.054	0.516	$\ln x_1$	−0.321	0.079
$\ln x_2$	0.437	0.000	$\ln x_2$	0.001	0.064
$\ln x_3$	0.776	0.000	$\ln x_3$	−0.057	0.023
$\ln x_4$	0.033	0.313	$\ln x_4$	0.288	0.015
$\ln x_5$	−0.825	0.620	$\ln x_5$	−0.847	0.011
$\ln x_6$	0.370	0.000	$\ln x_6$	1.263	0.075
$\ln x_7$	0.018	0.560	$\ln x_7$	0.425	0.021
$\ln x_8$	0.187	0.887	$\ln x_8$	0.115	0.788
$\ln x_9$	0.011	0.257	$\ln x_9$	1.244	0.255
Spatial			Variance		
rho	0.137	0.171	sigma2 e	0.004	0.000
AIC	ll(null)	ll(null)	df	AIC	BIC
N = 99		113.65	23	−177.36	−112.887

（三）主要结论

通州文旅区和北京环球主题公园的旅游产品可以互相配合，提供更加多元化的旅游体验。通州文旅区以水利文化、生态环保、康养旅游等为主题，北京环球主题公园则以环球影视 IP 为主题，两个区域可以通过打造主题旅游路线和旅游套餐等方式，提供更加丰富和多样化的旅游产品，提升游客的留存率和消费水平。通州文旅区具有深厚的历史和文化底蕴，而北京环球主题公园则以影视 IP 为主题，两者可以通过共同开展文化交流、艺术展览和创新合作等方式，促进文化和创意产业的融合发展，为两个区域的经济发展创造更大的动力。·

充分发挥北京副中心文化功能区的示范引领作用，推动文化产业发展。从各个片区具体定位来看，围绕北京环球主题公园及度假区，发展文化交流和旅游休闲产业；围绕宋庄文化创意产业集聚区，培育以当代原创艺术为核心的文化创意产业；[①] 围绕台湖演艺小镇，发展创意创作、艺术推广、展演交流等文化创意产业。[②] 各个片区旨在形成差异化特色发展优势。整体而言，北京环球主题公园及度假区溢出的人流，可以为临近的台湖演艺小镇发展夜间演艺经济和民宿等产业导流，演艺小镇可以为北京环球主题公园提供重要的文化和旅游配套服务。演艺小镇以国家大剧院舞美基地为核心，将与环球主题公园形成文化互动，国家大剧院的经典大剧目可以在北京环球主题公园演出推介，北京环球主题公园的演出也可以在舞美基地上演。

张家湾文化休闲（设计）小镇可以依托北京环球主题公园发展基于相关衍生 IP 的设计产业。位于北部的宋庄文化创意产业集聚区同样可以利用北京环球主题公园及度假区溢出的人流发展当代原创艺术。北京环球主题公园与周边各具特色的产业也可形成有效互动，推动潞城生

---

① 《北京城市副中心控制性详细规划（街区层面）（2016 年—2035 年）》，2019 年 1 月 4 日。
② 《北京城市副中心控制性详细规划（街区层面）（2016 年—2035 年）》，2019 年 1 月 4 日。

态智慧小城镇、马驹桥科技服务小城镇、西集生态休闲小城镇、漷县文化健康小城镇、于家务科技农业小城镇及永乐店新市镇吸纳溢出的产业机会和部分就业人口。

三 具体建议

加速推动开展民宿"联盟式"经营，形成"一地一特色"的布局。尽快制定北京市通州区乡村民宿产业发展支持政策，并在北京环球影城附近统筹规划民宿产业发展，从分散发展转为百花竞放，以此形成民宿产业集群带动乡村经济。

积极推进运河经济发展，创新运河旅游产品。在观光游方面，开发"水—陆"全方位旅游项目，挖掘大运河旅游资源。在运河两岸打造主题餐厅、购物等文旅消费场景，让游客在欣赏运河美景的同时，增加旅游消费。推出大运河沉浸式表演项目，挖掘运河历史、故事和传说，结合运河航道实景，运用元宇宙等现代科技手段以及 VR、AR、5G 等技术，开展常态化沉浸式表演，重现昔日辉煌，带领游客穿越时空，领略运河的人文魅力①。

激发全域旅游活力，创建"一镇一街"网红打卡地。根据三小镇的功能定位和特点，围绕各自地标建筑打造热门打卡街。借助台湖镇的台湖演艺艺术周、宋庄镇的宋庄文化艺术节、张家湾镇的北京国际设计周等品牌活动，抓住"金九银十"的旅游高峰期，举办副中心文化旅游节。

参考文献

陈施君：《数"说"环球红利》，《北京城市副中心报》2022 年 11 月 17 日。

① 关一文：《文旅之盛》，《北京城市副中心报》2023 年 2 月 24 日。

乔标、刘雅岚、侯兰功：《面向主导产业选择的四要素钻石模型及其应用研究》，《特区经济》2022年第6期。

刘雅岚：《主导产业选择及其在城市规划中的应用》，西南科技大学博士学位论文，2021。

祝翠悦：《供给侧结构性改革背景下区域健康服务业协同发展评价研究》，天津中医药大学博士学位论文，2021。

张道婷：《基于空间计量模型的区域旅游经济空间溢出效应研究——以珠江—西江经济带为例》，广西师范大学硕士学位论文，2022。

关一文：《文旅之盛》，《北京城市副中心报》2023年2月24日。

新首钢地区演艺新业态发展对策研究

田　蕾[*]

摘　要： 充分发挥冬奥遗产和工业文化遗产资源优势，推动新首钢地区演艺新业态布局，是擦亮新首钢文化名片、实践探索"大戏看北京"演艺新空间、加快文旅资源融合推动区域振兴的重要举措。当前新首钢地区的流量经济方兴未艾，数字娱乐生态不断完善，科幻产业赋能文化创新，为布局演艺新业态奠定了良好的基础。把握站位"高"度，突出示范引领，高起点谋划和高标准建设演艺项目。提升文化"浓"度，把握"求新求变"要求，建设演艺新空间；夯实"厚"度，做好"形神兼备"大文章，传承工业文化遗产与冬奥文化遗产；提振消费"热"度，加强业态互补，统筹带动京西文旅资源开发。

关键词： 新首钢地区　演艺新业态　文化

工业文化遗产和奥运遗产是新首钢地区的核心文化资源。高标准保护利用文化遗产，充分发挥资源优势和场景优势，加快布局新首钢地区文化业态，推动重点文化项目落地，用文艺擦亮新首钢地区的文化底色，助力文化复兴地标建设。本文阐释了新首钢地区引入演艺新业态的

---

* 田蕾，博士，北京市社会科学院市情研究所助理研究员，北京世界城市研究基地专职研究员。

重要意义，研判国内外相关文化市场发展形势、行业特征，指出新首钢地区具有的优势与存在的不足，从而提出有针对性的建议。

一 新首钢地区发展演艺新业态的重要意义

随着社会环境的变化和演出院团的创新发展，沉浸式演艺异军突起，演艺空间不断拓展。商业综合体内沉浸式/环境式剧场、LiveHouse 演艺音乐空间、商圈展演一体多功能空间、文创园区、文化场馆、户外演艺新空间、酒吧、咖啡厅等场所，成为适合举行特色演艺活动的公共文化空间，是在演艺发展过程中出现的新业态，其"新"之处，主要体现在：一是形式上打破了传统观演模式中的"第四堵墙"，从常规的视听观演转变为全身心体验观演，更注重游戏性、体验性、互动性、参与性；二是空间上突破了传统镜框式演出舞台，与博物馆、酒吧、餐厅及各类新型文化空间融合，创新艺术表达与体验形式，呈现娱乐化、集聚化发展态势；三是功能上摆脱了单一文化服务，更广泛地与旅游、展览、科技、商业等领域融合，衍生出了旅游演艺、剧本杀、数字演艺等一系列形式多样的新属性，拓展了文化消费边界。

（一）有助于擦亮新首钢文化名片

引入演艺新业态，不仅有助于补齐文化业态短板、强化文商旅融合发展，还有助于发挥客流量优势，彰显文化独特价值，增强文化吸引力和辐射力，加快文化复兴地标建设。目前新首钢地区初步形成了"体育+""科技+"两大板块协同发展的产业格局，但在文化业态布局方面才刚刚起步。紧紧围绕首钢工业文化、冬奥文化、冰雪文化资源优势，发展演艺新业态，布局文化新场景，打造地标性文化活动品牌，不仅是带动区域夜间经济和文旅产业蓬勃发展的重要抓手，也是打响新首钢文化新名片的必经之路。

（二）有助于实践探索"大戏看北京"演艺新空间

发展演艺新业态，拓展演艺新空间，有助于引领沉浸式、环境式、游乐式演艺发展新潮流，释放剧场溢出效应，有助于加速推进新首钢地区活力复兴。当前北京打造"大戏看北京"文化名片，富有城市文化特色的演艺新空间、特色文化空间不断涌现，沉浸式、互动式、游乐式等演艺新业态不断出现。自 2019 年上海演出行业协会正式出台首个"演艺新空间营运标准"以来，到 2021 年底，经认定的各具特色的演艺新空间达到 100 个。其中 50 个活跃度较高的演艺新空间演出场次占总场次的 64%，[①] 已经成为上海演出市场的重要组成部分。作为文化旅游新地标的新首钢地区，引入演艺新业态，打造一批文化演艺与商业、旅游深度融合的特色演艺新空间，是推进新首钢地区活力复兴的应有之义。

（三）有助于加快文旅资源融合推动区域振兴

新首钢地区是带动京西产业转型示范、引领京西地区高质量发展的重点区域。京西地区人文资源丰富，工业遗存、古村古道、门头沟小院等资源和品牌优势突出。现有京西工业遗存、古道古村、门头沟小院等资源市场化开发不足，通达性较差，尚未形成品牌优势，跨区域资源联动较少，难以满足市民高品质文化旅游休闲需求。引入演艺新业态，有助于发挥客流量优势，丰富拓展文旅消费规模，带动文旅资源特色化、精品化整合，有助于推动京西文旅资源整合，实现特色化精品化发展，提升京西文旅服务品质。

---

① 刘春萍：《文化消费能级再提升——上海演艺新空间发展趋势研究》，《艺术管理》2022年第 1 期。

二 新首钢布局演艺新业态的产业基础

（一）已有业态布局现状

新首钢地区充分利用工业文化遗存资源禀赋和冬奥场馆空间，围绕"体育+""科技+"构建相关产业发展生态，科幻、AR/VR等特色产业方兴未艾，服贸会、科幻大会等重大节庆会展、首发/首秀活动逐步显现集聚效应，沉浸式文商旅融合发展业态正在加速孕育。从整体上看，现有文化业态偏少，偏重数字文化娱乐等"硬科技"场景，缺少彰显文化底蕴的文化艺术"样式"。演艺新业态作为城市夜间经济的重要成长点，拥有丰富的内容、创新的样式表达、复合的功能和文化融合等优势，必将成为城市文化的一张"名片"。

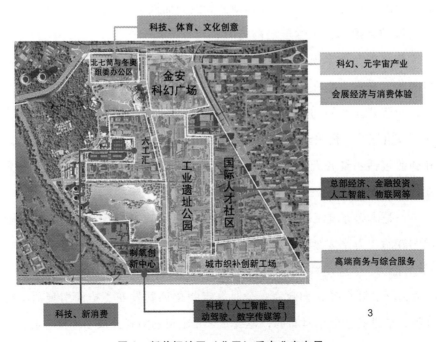

图1　新首钢地区（北区）重点业态布局

（二）布局演艺新业态的主要优势

1. 流量经济奠定良好发展基础

演艺新空间具有"第三地"和"城市客厅"场所的典型特征，通常设在客流密集的核心区域，以满足人们多元化休闲娱乐需求。凭借工业文化遗产的天然优势，在北京冬奥会、服贸会等重大活动的牵引下，新首钢区域的知名度不断提升，成为集工业文化、旅游娱乐于一体的工业旅游"打卡地"。2022 年，首钢园举办各类首发/首秀活动 40 余场。2022 年入园客流较 2021 年提升约 7 倍。2023 年春节总入园人流量达 20.6 万人次，总销售额超 800 万元，日均客流量达到 3 万人次，远远高于平日 6000~8000 人次的客流量，具有较强的假日经济特点。游客消费需求旺盛，消费生态更加完备。2022 年被列入十大"夜京城"特色消费地标之一。目前，首钢园已形成包括餐饮、酒店、零售、展览、体验等多元场景在内的特色消费生态，为布局演艺新空间提供了良好的消费生态环境。

2. 数字娱乐生态逐步培育成形

新首钢在数字娱乐消费方面具有良好的发展基础。随着一批重点项目的落地和重点企业的入驻，新首钢被贴上"时尚潮""科技核"的标签，为演艺新空间的布局营造出更加年轻化、现代化的形象，有助于注入"文化芯"。相关业态包括展示体验、VR 电竞、全息酒吧等，已入驻企业包括当红齐天、瞰瞰科技、西克摩迩、全景声科技等，分布在金安科幻广场附近。

一是由尚亦城集团牵头，联合格灵深瞳等知名科技企业，在服贸会 10 号馆近 1 万平方米的展区内搭建元宇宙场景。全方位展示"底层技术""共性能力""应用系统""场景建设"四层元宇宙完整技术体系，围绕重大活动展开合作，如政府、企业等定制化创新发布、招商引资活动推介等，推进商业化运营布局，建设北京元宇宙前沿科技展示体验中心。

二是由当红齐天打造的位于首钢园 1 号高炉的"SoReal 超体空

间"，不仅是华北最大虚拟现实体验中心，也是一个将 VR/AR 技术和工业文化遗存结合的国际文化科技乐园，项目包含虚拟现实博物馆、沉浸式剧场、VR 电竞、智能体育、奥运项目体验中心、未来光影互动餐厅及全息酒吧等新业态，提供沉浸体验潮流科幻产品。

三是以数字艺术展为特色的瞭仓。6 个数字光影展厅里 300 台高清投影机和动捕设备、设施让游客在工业文化遗存中沉浸式体验数字光影文化的魅力，成为首钢园的"网红打卡地"。

3.科幻产业加速催化演艺创新

新首钢作为北京市科幻产业集聚区和中国科幻大会的举办地，积极发挥中关村科幻创新中心的平台作用，围绕科幻内容创作、科幻技术研发、科幻场景搭建、科幻 IP 转化等领域，用好"科幻 16 条"。优质的科幻产业 IP，不仅可以丰富内容供给，还有助于促进演艺业态内容创新和表演创新，为演艺新空间赋予更多的想象。

（三）主要难点

1.演艺新空间体系的分工与合作尚不清晰

对于新首钢地区而言，引入演艺新空间新业态，一方面需要参与演艺空间合作，在联盟合作与空间分工中探寻特色定位。目前北京演出市场中，话剧、脱口秀、音乐剧、儿童剧、音乐会、戏曲为热门主流门类，演艺空间多分布在西城、东城、朝阳、海淀区和城市副中心国家大剧院舞美基地。大剧场"文化动脉"与专业小剧场、Livehouse、驻场沉浸演艺等演艺新空间这些"毛细血管"之间尚未形成明确的分工与合作。反观伦敦西区与百老汇的戏剧产业，在空间布局上都呈现"中心—外围"层级梯度结构，核心集聚区周边圈层的"外百老汇""外西区"也被称为"边缘剧院"，上演剧目通常具有实验性质，承担着市场试验田的作用。这种演艺空间体系的分工还体现在是否受政府资助、是否是商业性剧院、是否承担社会教育功能。

　　另一方面要补齐文化生态短板，统筹周边文化人才、机构、院团等资源，理顺市场逻辑，形成文化生产合力。首都核心区的区位优势显著，文化资源富足，利用老城闲置房屋、疏解腾退的老旧厂房，"腾笼换鸟"，引入空间占用少、附加值高、成长性好的文化企业，如77文创园吸引戏剧影视、文化科技类公司入驻，不同业态之间相互滋养，形成繁荣戏剧产业的合力。对新首钢地区而言，演艺新空间要形成长期的内容生产能力，将产业链向上延伸，面临一定的难度。

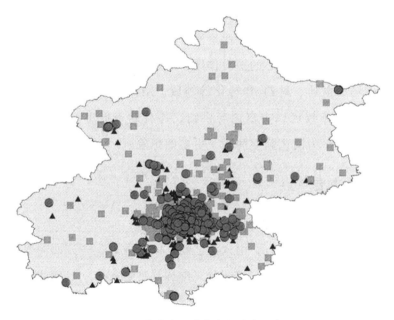

图2　北京主要演艺空间分布示意

注：圆形代表剧场，方形代表展览空间，三角形代表电影院。

2.高品质旅游演艺供给不足

旅游演艺①是北京演出市场的重要组成部分。2019年北京旅游演出

----

① 旅游演艺是指在旅游景区及相关空间内，以室内场景、室外自然或模拟的山水景观为演出场所，为游客提供的具有一定观赏性和娱乐性的各类演艺产品，主要包括旅游景区实景演出、旅游驻场演出及主题公园演出三大类。本文聚焦旅游驻场演出。

场次 8391 场，占总演出场次的 36.8%，观演人数 304.7 万人次，占总观众数量的 29.3%，而票房收入仅为 2.26 亿元，占总票房收入的 13%。演出内容包含京剧、杂技、武术、歌舞、曲艺和老北京风情等。北京梨园剧场、长安大戏院等戏曲品牌，中国杂技团、朝阳剧场等杂技品牌，德云社、老舍茶馆等曲艺品牌，什刹海剧场、红剧场等中国功夫品牌的票房吸引力不断上升。尤其是《旅游法》实施以来，来京团体游客数量下降，以团队为主的旅游演出市场受到较大冲击，演出场次不断减少，杂技、相声等市场大幅下滑。

　　与上海、西安乃至国外的伦敦、纽约等地区相比，北京旅游演艺还停留在以量取胜的粗放式发展阶段，并未形成彰显首都文化底蕴的特色化竞争优势。沉浸式旅游演艺品牌有限，尚未形成体现北京地域特色的旅游演艺品牌，文化内涵丰富、艺术水平精湛、社会效益和经济效益较好的旅游演艺项目较少。不论是国内原创的山西《又见平遥》、湖北《知音号》、四川《今时今日安仁》，还是从国外引进的上海《不眠之夜》《时光之旅 2》《秘密影院：007 大战皇家赌场》，这些沉浸式戏剧演出都已成为当地的标志性旅游演艺品牌，影响力辐射全国。北京旅游演艺正处于从粗放式发展向高质量发展的转型阶段，旅游散客比重逐步提高，观众需求向互动沉浸体验转变，演艺项目品质呈现特色化、精品化特点。

表 1　北京演出市场情况

项目	2015 年	2016 年	2017 年	2018 年	2019 年	2020 年	2021 年
演出总场次（场）	24238	24440	24557	24684	22823	6984	20597
观众数量（万人次）	1035.6	1071.4	1075.8	1120.2	1040	185.1	513.5
演出总票房（亿元）	15.47	17.13	17.17	17.76	17.44	2.8	7.83
营业性演出场所数（家）	135	139	140	—	—	—	182
旅游演出场次（场）	10438 (43.1)	11089 (45.4)	9325 (38.0)	9651 (39.1)	8391 (36.8)	—	—

项目	2015 年	2016 年	2017 年	2018 年	2019 年	2020 年	2021 年
旅游演出观众数量（万人次）	288.8（27.9）	309（28.8）	298（27.7）	328.7（29.3）	304.7（29.3）	—	—
旅游演出票房(亿元)	1.72（11.1）	2.02（11.8）	2.0（11.6）	—	2.26（13.0）	—	—

注：括号内为该指标占比，单位为%。

3. 数字演艺与融合创新发展诉求考验演艺新空间运营能力

演艺新空间尚未形成成熟的运营模式，通常是依托传统院团孵化的优质演艺剧目 IP，在政府引导资助、场地补贴等支持下，通过小规模低成本制作进一步提升盈利能力。但从长期来看，数字演艺的兴起和多艺术门类融合创新发展，要求稳定的投入、高审美能力和强大的文化融合创新本领，需要资本、剧场、院团、人才等多方努力，基于演艺新空间不断提升文化生产能力，增强自我造血能力，逐步实现市场化运营。

随着时代审美的变化，传统艺术的创新力、表达力、感染力备受考验，正告别单纯的技艺绝活，从"秀"向"剧"转变，突出故事主线，呈现出强叙事、强抒情、强逻辑的特点。顺应文化内涵与审美情趣的要求，演出市场开始强化"技"与"艺"跨界融合性，通过吸收与融合其他艺术门类，将传统艺术表演融入当下潮流前沿的舞美科技、视觉艺术，将舞蹈、太极、极限运动、戏剧表演融会贯通，将传统文化之美与现代时尚之美合二为一。这就要求引入的演艺新业态具有较为综合的艺术功底、较高的艺术审美价值和文化融合创新能力。

此外，数字科技应用场景更加丰富，加速向智慧演艺转型。数字技术的发展正在深刻地改变着文艺演出的创作、表演、传播，以及消费的形态、过程与方式等。把握数字技术应用潮流，与时俱进、精心打磨音乐、灯光、舞美、服饰、道具等每一个环节。以新场景、新技术驱动表演形式创新，吸收与融合其他艺术门类，加快向智慧演艺发展转型与跨界融合，将是演艺新业态的主要发展方向。

例如，2021 年在上海马戏城首演的上海驻演杂技项目《时空之旅2》，一经推出，便延续了《时空之旅》的成功，获得旅游演艺观众的认可与好评，在"技""艺"融合方面，将海派杂技表演融入当下潮流前沿的舞美科技、视觉艺术，将舞蹈、太极、极限运动、戏剧表演"编织"进杂技的艺术语汇，在数字科技应用方面，原创音乐、现场演奏、电子投影、数字舞台、超大水幕、巨型镜墙等多种艺术媒介交相辉映，为观众带来沉浸式娱乐体验。

三　主要建议

充分发挥冬奥遗产和工业文化遗产资源优势，推动新首钢地区演艺新业态布局，加快重大项目落地实施，从以下几个方面予以统筹把握。

（一）把握站位"高"度，突出示范引领高起点谋划和高标准建设演艺项目

新首钢地区是城市交往与文化展示的重要窗口，演艺空间具有"第三地"和"城市客厅"场所的典型特征，演艺业态发展具有较强的区域放大效应。为此，在重大演艺项目实施过程中，尤其要坚持高起点谋划和高标准建设，着重突出"三个示范引领"，即在社会效益与经济效益上示范引领，在国内演艺产业高质量发展上示范引领，在京西文旅生态圈上示范引领。坚持高点定位，坚持高质量发展，牢牢把握示范引领要求，以工业文化遗产和奥运遗产的保护为前提，统筹资源要素配置，完善特色化政策体系，着力推动开发建设，培育特色鲜明的文化品牌，夯实文化底蕴，建设新时代首都城市复兴新地标。

（二）提升文化"浓"度，把握"求新求变"要求建设演艺新空间

立足工业文化遗产资源优势和冬奥文化优势，准确把握高质量发展要求，加快演艺新空间建设，培育品牌剧目，打造沉浸式演艺新业态、一站式体验文旅消费新场景，打造行业标杆性项目。

一是突破传统剧场空间载体局限，探索打造可融合戏剧、文化、消费、社交等多种形式的复合型演艺新空间。多元灵活的演艺空间，不仅符合当下的艺术发展潮流，也有助于挖掘不同类型项目的更新潜力，对戏剧、脱口秀、杂技等演艺内容更具空间包容力。

二是引入综合影响力较大的精品演艺资源，以"技""艺"跨界融合引领艺术样式创新和智慧演艺升级。精品演艺项目应不仅体现本土文化、国潮元素、国际先进技术、数字媒介等的融合，还将成为新首钢地区的一张文化名片。

三是探索IP舞台、影视、网综之间的互联深度开发，与旅游、展览、科技、商业等领域相结合，拉动文化消费升级，如沉浸式夜游项目开发。新首钢已挂牌北京市电子竞技产业品牌中心、北京市游戏创新体验区，在运用5G直播和动捕技术实现异地联动直播虚拟偶像演出等方面有率先探索优势，探索VR游戏电影、电影杀、全景视频游戏（FMV）、剧情向现实交互类游戏（ARG）等新业态、新模式，打造具有区域特色的科幻元宇宙应用场景。

（三）夯实"厚"度，做好"形神兼备"大文章，传承工业文化与冬奥文化遗产

新首钢文化地标，作为一种独特的景观，不仅吸引国内外游客，还能对文化创意、文化旅游产生催化作用，重新塑造该地区乃至京西地区的城市文化生态。新首钢地区具有奥运基因和竞技血统，形象地标特点

鲜明，要体现演艺界的艺术引领性和技术示范性，体现艺术性、故事性、观赏性的统一，反映人类战胜自我的本能，体现出永远不服输、永远寻找自己的突破点的艺术内核。建议将工业文化、冬奥文化等基因注入现代演艺理念和运营，打造彰显城市品格、时代气息和国际气质的文化项目。深入挖掘新首钢深厚工业文化资源和冬奥品牌优势，打造有地域特色、承载工业记忆的演艺品牌，折射出新首钢地区的品质、活力和人文魅力。

（四）提振消费"热"度，加强业态互补统筹带动京西文旅资源开发

演艺新空间与周边商业氛围、配套服务、城市环境等因素息息相关。充分发挥演艺新空间的溢出效应，有效拓展周边空间功能，依托餐饮、购物、住宿、网络直播、知识分享等模式，放大票房对其他消费业态的拉动作用。例如，上海马戏城周边配套完善，大宁商圈是深受市民喜爱的市级商圈，不仅有很多品牌首店/首秀活动，而且音乐、运动、潮玩、文创活动等休闲娱乐体验氛围也很浓厚。以沉浸式戏剧《永不消逝的电波》为例，周边地区酒店、餐饮、休闲娱乐等业态兴起，周边地块商业价值连翻3倍。如果是面向外地跟团游的演艺剧目，项目对周边业态的带动力相对较弱，但跨区域精品线路带来的辐射效应较显著。

此外，提升演艺新空间的客流辐射力和影响力，加强周边文旅资源合作，带动跨区域"吃、住、行、游、购、娱"相关业态发展。例如，演艺空间可以与周边酒店合作，与相邻特色文旅景点合作开发精品线路，以文旅套票的形式打包出售，进一步激活本地及周边旅游消费市场。与科技场景、商业娱乐、运动休闲、康养旅游等业态融合，发挥流量优势，带动工业遗存活化利用，推进"一线四矿"特色化、精品化、主题化旅游线路开发，发展高品质的文旅品牌，提升京西文旅服务品质。

参考文献

李凤亮、杨辉：《文化科技融合背景下新型旅游业态的新发展》，《同济大学学报》（社会科学版）2021 年第 32 期。

刘春萍：《文化消费能级再提升——上海演艺新空间发展趋势研究》，《艺术管理》2022 年第 1 期。

汪明峰、刘婷婷：《全球城市综合商业街区的空间优化——以纽约第五大道为例》，《全球城市研究》2020 年第 1 期。

徐磊：《北京戏剧演出市场现状及发展趋势》，《人文天下》2020 年第 19 期。

徐清泉、张昱：《上海建设"亚洲演艺之都"的现状、问题及对策建议》，《上海城市管理》2020 年第 1 期。

张余：《上海演艺新业态——驻演与戏剧专卖店的兴起》，《上海艺术评论》2022 年第 5 期。

张余：《为打造亚洲演艺之都筑底——都市新演艺空间的发展趋向》，《上海艺术评论》2018 年第 6 期。

北京工业文化遗产传承的问题与治理研究

任　超[*]

摘　要： 北京工业文化遗产作为首都文化的重要内容，与首都传统历史文脉相承，体现了民族特性与文化自信，是首都全国文化中心建设的重要内容。目前，北京工业文化遗产传承方面还存在场域消失、工业文化遗产中的"红色基因"挖掘不足、工业文化遗产的"系统性"保护滞后等问题，主要原因是：受城市经济发展的影响较大；大众对遗产价值认知缺失，包括对历史记忆价值、文化载体等的认知不足；缺少政策支持。为此，应坚持"空间融合、文脉融合、功能融合"的原则，通过深度展现工业文化遗产的精神内核和采取全面灵活的日常化传播手段建立发掘机制、改造机制与宣传机制。

关键词： 工业文化遗产　北京　首都文化

北京作为全国文化中心，其产业向绿色、发展、包容、共享的高精尖转型已经成为未来发展的必然方向。对于北京而言，一个城市无论怎么发展都离不开独特的文化精神与价值内核，这也是作为国际化都市的特有标志。工业文化遗产作为北京文化的重要组成部分，是首都文化脉

---

　* 任超，博士，北京市社会科学院市情研究所助理研究员，主要研究方向为城乡文化。

络的重要内容之一，反映了我国的民族独立与奋发自强的精神，蕴藏着独立的民族意识与红色基因。工业文化遗产的有效保护与传承，对于凸显北京文化特色、打造国际化都市、建设全国文化中心有着极强的作用与意义。近年来北京经济快速发展，原有工业文化遗产空间对经济发展的让渡，使首都工业文化遗产保护与传承存在问题。

一 北京工业文化遗产传承的主要问题

（一）工业文化遗产的传承场域正在消失

目前，许多具有重要意义的工业文化遗产被列入国家文化遗产范畴，但更多具有价值的工厂遗址与遗迹因商业需求而被拆迁或改造，原有"场所精神"正在消失。所谓场所精神，是指人在与建筑环境的互动中，所形成的精神认知与文化认同。通过场所精神，其内在精神价值可以被传递。人们可以通过这种场域来了解和认识曾经的时代与历史，它以一种价值语言的方式呈现给后人，并把这种精神沉淀在中华民族的精神谱系之中。而北京工业文化遗产更是一种精神载体。这表现为自新中国成立后的工业文化遗址，常常以一个工厂单位结构作为城市人民的基本生活单元，城市人民在这个单元内进行生产、生活和消费，其生活方式与行为意识被单位所形塑，其情感、基本诉求与心理安全感被它所满足，同时这些精神气质又往往与社会生活联系在一起，反映了当时社会风气与群众品格意识，进而形成"场所—个人"的互动关系，因此，工业文化遗产不仅是物质实体，更是一种个人情感与行为的"载体"。

北京光学仪器厂是1958年为献礼新中国成立10周年而成立的中国最早光学制造厂之一，制造了中国第一台光学经纬仪、第一台热分析仪，一直秉承着"敢担当、敢创新、敢为天下先"的精神气质。随着城市发展与时代发展，原有光学仪器厂成为工业遗存，原有的"空间场域"不再与原有工人生活息息相关，其遗产的内在功能与价值消退，所蕴含的情感依托、记忆与集体凝聚力消解。"现在厂子和那时的可不一样，那时大家都把这里当家来看待，大家都在为这个家勤勤恳恳"。①除此之外，北京卫星制造厂、北京491电台、北京焦化厂等遗产在保护过程中都面临着如此困境。显然，随着时代变迁，原有工业文化遗产的物质实体发生变化，其传承的场域与人之间的关系也在演变，"场域—人"的互动减弱。

（二）工业文化遗产中的红色精神正在消解

文化中心功能作为北京的重要功能之一，必须发挥文化先导与文化传播的重要作用。红色精神作为北京工业文化遗产的内核，在注重传统文化传播和保护的同时，更应加强对带有"红色基因"文化的保护和宣传，尤其对工业文化遗产中的"红色基因"更应引起格外重视。但目前，工业文化遗产中红色精神的挖掘和保护还存在一定问题，主要表现在以下几个方面。

第一，对"红色文化"认识不到位。一直以来，在探讨红色文化时，往往聚焦新民主主义革命时期和抗日战争时期，却忽视社会主义建设时期这段红色历史。而马克思主义研究学者认为，红色文化应是一个随着时代发展，为满足人民需求而与时俱进的文化。它是以中国共产党为领导带领全国人民共同形成的文化。因此，红色文化不仅要包括新民主主义革命时期和抗日战争时期还要包括社会主义建设时期和改革开放时期等。② 在社会主义建设时期，除了第一个五年计划的工业文化遗产具有红色文化基因外，之后很多工业文化遗产仍具有红色文化基因，但这段时期的工业文化遗产，由于人们认识不到位，其文化价值往往被低估，这类遗迹也常被忽视，如北京光学仪器厂、北京拖拉机厂等。第

---

① 李友利，男，北京房山人，原北京光学仪器厂职工，2019年访谈对象。
② 沈成飞、连文妹：《论红色文化的内涵、特征及其当代价值》，《教学与研究》2018年第1期。

二，对具有"红色基因"的工业文化遗产的精神内涵挖掘不够。对社会主义建设时期的具有红色基因的工业文化遗产认识不足，尽管许多遗产的物理空间被改造利用，但"红色基因"没有展现出来，承载的物理空间失去了存在的意义。根据《北京市老旧厂房改造再利用台账》，"北京全市各区共梳理出老旧厂房资源 774 处，占地 3227 万平方米，许多老旧厂房等已经完成升级改造"①，如 751、北京音乐产业园、龙徽 1910 文化创意产业园等。尽管这些工业文化遗产得到升级改造，转化为文创空间，但其内在的红色精神并没有被挖掘。总之，对工业文化遗产中红色精神认识不到位与挖掘不充足，使得北京工业文化遗产的内核正在消解。

（三）工业文化遗产的保护体系缺失

随着北京城市空间的拓展，许多工业遗存被改造为商业空间和生活空间，就算被认定为具有一定价值的工业文化遗产也面临着"片段式"和"散点式"的保护问题。这些遗产无序的叠聚于城市空间之中，造成整个首都文化空间的混乱与模糊。从"空间"的保护形式上看，传统遗产与工业文化遗产在城市相互交织，出现"你中有我，我中有你"的现象，造成传统遗产与工业文化遗产的文化空间重叠，而工业文化遗产的空间又被传统遗产所挤占。以通州南大街和北京锻造厂的保护为例，南大街作为千年古街，其周边就是原北京锻造厂的工业遗存。一直以来，两者共存于同一街区，整体的文化空间错乱不清，缺少文化层次。从"实施"的保护手段上看，没有遵循城市文化发展规律，缺少对整个城市的工业遗迹与潜在工业文化遗产的评估以及对评估目标的文化意义与文化功能的发掘。同时，也没对其进行系统分类与标定空间分布，为进一步改造做准备。很显然，一直以来盲目的"片段式"改造，

---

① 北京市经济和信息化局《关于 2022 年北京市高精尖产业发展资金老旧厂房更新利用奖励政策的补充通知》，http://jxj.beijing.gov.cn/jxjdt/tzgg/202205/t20220519_2716339.html，2022 年 5 月 19 日。

已经让整个城市的历史文脉、空间格局以及社区层面的"区域性"地理空间样态出现割裂。缺少系统地、层次性地区域综合改造，让改造项目与周边环境出现"场景"冲突。

二 北京工业文化遗产传承的问题归因

（一）城市经济发展因素的制约

第一，北京的城市化带动工业遗址的区位价值提高。2008 年奥运会之后，北京的城市化进入快速发展期，许多工业遗址成为城市的重要核心地段，并且受益于周遭的配套实施齐备，土地价格大幅攀升，其经济价值已经远远高于文化价值。第二，工业遗址的盈利价值是首要目标。北京很多工业遗址本身经历了"去功能化—再功能化"的过程，功能的转化主要是以经济生产为目标。在去功能化过程中，工业遗址脱离原有的生产制造、文化生活等功能，被赋予商业、文旅等新的经济功能。其中首钢是一个代表，北京城市转型，原有的首钢作为工业文化遗址被改建。现在的首钢遗址已经成为北京西部最大的工业遗址公园，其园内原有的工业设施，以及具有科技特色的数字创意体验馆、空中 F1、首钢极限园等都带动了文旅产业的发展，首钢公园的年均游客接待量超过 8 万人次。同时，公园的建成与完善使其成为区域内的文化消费中心，间接地为本区域作出经济贡献。可见，由于对经济价值的过度关注，导致很多工业遗址很难形成具有文化意义的工业文化遗产，更多的是被转变为创造经济价值的商旅场所。

（二）大众对遗产认知因素的制约

北京的工业文化遗产是北京的工业史，更是北京的社会发展史。工业文化遗产具有重要的历史特性。它的存在为后代保存了那个时代的记忆，更让后代看到那个时代的物质形式与精神风貌，城市生产结构的转型带动城市人群价值观与文化认知的转变，原有的文化与历史价值正在被遗忘。

1. 对历史记忆价值的认知不足

文化遗产作为城市的文化符号，是城市曾经存在过的文化形式的记述，更是对过去历史进行追溯的回忆场所。无论是新中国成立前的双盛合啤酒工厂、首钢，还是新中国成立后的电报大楼、华北电子厂，都已以建筑空间的形式承载着过去北京曾发生过的历史记忆，这些历史建筑共同成为北京这座城市的文化精神的组成部分，人们在建筑场景中回首过去。对于城市中的个体而言，这些工业文化遗产是经历者与过去的沟通，更承载着那个时代人的生产与生活方式。比如，北京电报大楼完工于 1958 年，是为共和国成立十周年的献礼。它也是我国第一座现代化电报大楼，是北京通信历史的见证，更是那代北京人的集体回忆。在对航天五院早已退休的李珉启访谈时，他提及北京电报大楼是其一辈子的回忆，当时大学毕业后留在北京，由于离家很远，当有需要时只能去电报大楼发电报与家人联系。电报大楼成为他与家人沟通的精神场所。随着 2017 年电报大楼的彻底关停，对于很多北京人来讲，这种历史记忆正面临着集体失忆的困境。

2. 对文化载体认知不足

工业文化遗产的精神往往蕴藏在这个城市的文化精神之中，并促成人们对城市的情感寄托。北京于 1949～1983 年经历过工业化改造。留下了大量的工业建筑和相关设施，并且成为城市景观的一部分，几十年间工业化进程的推进，其工业方式连同建筑载体影响了几代人的生产生活，并最终形成了一种社会记忆。而与北京工业文化遗产密切相关的就是北京工厂大院，工厂大院作为工业化的象征，暗含着工业所承载的精神与情感特质。在北京工业发展期间，出现了大量的工厂大院，据不完全统计，2008 年以前存在的工厂大院超过 300 个，其中大院形式不仅有科研院所、机关单位还有工厂企业等门类，可以说，工厂大院是工业文化的组织形式缩影。正是由于工厂大院的存在，让人们在身份上彼此认同，工厂大院的人性化与公平化特征也让人们产生了情感依赖，但随着城市化改造与人们对它们的功能认知不足，这些精神载体逐渐消失。

（三）政策支持因素的制约

北京的工业文化遗产是特殊时期形成的工业景观。它是了解那个时期北京的重要工具。它承载着当时人们的审美观念与精神意识。但对北京而言，工业文化遗产不如传统文化遗产那样具有很强的艺术价值与历史价值，这造成工业文化遗产在政策保护层面，让位于传统遗产。同时对于工业文化遗产的保护，也仅注意经济价值挖掘。缺少系统性保护的原因就是缺少政策支持。同样，对于已有工业文化遗产的改造，政策保护也缺少延续性。

例如，北京798艺术区位于北京朝阳区酒仙街道，总占地面积60万平左右。原为1958年东德援助我国建立的全国第一个电子元件厂——华北联合电子元件厂，内部建筑呈现出明显的德国包豪斯风格。为了满足城市的新发展新定位，798厂发展为艺术街区。在众多文化机构和艺术家进驻之后，逐渐聚集了众多的画廊、工作室和设计公司。在这里原有的工业文化遗产，被赋予了新的时代意义与审美意义。原798的包豪斯风格所具有的线条明朗、装饰简洁、叠拼渐变的风格方式，以及适应现代大工业生产和生活需要的建筑功能和经济效益的主张恰恰与当时的年轻艺术家的审美价值融为一体，工业艺术价值与人们的审美之间通过这些残旧的工业建筑形成了对话。也正是在这种工业文化遗产与青年艺术家们的对话中，达成了798共识，出现了居住与工作融合的LOFT，彰显简单实用的生活态度。2018年以前，这里成为工业文化遗产转化的代表。但随着艺术区的租金上涨，艺术区严重的商业化导致大量的艺术家外流，很多工作室空置，艺术家方蕾说："当前798已经缺少了艺术气息和工业气息，这里已经被商业消解掉了，挺可惜的。"显然，对于工业文化遗产的保护，缺少相关的支持政策会让原来工业艺术街区转变成商业街区。① 北京的工业文化遗产具有多元的城市价值，承载着城市的过去，也曾依靠自身功能与工业审美为人们提供物质与精神养料。但当缺少对其价值的认知和支持政策，其文化场域很难形成与传承。

三　北京工业文化遗产治理的相应策略

对北京工业文化遗产的治理，不应是"片段化""个体化"孤立的行为，应从时间、空间与城市发展三个维度，制定系统的保护策略，使北京工业文化精神，以工业空间为依托，融入首都文脉。

（一）工业文化遗产传承的治理要素

工业文化遗产的传承受到社会、文化、经济、环境等因素影响，但在传承过程中起决定作用的主要是社会因素与文化因素。其中文化因素与社会因素反映是否得以有效传承的重要指标，也是对工业文化遗产进行治理的关键要素。通过表 1 可以发现，工业文化遗产的传承中文化因素的权重为 45%，其中，对原有文化价值的继承与传播程度的权重为25%，在利用后文化价值所呈现出的水平、对于周边社区公共文化的提升程度的权重均为 10%。而社会因素下，社区参与积极性权重为 15%。显然对原有文化价值的继承与传播程度以及社区参与积极性占总权重的40%，而这两项也成为文化传承中的关键性指标。② 因此，北京要在深入挖掘工业文化遗产深层次的精神内核的基础上，系统地把握空间要

---

① 《798 艺术区，乌托邦的没落》，http//：www. m. sohu. com/a/135205731，2017 年 4 月 20日。

② 韩晗：《论文化工业遗产》，《天津社会科学》2023 年第 2 期。

素、文脉要素、功能要素等多要素融合的传承原则，注重社区参与积极性与对原有文化价值的继承传播程度。

表 1　文化工业文化遗产传承价值量化指标体系

一级指标（权重）	二级指标（权重）
社会（35%）	对当地社会良性发展起到正向积极作用的程度（10%）
	社区参与积极性（15%）
	所在企业原有职工和周遭居民对其满意的比例（10%）
文化（45%）	对原有文化价值的继承与传播程度（25%）
	在利用后文化价值所呈现出的水平（10%）
	对于周边社区公共文化的提升程度（10%）
经济（12%）	文化 IP 赋能经济价值转换水平（6%）
	对周边业态的改变与提升水平（3%）
	企业原有职工收入提升幅度（3%）
环境（8%）	周边及项目内部绿地水平的保护（4%）
	公共交通便利程度（2%）
	减少废气污染程度（2%）

（二）制定多元融合的系统性传承原则

北京工业文化遗产在空间上呈散点分布，那么在保护过程中就不能盲目的开展"片段式"改造，而是要基于整个城市的空间格局以及社区层面的"区域性"地理空间样态，进行系统的层次性地区域综合保护。首先，空间融合。通过区域性的整体保护使其与周边建筑物有机融合，尽量保证空间完整性，避免人们割裂性地看待遗产，忽略掉遗产的历史性特征。其次，文脉融合。任何城市的发展都要遵循城市文化发展规律，保证城市文化肌理的完整。对于北京而言，传统文化遗产与工业文化遗产应该协同保护起来，让城市文脉呈现完整性与连续性特征。最后，功能融合。工业文化遗产除提供经济功能与记忆功能外，还应起到日常教育功能，将其变成青年人的爱国宣讲基地，传递正确的价值导

· 213 ·

向。当前工业文化遗产应该承载新的功能，让其价值回归社会，融于区域性居民的生产生活，使其传承得以持续且"活态化"，以此构建多元融合型北京保护模式。

（三）深度展现工业文化遗产的精神内核

精神文化也被称为意识形态文化，是人类在社会事件和意识活动中长期形成的价值观、思维方式、道德情感和行为模式，是文化的内核。目前，国内大多数城市对于工业文化遗产的保护，是一种静态式、点状式的保护。相关部门在保护过程中，也存在重物轻人的问题，更看重其所能产生的经济价值、休闲娱乐价值与审美价值，忽视掉了文化场所精神，对其内在的精神文化的价值挖掘与转换存在不足。以北京首钢工业文化遗址为例，首钢精神承载了敢闯、敢坚持、敢于苦干硬干与敢担当、敢创新、敢为天下先的精神气质，但随着首钢工厂迁出北京后，老工业区转化为遗址公园后，一方面，失去了那种具有意识形态化的集体主义意识符号；另一方面，也失去了人与人之间互帮互助的情感沟通景象。调研发现，就首钢工人群体而言，80%的受访者都感受到了明显的变化，因离开而淡化掉了这种集体主义意识。这足以说明，工业文化遗产不仅是景观建筑，更蕴含着精神内核。

工业文化遗产精神内核的缺失，让"人—遗产"之间的精神共鸣无法产生，无法真正实现精神传承。因此，在工业文化遗产的保护与开发利用中，必须挖掘工业文化遗产的精神内核，并展现出工业文化遗产的精神内核。这就需要，第一，以影音方式记录和展现历史的过往。通过影音记录的展示把"此时此地"与"彼时此地"联系在一起，让人们用眼睛、声音来了解那段过去的历史，增强对那段历史的认同。第二，剧目式的情感体验。任何工业文化遗产都镶嵌着一段让人无法忘却的故事，只有人们身处那个情景之中才会感同身受。因此，在工业文化遗产历史场景，借助影音方式，围绕历史事件来展开表演，在情景体验中完成对工业文化遗产精神的升华，从理解转化为认同。

（四）采取全面灵活的日常化传播手段

回归社区。对于很多基层社区的居民来说，由于文化宣传不够，缺少相关认知。因此，对于文化宣传部门而言，一定要把宣传做到社区、做到基层。这就需要宣传部门在宣传时结合群众的特点，一方面以群众喜闻乐见的形式，让群众更好地了解历史知识。另一方面，要结合本地社区的文化历史，普及文化知识，树立文化意识，使文化与群众生活相融。

无论什么信仰或传统行为一旦被抛弃或者长期处于被遗忘状态，其就有可能完全消失或接近于消亡。因此，要传承文化遗产，就必须使其融入生活，与现代相融。民众参与是文化遗产传承的关键。因此在建立文化遗产保护体系时，应以街道为单位，鼓励街道民众积极参与，用物质奖励与精神鼓励的方式，为民众参与提供路径。在民众参与的同时，要使遗产活态化、区域化。

开展多元化宣传，采用现代化艺术方式，让群众有意愿去欣赏，如此他们才能接受，也只有群众接受了，首都文化涵养才能有群众基础，才能让文化与生活世界不割裂，"理解—认同—传播"，通过工业文化遗产对社区的影响，发扬爱国、自信的文化精神。

四 结论与反思

工业文化遗产传承与北京建设全国文化中心之间有着必然联系。因此工业文化遗产传承一定要遵循两个前提：其一，满足首都城市发展需要。其二，服务于首都人民生活。在这两个前提下，发挥工业文化遗产在新时代的文化功能。在宏观层面，把工业文化遗产放到首都的文脉大背景下进行考量，把两者有机地结合在一起。工业文化遗产、传统文化遗产与城市现代建筑有序衔接，把三者放在时空脉络内进行规划与传承。要把工业文化遗产作为优秀精神的载体进行开发利用。在微观层面，使遗产、区域文化与人们生活相融合。做到遗产服务于社区、服务于城市居民，不能把遗产作为单独建筑来看待，而是要把它看作具有教化功能的区域文化特色场域与文化空间。

民众参与是文化遗产传承的关键。在建立文化遗产保护体系时，要采用积极有效的宣传方式。鼓励民众参与、提供民众参与路径等是重点内容。总之，只有把遗产利用起来，满足城市发展需求，为城市居民创造文化、社会与经济价值，让民众意识到，工业文化遗产不仅是文化遗产，也是记忆遗产、档案遗产，才能真正做到"遗产"的有序传承。

参考文献

刘润为：《红色文化与文化自信》，《红旗文稿》2017 年第 10 期。

王新哲、周荣喜：《工业文化研究综述》，《哈尔滨工业大学学报》（社会科学版）2015 年第 1 期。

黄磊：《城市社会学视野下历史工业空间的形态演化研究》，湖南大学博士学位论文，2018。

生态环境治理研究

建设京津冀区域碳交易市场的经验、意义与路径

刘小敏*

摘　要： 建设碳交易市场有助于提升地区碳减排效率。京津冀地区是我国重要的碳排放地区之一，碳减排任务重，建设区域性碳交易市场有助于高效实现碳减排目标，促进京津冀生态环境治理协调深化落实。北京、天津的碳交易市场试点为建设京津冀区域碳交易市场打下了基础。本文在总结欧盟与我国，尤其是北京与天津的碳交易试点经验基础上，分析建设京津冀区域碳交易市场的基础、意义，并提出相关政策建议。

关键词： 碳交易市场　京津冀协同发展　碳排放

2021 年，习近平主席对外庄严宣示承诺我国二氧化碳排放力争于 2030 年前达到峰值、努力争取 2060 年前实现碳中和的国家自主贡献目标，即"双碳"目标。"双碳"目标将我国碳减排行动上升到更加紧迫而重要的层面。碳排放权交易作为国际三大减排政策工具之一，通过完

＊ 刘小敏，博士，北京市社会科学院市情研究所助理研究员，北京世界城市研究基地专职研究员。

善市场机制来激励高效减排行为。我国非常重视碳排放权交易，如何通过建设碳交易市场来促进我国碳排放减排，成为政策界与理论界重要的议题。

欧盟是全球碳减排的积极参与者，也是利用碳交易市场系统来促进碳减排的积极践行者。欧盟碳交易体系在促进行业和地区碳减排方面发挥的作用非常明显，为世界碳交易市场体系建设积累了丰富的经验，也是我国建设碳交易市场的重要参考。

早在 2011 年北京、天津、上海、重庆、湖北、广东、深圳等地区就开展了碳排放权交易试点，探索建设适合中国国情的碳交易市场。从运行情况看，我国碳交易试点取得了显著的成效，积累了丰富的市场建设经验，但与欧盟碳交易体系相比，我国碳交易市场存在成交额与成交量不足、成交价格低，且成交量占碳排放总量的比重较小等问题。数据显示，2020 年我国碳交易量为 4340.09 万吨，成交额为 12.67 亿元，成交均价为 30 元/吨左右，与年近 100 亿吨碳排放总量相比，占比较小。

京津冀地区是我国重要的碳减排任务区，以市场手段来促进碳减排具有十分重要的意义。构建京津冀区域碳交易市场，既有北京、天津开展的碳交易试点的丰富经验支撑，也有河北地区较大的碳减排与低碳经济转型发展需求支撑。北京作为 7 个碳交易试点地区之一，具有制度规范、交易价高、管理严格的特征，天津作为我国重要的碳交易试点工业城市，近年来碳交易活跃度不断提高。两个试点城市作为京津冀的重要组成部分，其经验为建设区域碳交易市场打下了良好的基础。

同时，北京是我国首个减量发展的超大城市，正在建设世界科技创新高地，产业结构深度优化，高质量发展成效明显，低碳发展历史负担轻、潜力大，是深度开展碳交易的重要试验田，可为进一步完善我国碳交易制度提供重要参考。河北高能耗、高碳排放的重化工业是京津冀地区的碳排放主要来源，有较大的碳交易需求。京津冀协同发展为探索跨区域交易创造了有利条件。2020 年 9 月我国"双碳"目标的提出无疑加速了全国碳交易市场的启动，而全国碳交易市场也将是实现"双碳"目标的有效政策工具。可见，建设京津冀区域碳交易市场具有重要意义。

为此，本文从构建区域碳交易市场出发，总结欧盟碳交易体系建设和我国碳交易试点经验，特别是北京、天津的碳交易试点经验，分析构建京津冀区域碳交易市场的意义与路径，为促进京津冀生态环境协调治理提供政策建议。

一 欧洲碳交易体系建设经验总结

（一）欧盟碳交易体系的理论来源与建设情况

碳排放权交易理论的基础是科斯定理，即在产权明晰的情况下，资源可能在市场得到最优配置。[1] 美国在 20 世纪 80 年代为控制二氧化硫排放总量针对二氧化硫排放权建立交易市场。[2] 基于以市场途径来实现低成本履约减排的目标，《京都议定书》设计了三项市场机制，分别是发达国家（附件 B）内部的排放贸易（ET）、附件 I 国家内部发达国家与转轨国家的联合履行（JI）、发达国家与发展中国家之间的清洁发展机制（CDM）。

欧盟一直是碳减排行动的积极参与者。"碳排放"作为"恶品"，其在市场交易时存在较多问题，包括各国减排目标不统一、碳排放的可测度性和碳排放体系差异、碳公正等，使得建设区域性或全球性碳交易市场有着难以逾越的障碍。[3] 但是，欧盟碳交易体系作为碳交易市场的

---

[1] 杨圣明、韩冬筠：《清洁发展机制在国际温室气体排放权市场的前景分析》，《国际贸易》2007 年第 1 期。

[2] 张昭贵：《美国二氧化硫排放权交易的启示》，《中国石油企业》2010 年第 8 期。

[3] 潘家华：《碳排放交易体系的构建、挑战与市场拓展》，《中国人口·资源与环境》2016 年第 8 期。

先行者，通过不断优化、改革，逐步构建具有治理分权化、履约灵活、金融化程度高等主要特征的交易体系，在市场制度建设、管理与运行方面积累了丰富的经验、为全球碳交易市场的建立与完善提供了重要的参考模板。[①] 欧盟于2005年依据《欧盟2003年87号令》建立了欧盟碳交易体系（European Union Emission Trading Scheme，EU ETS）并投入运行。EU ETS为欧洲1.2万多座发电站、制造工厂及航空运营商等高能耗工业设施设置了二氧化碳排放上限，覆盖了欧盟约45%的温室气体排放，是目前世界上最大的碳排放权交易市场，为世界各国碳交易市场的建立和完善提供了大量的经验。

（二）欧盟碳交易市场体系经验总结

1.以减排目标为纲，先易后难、先松后紧，不断优化减排方案，有序完善交易机制

欧盟委员会以市场导向来促进减排，采用多阶段循序渐进的方式建立、发展和完善欧盟碳交易体系（EU ETS）。第一阶段为探索阶段（2005~2007年），确立行业覆盖范围，仅包括能源、石化、钢铁、水泥等高能耗行业，排放权配额为20.58亿吨/年。第二阶段为改革阶段（2008~2012年），确立至2012年要实现《京都议定书》规定的在1990年的基础上降低碳排放总量的8%的减排目标，将配额总量减少为18.59亿吨/年，并在配额基础上增加配额拍卖分配机制。第三阶为发展阶段（2013~2020年），规定2013年的配额总量为20.84亿吨/年，到2020年实现在1990年的基础上减少20%的减排目标，年均配额总量下降1.74%，碳交易市场覆盖氧化亚氮和全氟化碳等温室气体，并将航空运输业纳入交易体系。第四阶段为创新阶段（2021~2030年），规定碳排放总量到2030年要比1990年减少40%，年均减排率为2.2%，并

---

① 潘家华：《碳排放交易体系的构建、挑战与市场拓展》，《中国人口·资源与环境》2016年第8期。

引入市场稳定储备机制。[①]

2.建立灵活高效的交易机制

EU ETS 交易的核心是"总量管制和配额交易",即欧盟委员会在管控温室气体排放总量的基础上,允许各成员国买卖排放许可权"欧盟排放配额"(European Union Allowance,EUA)。成员国每年年末上缴与本年度二氧化碳排放量相当的 EUA,多余配额可以用于出售,不足部分需从二级市场购买。企业为抵减自身超额排放量,除了场内交易购买 EUA 外,还可以通过清洁发展机制(CDM)产生的核证减排量(CER)来抵消排放。CDM 将 EU ETS 与欧洲以外地区的碳交易市场相连,特别是包括中国在内的发展中国家,并为发展中国家提供技术与资金支持,提升其在全球碳减排市场的影响力。

3.不断优化初始配额方案

初始配额决定交易市场的有效性、公平性。市场设立初期,欧盟委员会根据各成员国的经济发展水平、产业结构、法制环境的差异,出台《国家分配方案》(NAP),采用自下而上的方式,成员国自行确定碳排放权总额及体系内的分配方案,欧盟委员会汇总确定排放总量后将 EUA 按历史排放法发放给各成员国。[②] 此阶段,EUA 以免费发放为主。但由于配额过于宽松,EUA 供大于求,价格低迷。第三阶段,欧盟委员会加强排放配额管理,用《国家执行措施》(NIM)代替 NAP,各成员国 EUA 的分配由产出基线法确定,缓解碳排放权的过度配给问题,拍卖配额提高到30%,电力行业全部由拍卖获得,市场交易趋于稳定。

4.不断创新碳金融产品,促进市场交易

欧盟碳交易市场衍生出碳金融市场,在价值发现、稳定现货市场、规避风险及促进碳交易市场健康发展方面起着重要作用。

---

① 刘磊、周永锋、刘冬:《欧盟碳排放交易体系建设经验及启示》,《金融纵横》2021年第6期。

② 周迪、刘奕淳:《中国碳交易试点政策对城市碳排放绩效的影响及机制》,《中国环境科学》2020年第1期。

（三）欧盟碳交易体系建设带来的启示

1.碳交易体系运行效率与初始碳配额松紧直接相关

回顾欧盟碳交易体系不断完善的过程可以清晰地发现，早期过于宽松的配额导致碳交易价格长期低迷，随着配额不断收紧，碳交易价格保持稳定。近年来，欧盟碳交易价格保持在 100 美元的历史高位，充分反映了欧洲能源价格下跌和经济复苏状态，充分展示出该交易系统的价格发现功能。

2.碳交易体系建设是一个长期博弈完善的过程

欧盟碳交易体系是欧盟气候政策的基石，经过多次的改革与完善，为实现《京都议定书》及《巴黎协定》中作出的承诺发挥了重要的作用，以实现"以符合成本效益和经济效益的方式提高温室气体的减排量"的政策目标。[①] 随着交易体系不断完善，各成员国经过长期艰苦的谈判，达成配额减少方案，内部允许排放量的减少必将抬高碳交易权的价格，平抑长期以来较为低迷的碳交易权价格，并将进一步促进减排行业更经济更有效。其中，主要的挑战包括免费分配规则的修订、确定碳排放部门及标准、通过交易与排放强度评估来大幅减少碳泄漏危险部门数量。欧盟碳交易体系能否成功运作，还取决于其他敏感的政治问题，如欧洲理事会在欧盟政策制定中作用的演变，以及如何应对不断下降的免费配额和欧盟碳交易体系下的其他基金。

3.碳汇、新能源建设等因素仍未被纳入交易体系

当前，欧盟碳交易体系也存在一些不足，需要不断完善。欧盟交易体系仍以重要的能耗行业为主，重点关注主要碳排放体，缺乏对碳中和

[①] European Commission, "Proposal for a Directive of the European Parliament and of the Council Amending Directive 2003/87/EC to Enhance Cost-effective Emission Reductions and Low-carbon Investments," COM (2015) 337 Final.

起关键性作用的碳汇以及通过新能源发展实现替代减排的价值实现功能。这是我国碳交易机制设计者在建设碳交易市场实践中取得先机的重要切入点。

二 我国碳交易试点总结

我国是《京都议定书》的缔约国，非常重视生态文明建设，一直会同世界各国，积极开展碳减排行动。我国政府非常重视基于市场机制来促进节能减排。与 EU ETS 相比，我国碳交易市场建设相对较晚，2005 年通过开发 CDM 项目，作为 CER 卖方参与欧洲等碳交易市场。与此同时，我国也开始筹建自己的碳交易市场。2011 年我国开始在 7 个城市开展碳交易市场建设试点，为全国性碳交易市场建设辅路。2021年 7 月，全国碳交易统一市场正式上线。

（一）我国碳交易试点的总结

1.试点运行基本情况

十余年来，7 个试点城市在顶层设计、机制建设、交易运营、市场服务、金融创新等方面深入探索，为我国建设全国统一的碳交易市场积累了相当的经验。总体而言，7 个试点碳交易市场各有特色，由于其碳配额分配机制、监管机制 MRV（Monitoring、Reporting、Verfication，即监测、报告、核查）以及违约处罚机制均存在较大差异，运行结果也不尽相同。

首先，与欧盟碳交易体系相似，我国碳交易市场试点所覆盖的行业也以重化工业、高能耗行业为主，并设立各行业纳入标准。截至 2021年 12 月 31 日，纳入 7 个试点碳交易市场的排放企业和单位共 2900 多家，累计分配的碳排放配额约 80 亿吨。2021 年 7 个试点碳交易市场累计完成配额交易总量约 3626.242 万吨，达成交易额约 11.67 亿元。①

其次，我国碳交易价格仍处于低位。由于我国的配额以免费分配为主，零成本或低成本的获取方式更无法将碳排放的真实外部成本反映到碳价上。北京是我国碳交易市场试点中碳交易均价最高的，北京碳排放配额年度成交均价为每吨 50~70 元，整体呈逐年上升趋势。2020 年，北京碳配额成交均价高达 91.81 元/吨，不过，仍大幅低于同期欧盟碳配额期货价格 52.89 欧元/吨。其他试点碳交易市场的成交均价则相对低很多，成交最为活跃的广东，成交均价仅为 25.52 元/吨，具体见表 1。

表 1 2020 年试点地区碳配额成交情况

试点地区	总成交量(万吨)	总成交额(万元)	成交均价(元/吨)
深圳	123.92	2463.87	19.88
上海	184.04	7354.20	39.96
北京	103.56	9506.58	91.81
广东	3211.24	81961.22	25.52
天津	574.43	14864.28	25.88
湖北	1427.81	39556.63	27.70
重庆	16.24	348.41	21.46

数据来源：http://m.tanpaifang.com/list_4.html。

最后，从 7 个试点地区的总体情况来看，北京市场所纳入的控排企业最多、交易产品最为丰富、MRV 监管机制较为完善；上海碳交易市场则拥有较为公开透明的监管机制 MRV 以及较大的违约处罚力度；湖北碳交易市场则履行"低价起步、适度从紧"的分配政策，交易活跃；广东借鉴欧洲碳交易市场经验，引入拍卖机制；深圳碳交易市场在 7 个试点地区中开市最早、纳入门槛最低、碳配额分配方式也较为科学合

---

① https://baijiahao.baidu.com/s? id = 1750551314418862032&wfr = spider&for = pc.

理；天津和重庆碳交易市场则因经济发展水平以及配额过于宽松等而较为低迷。

2. 理论综述表明，我国碳交易试点促进碳减排，但是总体效果有限，且差异性较大

我国的碳交易市场具备与欧盟类似的要素，碳交易政策能有效地促进所在城市的碳减排。周迪等以 2010~2016 年中国 273 个地级市面板数据为样本，采用倾向得分匹配—双重差分方法（PSM-DID）检验了碳排放权交易政策对城市碳排放强度的影响及其机制，发现碳排放权交易政策对试点城市碳排放强度的降低具有显著而持续的推动作用，随着时间的推移，政策效果愈发明显。[①] 王勇等应用三阶段 DEA 模型对中国碳交易试点城市建立前后的碳排放效率进行分析，结果发现虽然试点区碳排放效率有所提升，但提升幅度还不够大。[②] 王文军等通过对我国碳交易试点机制的减排有效性进行评价，发现碳排放权配额总量、管理对象碳排放水平、管理对象减排潜力、经济结构的稳定性、碳价对碳交易机制发挥的减排有效性产生了不同程度的影响。[③] 刘传明等则基于 1995~2016 年中国省际面板数据采用合成控制法对碳交易试点城市的减排效果进行了评估，发现碳排放权交易降低了碳排放，但由于经济发展水平、产业结构等方面的差异，减排效果存在异质性。[④]

（二）北京碳交易市场试点运行总结

自 2013 年 11 月 28 日北京碳交易市场开市以来，北京以完善的减排政

---

① 周迪、刘奕淳：《中国碳交易试点政策对城市碳排放绩效的影响及机制》，《中国环境科学》2020 年第 1 期。

② 王勇、赵晗：《中国碳交易市场启动对地区碳排放效率的影响》，《中国人口·资源与环境》2019 年第 1 期。

③ 王文军、谢鹏程、胡际莲等：《碳税和碳交易机制的行业减排成本比较优势研究》，《气候变化研究进展》2016 年第 1 期。

④ 刘传明、孙喆、张瑾：《中国碳排放权交易试点的碳减排政策效应研究》，《中国人口·资源与环境》2019 年第 11 期。

策法规、严控排放总量、适度从紧的配额方案、严格管理执行成为各试点地区中碳交易价格最高的，碳交易权价值体现得最为充分。

首先，出台专门法规，保障碳交易有法有循。《关于北京市在严格控制碳排放总量前提下开展碳排放权交易试点工作的决定》《北京市碳排放权交易试点配额核定方法（试行）》《北京市碳排放权交易管理办法（试行）》构建了由地方法规、部门规章和若干实施细则组成的"1+1+N"政策法规体系，形成了较为完善的碳交易法规政策和标准体系，使北京市开展碳排放权交易有法可依、有章可循，为其他地区试点和全国碳交易提供了借鉴。2020 年，正式发布《二氧化碳排放核算和报告要求 电力生产业》（DB11/T 1781-2020）等七项标准，企事业单位按照统一标准进行碳排放量核算和报告，保证核算方法的规范与透明。

其次，严控排放总量，广泛覆盖碳排放主体。北京实施严格的碳排放总量控制，2015 年，北京市纳入碳交易控排单位的标准从初始的每年二氧化碳排放量 1 万吨下降到 5000 吨，市场参与主体从 2013 年的 415 家增加至 2019 年的 943 家，是 7 个试点地区中覆盖主体最多的。

再次，兼顾历史与对标先进，适度从紧分配配额。北京市碳配额全部采用免费分配的方式，采用历史排放总量或历史排放强度法，对部分基础条件较好的行业如火电和热电的联产设施采用基准线法，对所有设施按年度设置从 0.90 到 1 不等的控排系数收紧数值，确保配额总量下降，北京市近年来碳配额总量供应偏紧、需求较为旺盛，2020 年成交均价达到 91.81 元/吨，远高于其他试点地区。

最后，严格监管执行，促使重点排放单位积极履约。监管执法是碳交易市场正常稳定运行的保障，北京市由市节能监察大队负责执法，对逾期未完成履约的企业按碳交易市场配额均价的 3~5 倍处以罚款且不封顶。北京市覆盖的排放单位数量最多，监管难度较大，但开市以来履约率接近 100%。

存在的主要问题包括：一是碳配额分配较为宽松，市场活跃度不足，如采用基准线法则，北京的电力与热力企业较基准线差距小，配额缺口不大，交易需求少。试点期间，北京市配额交易量只占累计核发配额总量的 6% 左右。二是碳交易价格仍未能充分体现碳排放的外部成本。三是部分行业和单位的碳排放监测核算体系仍不完善，核查能力有待提高，市场规则不完善，碳金融市场发育度不高。

（三）天津碳交易市场试点运行总结

天津碳交易市场 2013 年成立，由于纳入企业标准高、配额宽松，长期以来交易较为清淡，不过 2020 年以来，天津碳交易所交易活跃度大幅提升。2020 年，天津碳交易市场成交量 2909 万吨，同比增长 1217%，成交金额 3.56 亿元，同比增长 1029%，成交量全国排名由第六跃升至第二。2021 年，天津碳交易市场成交量 5074 万吨交易量，同比增长 74%，成交金额 9.38 亿元，同比增长 163%，交易量排全国第二。

天津碳交易市场发展中存在的问题包括：一是碳排放量计量问题，天津产业结构仍以重化工业为主，特别是经济受多种因素影响，天津碳交易纳入企业标准仍然较高，企业的主动性不够，与北京相比差距较大，严重制约碳交易市场发展。二是碳金融市场发育不足，创新产品较少。天津的碳交易市场也为建立京津冀区域性碳交易市场创造了条件。

（四）我国碳交易市场试点存在的挑战

我国碳交易市场试点运行表明，尽管取得了成绩，在市场机制建设、运行、管理方面积累了一定的经验，为我国碳交易市场建设创造了条件，但是也存在一些问题，既有"碳交易"产品特殊属性带来的共同问题，也有我国经济运行阶段、产业结构以及地区经济发展水平差异带来的问题。

全国普适的上位法缺位，约束力欠缺。除北京和深圳出台人大立法外，其余地区均以规章形式明确交易规则，约束力较弱，且适应范围有限，无法形成全国性约束力，不利于全国碳交易市场建设。

各试点地区交易机制缺乏统一性，导致交易价值与交易量差异较大，行业减排压力存在明显的区域差异。各交易所的配额分配机制、履约机制、存储与抵消机制不同，各地碳交易市场发展不均衡，而且存在碳泄漏风险和寻租行为的可能，增加了建立全国性统一市场的难度。由于配额标准与方案不统一，碳交易的公平性有待提高。

各交易所价格发现与价值形成能力仍欠缺。由于碳免费配额较大，市场配额需求较少，碳交易非市场化问题严重，碳交易仍以政府为主导，市场主体参与度较低，市场调节能力较弱，无法形成的真正的价格，碳交易价值实现度不高。

违约企业的处罚机制不完善。部分试点地区存在经济增长压力，对违约处罚不力，致使碳交易成交价格出现不合理波动，难以形成统一的碳约束力。

碳金融发展不足，市场主体的主动性不足。碳交易并非国务院批准的合法金融交易场所，无法提供合法的金融交易与服务。碳交易所规则中缺乏对碳交易金融属性的确认，且与金融监管规则无法衔接，造成当前碳金融发展水平有待提升。

三　建设京津冀区域碳交易市场的重要意义

2021 年 7 月全国碳交易市场上线，电力行业从地方碳交易市场试点剥离，参与全国统一交易。未来会有更多的行业被纳入全国统一市场，但是基于当前碳交易系统仍不完善、仅纳入重点行业的重点企业、市场运行管理标准不统一等问题，构建京津冀区域碳交易市场对促进地区生态环境治理、实现"双碳"目标、配合补充全国统一的市场也具有重要的时代意义。

（一）从京津冀生态文明协同发展看区域性碳交易市场的重要性

京津冀地区是我国重要的经济体，也是我国重要的碳减排目标区域。从区域碳排放总量看，京津冀地区碳排放仍处于高位，需要协同治理。2020 年，京津冀城市群碳排放量为 6.01 亿吨，占全国排放总量的 6.07%。京津冀区域内的空气污染存在明显的区域整体性特征，从碳减排角度，也需要促进区域减排一体化，开展协同治理从而实现"双碳"目标。

从政策层面看，京津冀地区非常重视环境治理协同。自 2014 年京津冀协同发展被立为国家战略后，生态环保成为京津冀协同发展中的三个重点领域之一。为此，三地出台系列协作治理政策措施，共同实施治污减排行动。2015 年启动《京津冀及周边地区大气污染防治中长期规划》的编制工作，以大力改善京津冀生态环境为目标来制订详细的行动计划，可见，从京津冀区域一体化角度来加强生态环境治理也成为区域发展共识。

从治理结构看，京津冀地区碳排放量仍在增长，且增长主要源自河北。2009 年，京津冀地区碳排放总量为 2.66 亿吨，2020 年增加了 3.35 亿吨，主要原因是河北碳排放量持续增长。2020 年，河北碳排放量高达 3.66 亿吨，占京津冀地区的 60.8%，而同期其 GDP 占比仅约为 40%。如何发挥北京的科技优势、天津的现代制造业优势来推动河北的碳减排具有十分重要的意义。

（二）北京、天津碳交易试点积累丰富的市场建设、运行与管理经验，为构建区域碳交易市场创造条件

全国统一市场形成仍需在体制、机制及碳核算等多方面持续发力，在"双碳"目标的约束下，持续完善碳配额、行业纳入及交割、排放

监管等机制。

从 7 个试点地区的情况来看，区域差异是碳交易市场试点最为显著的特点，但背后的原因是各试点地区的经济因素差异。北京、天津均为我国首批碳交易市场试点城市，在市场建设与运行过程中，由于两个城市的经济基础、产业结构及发展阶段不同，市场表现差异较大，为协同不同地区构建统一的市场提供了重要的可资借鉴的经验。北京是已完成工业化的经济体，与天津相比，其市场建设与运行效率明显较高。北京在纳入行业标准与管理严格程度方面，比天津高得多。天津处于工业化后期的产业发展转型的阵痛期，面临着经济发展与碳减排双重挑战。河北仍处于重化工业中后期，碳减排任务重、压力大，是京津冀地区的碳减排重点，也是京津冀环境治理与实现"双碳"目标的关键，因此，河北要借鉴北京与天津的碳交易市场运行经验，充分发挥市场机制的作用，低成本高效地实现减排目标，融入统一的市场交易体系。

（三）京津冀区域交易市场将是建设全国统一碳交易市场的有益补充

2017 年末，《全国碳排放权交易市场建设方案》印发实施，要求建设全国统一的碳排放权交易市场。2021 年 7 月，全国统一碳交易市场上线。2022 年为全国碳交易市场第一个履约周期年，纳入发电行业重点排放单位 2162 家，覆盖约 45 亿吨二氧化碳排放量，成为全球规模最大的碳交易市场。

建立全国统一的碳交易市场是为了打破地方保护和市场分割，打通制约碳交易市场发展的堵点，促进碳交易市场高效规范、公平竞争、充分开放，然而，这不代表不需要地方性交易市场，特别是区域性市场。

首先，我国区域发展水平差异大，东西差距、南北差距与行业内部差距等使得我国统一的碳交易市场建设将会是一个不断完善的过程，考虑到区域发展水平差异，也只是行业内部分重点企业被纳入交易系统，在此期间，地方性的、区域性的碳交易市场在推动实现区域内减碳目标上仍可发挥重要作用，如现有的试点市场可以保存且不断完善，而在一些特殊区域如西部地区可创建新的区域性市场，配合全国统一市场发挥减排作用。

其次，随着我国经济社会发展向高质量方向推进，在"双碳"目标下碳交易作为一个效率工具也将发挥重要作用。全社会的所有行业、消费者以及对实现"双碳"目标起关键作用的新能源行业、碳汇行业等均需被纳入交易系统，这样构建的碳交易市场才是一个完整的市场，然而考虑到碳产品的复杂性，基于当前的技术条件与市场环境上述目标是难以完成的，而京津冀地区内部经济体发展差异明显，是一个非常理想的碳交易市场试点区域。京津冀区域碳交易市场的建设探索，有利于为建设全国统一市场做好充分的准备。

（四）从区域协调角度，通过碳交易市场实现碳资产价值，是促进区域协调发展的重要路径

生态文明建设是我国"五位一体"发展格局中的重要一环，也是我国当前形成城乡区域协调发展新格局、践行绿水青山就是金山银山理念的关键路径。2021年4月，国务院办公厅印发《关于建立健全生态产品价值实现机制的意见》[①]，为我国加快推动建立健全生态产品价值实现机制提出了纲领性意见。

2011年，国务院发布《全国主体功能区规划》，对生态产品给予明确的定义，明确不同主体功能区的不同开发强度，以促进区域发展协调。[②] 京津冀地区山同脉、水同源，同处于一个生态系统，是生态和经济共同体，一直在探索完善区域生态补偿制度、建立全流域生态补偿机制。

然而，我国生态补偿机制建设虽然取得一定成绩，但仍存在补偿标

---

① http://www.gov.cn/zhengce/2021-04-26/content_5602763.htm.

② http://www.gov.cn/gongbao/content/2011/content_1884884.htm.

准低、范围小，以及尚未形成全方位、高层次的生态补偿合作机制等问题。生态补偿机制的完善严重依赖于行政手段，市场机制不成熟。在"双碳"目标下，京津冀地区的生态服务价值的重要性更加凸显。申嘉澍等利用替代成本法对该服务进行价值核算，按每吨碳 1200 元的碳税计算得到固碳服务价值量，2015 年京津冀地区固碳服务总价值约为 697.5 亿元，单位面积价值约为 32 万元/公里^2。[①] 从生态补偿实际情况看，河北省承德市近年来与北京、天津探索开展跨区域碳交易、建立滦河跨界流域补偿等横向补偿机制，但对于生态补偿多以支持和补助一些项目来实现，缺乏市场化、社会化的长效保障机制，制约了京津冀地区环境治理与绿色化发展。

（五）京津冀三地经济发展、减排成本与减排潜力差异为推进区域碳交易创造良好的条件

目前，三地发展态势不同，经济发展差距呈扩大趋势，京津冀地区减排协同治理存在挑战。环境治理对各地经济发展产生巨大的压力，但是由于经济结构与发展基础的差异，河北明显承压较大，经济发展与减排之间的矛盾未能得到有效缓解，减排压力未能被转化为促进地方经济转型的动力。河北中部地区是津冀空气污染传输通道，为严格执行大气污染物排放标准，大规模关停清退中小企业和压减煤炭、水泥、平板玻璃等行业产能，这给河北带来了巨大的压力，近年来，河北人均 GDP 持续下降，与北京、天津相比差距呈扩大趋势，加大了实现京津冀协同发展目标的难度。

跨区域碳交易的基础是区域间碳排放成本与潜力的差异，这种差异为区域间碳减排协作创造了机会。从区域层面看，北京的能源效率是天津的 1.3 倍，是河北的 1.5 倍。北京、天津与河北的碳边际减排成本分

[①] 申嘉澍、李双成、梁泽、王玥瑶、孙福月：《生态系统服务供需关系研究进展与趋势展望》，《自然资源学报》2021 年第 8 期。

别为 1461 元、1343 元和 1042 元，边际减排成本差异较为明显。从行业结构看，行业间的减排成本差距大，高能源高碳排放行业的减排空间大、边际减排成本低。当前，北京以第三产业为主，天津以制造业为主，河北以重化工业为主，北京的总体减排成本要比天津、河北高。吴立军对 2015 年各行业的减排成本进行了估算，发现行业减排成本逐年上升，且行业减排成本差距较大，最大相差 20 倍，其中，2015 年非金属制造行业减排成本为 1996.56 元/吨，金属冶炼和压延加工业减排成本为 1653.29 元/吨。①

（六）北京、河北具有跨区域碳交易实践经验

我国也有地方正在尝试推进跨区域碳交易，如重庆与四川将共同探索建立环评"白名单"机制、推动共建区域性碳排放权交易市场，深化减污降碳合作。京冀也曾探索开展跨区域碳交易。2014 年，承德市作为河北省的先期试点，其辖区内纳入碳交易体系的重点排放单位，将完全平等地参与北京市场的碳交易。承德市将 6 家水泥公司纳入北京的碳交易体系，这 6 家公司的碳排放占全市排放总量的 60%。

（七）由区域试点转向全国统一市场建设的衔接机制尚未疏通

随着全国统一的碳交易市场于 2021 年正式启动，北京和其他试点区域的碳交易市场向全国碳交易市场过渡，但试点区域与全国碳交易市场的制度衔接渠道并没有完全畅通。我国行业类别多、差异明显，全国统一的碳交易市场在构建交易规则统一、交易主体多样、交易量较大的体系方面仍面临挑战。另外，当前全国碳交易市场的活跃度还不高，交易率不到 4%，与欧盟碳交易市场超过 400% 的交易率相比，

---

① 申嘉澍、李双成、梁泽、王玥瑶、孙福月：《生态系统服务供需关系研究进展与趋势展望》，《自然资源学报》2021 年第 8 期。

还存在较大差距。并且市场交易覆盖范围较小，全国碳交易市场首批仅纳入电力行业，市场参与主体较为单一。未来如何制定覆盖所有行业的碳配额核定与分配标准仍不确定，如何构建可监测、可报告、可核查（MRV）的体系仍需探索。区域碳交易市场可作为全国碳交易市场的重要补充。

四 构建京津冀区域碳交易市场的政策建议

当前，京津冀协同发展处于深化期，生态环境治理在取得阶段性成效后，需要在市场机制建设方面走深走实。现有的国内试点经验表明，碳交易市场在促进碳减排方面虽有明显的作用，但与"双碳"目标相比，市场成交体量还远远不够，碳交易价值仍未能准确反映"碳资产"价值，需要深入、全面地发展碳交易市场。北京、天津在持续发展碳交易市场的同时，应抓住建设全国碳交易市场的机遇，做好京津冀区域碳交易市场的顶层设计，建设一个交易体系完整、交易规则透明、交易运行高效的区域性市场，协同推进京津冀地区的碳达峰碳中和。

（一）做好区域碳交易市场的顶层设计

总结与提炼北京与天津建设碳交易市场的经验，逐步消除北京、天津碳交易制度设计的不一致，如纳入行业数量、纳入标准、初始配额分配机制、抵消比例等。构建京津冀区域碳交易市场统一的法律、规章制度。坚持"适度从紧，有序推进"的原则，借鉴欧盟及我国其他地区的经验，分阶段增加纳入行业数量及提高纳入标准，重点工作包括：一是统一三地碳排放监测标准、企业报告标准、碳排放认证与核查制度，形成统一的监测核查体系；二是实现碳配额的跨区流动，实现碳配额在京津冀三地流动；三是成立区域碳交易市场建设机构，明确交易市场成立日期以及发展规划。

（二）构建可连接北京、天津现有交易平台的区域性碳交易平台

以北京、天津为基础，建立一个区域性交易平台，包括数据报送、注册登记、交易规则等系统，区域性碳减排的测量、报告、核实体系，以及公开、透明、科学的运行机制。注重新建平台与北京、天津现有碳交易平台的兼容性。

（三）做好区域碳交易市场相关的核算、配额及执行标准研究

区域性碳交易市场建设的关键是初始配额分配。应研究京津冀地区能源消费总量及能源结构，以京津冀协同发展为目标，设立中央级别的统筹机构，平衡三地关系，确定三地碳排放总量及配额分配情况。完善碳排放履约机制，制定标准适宜的达标激励与违约惩罚措施，激励重点排放企业积极参与节能减排和碳交易。建立企业所在地区的政府履约绩效考核机制，强化政策执行中的监测与管理。

（四）参照北京、天津试点以及全国统一市场经验，重点消除将河北企业纳入交易体系的障碍

规范河北高能耗企业的节能减排工作，建立碳核查制度，形成标准化、可流通的碳配额。河北的钢铁等六大高能耗行业能耗占工业能耗总量的比重达90%以上，其中钢铁占49%，我国已在这些行业开展碳排放数据提交工作，河北进一步确定行业碳排放基线，强化企业温室气体排放的监测和核算工作，推动重点企业纳入京津碳交易市场。

（五）将碳汇等生态资源纳入碳交易体系

"碳汇"在京津冀"碳中和"路径中发挥着非常重要的作用，将"碳汇"纳入碳交易体系，高效实现生态资源的价值实现，鼓励河北开

展植树造林，推动地区"碳汇"建设。首先要开展森林、林地等生态资源的"减碳""固碳"核算工作，摸底京津冀地区碳汇资源情况，形成可交易的碳汇指标并纳入碳交易系统，实现碳资产的价值。

（六）加强区域 MRV 体系建设，严格监管执法

监测、报告与核查制度是碳排放权交易的基础。应注重数据质量，强化监测、报告与核查体系建设，建立透明的碳排放核算体系和报告制度，建立核查报告考评机制，制定分行业、分层级的碳排放核算报告方法和标准。加强第三方机构监管。明确企业违规违法处罚标准，严格执法，对重点排放单位的履约行为进行监管，对逾期未完成履约的企业按碳交易市场配额均价处以罚款。

参考文献

潘家华：《碳排放交易体系的构建、挑战与市场拓展》，《中国人口·资源与环境》2016 年第 8 期。

刘磊、周永锋、刘冬：《欧盟碳排放交易体系建设经验及启示》，《金融纵横》2021 年第 6 期。

周迪、刘奕淳：《中国碳交易试点政策对城市碳排放绩效的影响及机制》，《中国环境科学》2020 年第 1 期。

王勇、赵晗：《中国碳交易市场启动对地区碳排放效率的影响》，《中国人口·资源与环境》2019 年第 1 期。

王文军、谢鹏程、胡际莲等：《碳税和碳交易机制的行业减排成本比较优势研究》，《气候变化研究进展》2016 年第 1 期。

刘传明、孙喆、张瑾：《中国碳排放权交易试点的碳减排政策效应研究》，《中国人口·资源与环境》2019 年第 11 期。

余华银、于亚敏、杨烨军：《中国八大城市群节能减排效率的区域差异分解及收敛性研究》，《河南科技大学学报》（社会科学版）2023 年第 1 期。

申嘉澍、李双成、梁泽、王玥瑶、孙福月：《生态系统服务供需关系研究进展与趋势展望》，《自然资源学报》2021 年第 8 期。

绿色金融助推培育新动能的逻辑和路径

侯昱薇[*]

摘　要：绿色金融不仅在宏观上引导资金流向绿色低碳产业，支持传统高碳产业平稳转型，推动供给侧结构性改革，更在微观上引导企业注重生存环境利益，催生高效、绿色、低碳的新技术和新业态，是培育经济发展新动能的重要助力。绿色金融助推培育新动能，需要依靠创新思维，引导金融资本向科技创新、低碳减排、产业链培育流动，激发经济发展新动能。

关键词：绿色金融　新动能　金融科技

一　引言

2017 年初，国务院发布首个与新旧动能转换有关的纲领性文件《关于创新管理优化服务培育壮大经济发展新动能加快新旧动能接续转换的意见》。2019 年 5 月，习近平同志更是将新旧动能转换作为实现高质量发展的重要前提，指出要加快腾笼换鸟、凤凰涅槃，新动能培育已成为新常态下经济发展的必然要求。在这一背景下，经济发展新动能的

---

　* 侯昱薇，博士，北京市社会科学院市情研究所助理研究员。

培育不仅决定着今后中国经济发展方向，更决定着产业结构优化的程度和发展方式转变的成败。经过多年的培育与转型，2023 年《政府工作报告》指出，面对经济下行压力和外部打压遏制，中国经济结构不断优化，经济发展新动能在持续培育中加快成长。

金融是经济发展血液，是产业转型的核心要素之一。在新动能培育过程中，金融的引导作用不可忽视，今日的投资结构就是来日的产业结构。金融业的发展不仅为产业转型提供资金支持，更引导资本向社会发展重要领域和薄弱环节流动，助推新产业、新模式、新业态、新技术发展壮大。在培育经济发展新动能过程中，要坚持新发展理念，坚持绿色发展，离不开绿色金融的支持。绿色金融不仅在宏观上引导资金流向绿色低碳产业，支持传统高碳产业平稳转型，推动供给侧结构性改革，更在微观上引导企业注重生存环境利益，催生高效、绿色、低碳的新技术和新业态，是培育经济发展新动能的重要助力。

二 培育新动能是落实新发展理念的生动实践

（一）新动能的内涵

自"新动能"一词被提出后，一直是学术界研究的热点，对其定义和内涵进行了诸多阐释。李佐军认为新动能的培育，核心在于新兴产业的发展，要义在于创新和转型；[1] 王一鸣将人才红利和创新转型视为新动能培育的基础；[2] 樊纲提出新动能培育需要各部门综合发力，制度环境、营商环境、融资便利、外部环境等均会影响新动能培育的速度和

---

[1] 李佐军：《培育壮大新动能 缓解经济下行压力》，《经济参考报》2018 年 3 月 28 日。
[2] 王一鸣：《中国经济新一轮动力转换与路径选择》，《管理世界》2017 年第 2 期。

方向。① 综合看来，国内学者对于新动能的内涵并没有统一定论，但均认同其是一个发展和变化的概念。② 随着时代变化和产业结构更新，新动能的具体内涵不断改变，新动能随着生产力的发展可变为旧动能，伴随技术爆发和产业革命，旧动能也可在新时代培育出新动能。③

（二）新发展理念下的新动能培育

新动能的培育涉及新业态培育、科技创新、人才培养等内容。对微观经济体来讲，既包括要素投入的更新换代、现有技术的创新提升，也包括创新商业模式；从产业角度出发，则是产业结构的优化和产业规模的升级；在宏观层面，则对经济结构、制度环境等都有所要求。因此在培育新动能过程中，只有坚持创新、协调、绿色、开放、共享的新发展理念，才能把握这一系统工程，成功激发新动能。培育新动能首先就要求创新，习近平总书记将创新和新动能培育放在并列的地位，"创新驱动、新旧动能转换，是我们是否能过坎的关键"。④ 在新动能培育过程中，既要做到技术创新、业态创新，也要跟进产业链创新、制度创新，才能完成这一复杂的系统任务。培育新动能过程是协调各方资源、社会经济协调稳步发展的过程。新动能的培育需要循序渐进，无法一蹴而就。在新业态、新技术、新模式等发展过程中，传统增长点也需要更新升级，以应对转换期经济下行压力，为新动能的培育争取时间和空间。同时，协调发展还体现为供给侧新动能的培育和需求侧新动能的培育齐头并进，要实现科技创新带来的供给侧动能和内生消费带来的需求侧动

① 樊纲：《中国经济波动与长期发展——在"问势 2018——马洪基金会理事报告会"上的演讲》，《开放导报》2018 年第 2 期。
② 任保平、宋雪纯：《"十四五"时期我国新经济高质量发展新动能的培育》，《学术界》2020 年第 9 期。
③ 杨蕙馨、焦勇：《新旧动能转换的理论探索与实践研判》，《经济与管理研究》2018 年第 7 期。
④ 《习近平在省部级主要领导干部学习贯彻党的十八届五中全会精神专题研讨班上的讲话》，《人民日报》2016 年 5 月 10 日。

能的动态平衡。狭义来讲，新动能的培育过程就是践行绿色发展的过程。我国从高速发展转向高质量发展，从资源集约型发展转向环境友好型发展。新动能的培育，突破点在绿色科技创新和环境友好型商业发展。因此，绿色发展理念应当贯穿于新动能培育、壮大、成熟的全过程。开放意味着机遇，开放意味着活力。新动能的培育既需要精深挖掘内部动力，也要善于利用外部支持，充分利用国内外的资源和市场。践行开放发展理念，突破传统的开放方式与布局，提升开放发展的质量与效率，充分发挥全球要素配置的优势，从开放中获得新动能。习近平同志指出，共享发展注重的是解决社会公平问题。[①] 这就要求在新动能培育中注重以人为本，尤其是要打破以往资源配置不平衡、发展成果分享不均衡的状态，充分开发人在这一过程中的潜力，保证人民是新动能培育的直接受益者。在新动能培育过程中，要注重公平、共享，提高中等收入水平群体占比，让更多的人享受到发展带来的成果，缩小贫富差距，以激发需求侧的消费动能，进一步丰富人民物质精神生活，实现成果共享与社会发展的良性循环。

三 绿色金融是金融新动能

（一）绿色金融的内涵

绿色金融萌芽于20世纪70年代初。二战后全球现代工业化空前发展，温室气体排放量急剧上升，化工产品大量使用，无节制的资源索取令地球水资源、大气环境资源、森林资源等遭到不可挽回的破坏，也导致光化学污染、雾霾等一系列危及人类生存的问题。随着经济发展和生态环境之间的矛盾加剧，环境保护和治理问题引起各界深切关注，掀起

---

① 中共中央文献研究室编《习近平关于社会主义经济建设论述摘编》，中央文献出版社，2017。

了环境保护运动浪潮。1972 年成立的德瑞菲斯第三基金，将环境保护投资理念首次引入金融界。1987 年，"可持续发展"概念被首次提出，之后越来越多的投资者将气候变化纳入投资风险考量，将可持续性和社会责任作为企业发展因素，绿色金融雏形显现。1992 年 6 月的里约地球峰会，除开放签署《框架公约》，联合国环境规划署更是倡议全球各金融机构将环境、社会、治理因素纳入投资决策考量，为解决环境治理问题贡献力量。2009 年哥本哈根气候变化大会更是呼吁建立绿色气候基金，旨在帮助发展中国家解决环境问题、适应环境变化，促使其实现可持续发展。进入 21 世纪，部分金融机构及国际组织先后提出用以衡量社会、环境风险的赤道原则，帮助投资者理解关于环境、社会投资价值的负责任银行原则等可持续金融倡议，以及分行业的银行、证券、保险可持续发展联盟或倡议，推动绿色金融进一步发展。[①] 2016 年在杭州举办的 G20 第 11 次峰会上首次将绿色金融作为核心议题，并成立 G20 金融工作小组，推动各国绿色金融体系建设。至此，绿色金融的内涵进一步扩大，不仅包括应对气候变化的气候投融资，也包括 ESG［环境（Environmental）、社会（Social）、公司治理（Governance）］投资。

绿色金融的内涵在近半个世纪的实践中得以不断丰富，学术界、业界、国际组织甚至政府部门都对绿色金融的定义进行阐释，但尚无统一定论。绿色金融发展初期，其被等同于环境金融，国际开发金融俱乐部将其定义为向环保及可持续发展项目提供投融资服务的金融业务，如绿债、绿贷、绿色保险等。[②] 随着温室气体排放问题愈加受到国际社会关注，绿色金融被一些学者等同于碳金融、气候金融，认为绿色金融不同于一般金融活动，具有促进经济环境协调发展的特殊作用，不仅推动绿

---

① 王遥、任玉洁：《"双碳"目标下的中国绿色金融体系构建》，《当代经济科学》2022 年第 6 期。

② 巴曙松、杨春波、姚舜达：《中国绿色金融研究进展述评》，《金融发展研究》2018 年第 6 期。

色产业发展，更强调金融业本身具有绿色特性。[①] 2016 年，中国人民银行连同财政部、国家发改委、环境保护部以及银证保监管部门印发《关于构建绿色金融体系的指导意见》，对绿色金融作出了明确定义："绿色金融是指为支持环境改善、应对气候变化和资源节约高效利用的经济活动，即对环保、节能、清洁能源、绿色交通、绿色建筑等领域的项目投融资、项目运营、风险管理等所提供的金融服务。"在不断的发展中，绿色金融已演化出新的金融业态与金融服务模式，创新培育了多样化的金融产品与金融工具，是金融供给侧改革中的重要内容，已经成为金融业发展的新动能。

（二）绿色金融助推培育新动能的机制

新动能的培育具有复杂性和系统性，绿色金融的标的资产具有较强的针对性，比普通金融业务更能够对新业态、新技术、新模式，尤其是环境友好型产业及创新产生影响。与传统金融业务类似，绿色金融在培育新动能的过程中，主要通过资本传导机制对其产生影响。首先是在传统业务阶段，即信贷、投资阶段，通过"蓄水池"功能吸引资金流向绿色产业和新兴创新产业，培育扶持微观经济体；其次是通过其资源配置优化功能，影响资金流向各个产业的比例，并通过鼓励技术创新、模式创新等，影响产业结构更新，实现产业迭代升级。新动能大多萌芽于战略性新兴产业和技术密集型产业，这些产业也具备绿色发展、环境友好的特质，对绿色债券、绿色贷款等的需求巨大；旧动能的更新与升级，也需要碳金融、绿色保险等对其进行资金配给，绿色金融相比传统金融业务具有更强的引导性和更高的效率。由于资本的聚集性，绿色金融资金配置变化，有利于引导更多的资金流向高技术产业和环境友好产业，形成资本聚集与产业发展的循环推动效应。由此可见，绿色金融是

---

① 李晓西、夏光等：《绿色金融与可持续发展》，《金融论坛》2015 年第 10 期。

通过资本形成机制、信息揭示机制以及信用催化机制促进产业结构的优化升级，实现新动能的培育。①

四　绿色金融助推培育新动能的逻辑

（一）绿色金融助力绿色发展

改革开放以来，我国经济快速发展，初期以资源集约型、人口集约型产业为主导，耗能高、污染大、可持续性极低；这一阶段我国制造业在全球产业链分工中处于中下游位置，经济附加值低、产业规模大而质量不高，在某些高精尖技术产业甚至面临"卡脖子"困境。在培育新动能过程中，在支持技术创新、业态创新、模式创新的同时，不能完全摒弃传统产业的发展，要注重对其的改造升级，在旧产业中找寻发展新动能。绿色金融秉持绿色发展理念，将环境因素纳入项目投融资标准体系，在引导资金进入新兴绿色产业的同时，促进传统产业绿色升级，使高效、节能逐渐成为产业发展的目标和原则，为传统产业焕发绿色生机提供资金支持，是产业转型升级和绿色低碳发展的重要推动力。

当前我国已由高速发展转向高质量发展，产业结构调整升级需遵循节能环保、环境友好原则，产业发展需融入绿色发展进程，将绿色发展理念植入人心并助推经济转型升级。绿色金融是在绿色发展理念的引导下，利用市场手段，通过绿债和绿贷，引导市场自身淘汰、分解传统产业结构下的高耗能、高污染产能，鼓励发展节能低碳项目，实现产业低碳转型目标。同时，绿色金融对于新兴低碳产业的起步和发展而言有较好的保护和扶持作用，能有效引导社会资本进入绿色低碳产业，为拥有

---

① 张志元、马永凡、胡兴存：《金融供给侧改革与新旧动能转换的耦合效应研究——以山东省为例》，《东岳论丛》2018年第10期。

绿色科技、节能技术的初创企业提供支持和保护，降低其筹融资成本，使其在激烈的市场竞争中拥有相对较强的生命力，进而促进产业和经济低碳发展。此外，在绿色金融的扶持与帮助下，企业防范环境污染风险的能力得以提高，通过对企业环境风险的识别、预测、评估和管理，帮助企业实现项目环境风险最小化，有效缓解企业环境保护与经济效益之间的矛盾，促进产业结构优化，推动经济可持续发展。

（二）绿色金融引导科技创新

新动能的培育离不开创新发展，创新是引领发展的第一动力。[①] 习近平总书记指出，新旧动能转换的顺利实现，前提是走创新发展道路。[②] 然而，科技创新，尤其是节能、低碳技术的创新是一个漫长且曲折的过程，具有较高的不确定性，投资回报风险较大。绿色金融能够综合运用创业风投基金、科技担保基金等金融工具，有效分散或对冲这些风险，扶持科技创新企业形成创新驱动力，实现绿色升级目标。[③]

（三）绿色金融服务实体经济转型

习近平总书记指出，金融是实体经济的血脉，为实体经济服务是金融的天职，是金融的宗旨。[④] 金融业的繁荣离不开夯实的实体经济基础，实体经济的发展升级也离不开金融业的支持与融通，二者相辅相成，无法"独自美丽"。2008 年全球金融危机以来，我国金融风险迅速积累，维护金融稳定、守住不发生系统性金融风险是当前金融工作的重

[①] 邓平：《中国科技创新的金融支持研究》，武汉理工大学博士学位论文，2009。

[②] 习近平：《创新驱动 激活第一动力》，《人民日报》2018 年 3 月 20 日。

[③] 张志元、李维邦：《金融供给侧改革培育经济新动能：山东的实践与探索》，《山东财经大学学报》2018 年第 1 期。

[④] 习近平：《服务实体经济防控金融风险深化金融改革 促进经济和金融良性循环健康发展》，《人民日报》2017 年 7 月 16 日。

中之重。绿色金融正是为了促成资金供给与低碳产业需求的有效匹配，为提高资源配置效率提供平台和资源，在服务实体经济的原则下推动新兴产业发展。

绿色金融与低碳产业链融合，激发全产业链进行理念创新、技术创新和模式创新，产生集成效应和协同效应，是培育新动能的重要切入点。绿色金融与产业链的融合能够满足不同企业需求，尤其是初创科技低碳小微企业，往往处于产业链中下游位置，面临融资难、融资贵等问题。绿色金融与产业链的融合能够较好地整合商流、物流、资金流和信息流，为上下游企业提供具有针对性的金融服务，缓解企业融资难题。

五　绿色金融助推培育新动能的路径

绿色金融助推新动能培育，要求金融业秉持创新思维，加快绿色金融与新产业、新业态、新模式的深度融合，引导绿色金融资本强化绿色发展理念、融合科技创新、参与产业链构建，进一步强化新动能培育，为经济高质量发展提供切实动力。

（一）强化绿色金融制度建设

绿色金融利用市场化手段，将环境因素纳入投融资决策考量，运用绿债、绿贷、绿色发展基金、碳金融等多样化金融工具，将社会资本引入绿色产业，推动传统产业绿色转型，逐渐实现产业结构的低碳转型、环境质量改善与可持续发展。目前，我国绿色金融发展水平处于世界前列，但仍面临以下问题：一是企业真实参与度较低。企业引入低碳节能环保设备往往需要付出巨大成本，投资回收期较长。中小微企业若无外部资金支持，难以支撑此项成本支出。然而中小微企业往往由于信用度或担保不足，难以筹措资金，无法顺利进行低碳节能转型。大型企业为获得配套资金支持，高成本引入节能环保设备或低碳技术，同时进行高污染高排放生产以覆盖成本，导致绿色金融失去意义。二是绿色金融产品较为单一，尤其是衍生品种类无法满足市场需求。当前国内绿色金融产品体系主要包括绿色贷款、绿色债券、绿色保险、绿色基金、碳排放权交易等，而与碳金融相关的衍生品体系仍处于萌芽或试点阶段，碳期权、碳证券、碳期货等交易市场尚未形成，个人参与碳交易市场或绿色金融投资的渠道尚未畅通，难以满足金融消费者的多样化需求。

习近平总书记指出，引导和激励更多社会资本投入绿色产业，并利用绿债、绿股指数、碳交易等多种金融工具和多样化政策为绿色发展服务。首先要坚持立法先行，完善绿色金融监管等制度。[①] 中国人民银行等相关机构正在制定绿债、绿贷、绿色基金等绿色融资工具标准细则，从顶层设计对企业环保信息披露行为进行约束，提高市场透明度。其次政府要适当对绿色金融进行政策扶持。适当设立政府引导资金、绿色发展基金、绿色信贷担保等能够撬动和激活市场资金的绿色投融资平台；出台绿色项目指引，推动新兴绿色产业快速发展。最后，鼓励绿色金融产品多样化发展和绿色金融主体多元化参与。积极开发碳期货、碳远期等金融产品和服务；鼓励个人与企业投资者参与绿色金融市场，释放市场活力。

（二）绿色金融与科技相融合

2019 年 8 月，中国人民银行印发《金融科技（FinTech）发展规划（2019—2021 年）》，明确了金融科技发展的原则、目标、任务和保障措施。自此，依托庞大的市场基础、互联网科技的飞速发展和强大的新基建优势，中国金融科技快速发展，金融科技赋能经济增长的路径逐渐显现，也体现出赋能绿色金融、助力"双碳"目标达成的功能。金融科技落脚于科技，强调在风险可控的前提下，利用区块链、人工智能、物联

---

① 李若愚：《我国绿色金融发展现状及政策建议》，《宏观经济管理》2016 年第 1 期。

网等技术提供更加便利、安全、个性化的金融服务,利用科技来提高自身的服务能力和效率。不同于金融科技,科技金融落脚于金融,是为科技创新项目、技术密集型企业提供各类服务和金融产品的金融业务,目标在于促进科技进步、培育发展新动能。早在 2017 年全国金融工作会议上就明确了科技金融的重点投资领域;国务院印发《"十三五"国家科技创新规划》,进一步明确了科技金融的内涵和功能,并指出"建立全过程、多元化和差异性的科技创新融资模式,鼓励和引导金融机构参与产学研合作创新。在依法合规、风险可控的前提下,支持符合创新特点的结构性、复合性金融产品开发,加大对企业创新活动的金融支持力度"。绿色金融与科技相融合,具体来讲就是发展绿色金融科技和绿色科技金融。发展绿色金融科技,核心是创新,包括产品创新、模式创新、机制创新等。绿色金融科技释放金融业自身动能,是金融供给侧改革的重要推动力。而绿色科技金融是绿色金融服务实体经济的又一大抓手,以科技产业的低碳创新为培育目标,在互联网、大数据、新能源、生物制造等产业内培育绿色发展新动能。

发展绿色科技金融,发挥绿色金融助推新动能培育的重要作用,需要将绿色金融与科技创新进行深度融合。第一,绿色科技金融必须明确重点发展领域和健全业务运行模式。向重点产业新能源、新材料、智能生物制造、节能环保、清洁生产等的科技型企业提供绿色融资,缓解融资贵、融资难问题,完善绿色金融与科技创新的协同合作机制,实现绿色科技企业、金融机构、评估机构等主体的多赢。第二,绿色科技金融的发展离不开政府部门的政策引导,可通过完善财税政策、人才政策等,引导社会资本(包括资金、技术、人力等)向绿色科技产业倾斜,为融资水平的提高提供前提和保障。第三,利用金融集聚效应,创建绿色科技金融投融资平台,夯实市场基础,为绿色科技企业提供健全的金融后勤保障服务,完善投融资退出机制,是拉动绿色科技金融发展的基础。

（三）绿色金融与产业链相融合

产业链金融将产业链上下游关联起来，通过核心企业的带动和联系，对链条内所有企业，包括小微企业提供系统性金融服务。绿色金融和产业链金融相结合，在推动核心企业发展的同时，通过上下游关联发现新的投资点和增长点，并将单个企业风险分散化解于整个链条，形成供应链上下游相互背书、相互担保、共享科技创新成果、共同发展的格局。打破传统绿债、绿贷业务以项目为依托的形式，以核心企业为中心，加大节能环保企业的扶持力度，为新动能的培育开疆拓土。以电力企业绿色升级为例，火电、风电、水电等核心业务上下游涉及钢材、电子元器件制造、设备制造、新能源等企业。绿色金融业务发展采取串联产业链的方式，鼓励清洁能源、节能设备、精密仪器的发展，畅通整个产业链条的绿色发展道路。

在新动能培育过程中，企业的研发投入、设备投入等将增加，加大经济下行压力，流动资金需求急剧增加，一旦产业链条内一家企业出现流动性不足，就会影响到上下游企业的流动性供应。与传统的绿色债券、绿色贷款等项目依托模式相比，结合供应链开展绿色金融服务，有真实的交易作为背书，金融机构可以根据整个产业链条的信誉、风险等级等来把控资金融通程度。可不局限于贷款、债券等传统金融服务，而是依托供应链内部的交易活动，采取垫付货款等方式来帮助企业渡过资金难关。这一模式对于部分轻资产技术集约型企业而言有较强的扶持与保护作用。同时，通过产业链合作来推进绿色金融业务，能够更好地消除信息不对称带来的弊端，令金融机构对风险的识别和管理更加高效。企业也更容易得到具有针对性、个性化的绿色金融服务方案，投融资效率可得到较大的提高。这既解决了链条内中小企业融资难的问题，也为金融机构提供精准金融服务、推动新动能培育创造了良好的环境。

　　绿色金融与产业链相融合，一方面要求金融机构强化风险识别和系统风险管理能力，精准识别产业企业的风险水平和抗风险能力，强化自身对产业链各环节的风险监测能力，完善风险识别标准和预警机制，防范化解系统性风险。另一方面，要鼓励绿色金融专项资金服务于全产业链，多种渠道鼓励绿色金融服务实体经济。[①]

参考文献

　　《习近平在省部级主要领导干部学习贯彻党的十八届五中全会精神专题研讨班上的讲话》，《人民日报》2016 年 5 月 10 日。

　　习近平：《创新驱动　激活第一动力》，《人民日报》2018 年 3 月 20 日。

　　习近平：《服务实体经济防控金融风险深化金融改革　促进经济和金融良性循环健康发展》，《人民日报》2017 年 7 月 16 日。

　　中共中央文献研究室编《习近平关于社会主义经济建设论述摘编》，中央文献出版社，2017。

　　任保平、宋雪纯：《"十四五"时期我国新经济高质量发展新动能的培育》，《学术界》2020 年第 9 期。

　　杨蕙馨、焦勇：《新旧动能转换的理论探索与实践研判》，《经济与管理研究》2018 年第 7 期。

　　张志元、马永凡、胡兴存：《金融供给侧改革与新旧动能转换的耦合效应研究——以山东省为例》，《东岳论丛》2018 年第 10 期。

　　邓平：《中国科技创新的金融支持研究》，武汉理工大学博士学位论文，2009。

　　张志元、李维邦：《金融供给侧改革培育经济新动能：山东的实践与探索》，《山东财经大学学报》2018 年第 1 期。

　　李若愚：《我国绿色金融发展现状及政策建议》，《宏观经济管理》2016 年第 1 期。

　　吴悠悠：《我国互联网金融：问题、前景和建议》，《管理世界》2015 年第 4 期。

---

　　① 吴悠悠：《我国互联网金融：问题、前景和建议》，《管理世界》2015 年第 4 期。

后　记

本书以北京市社会科学院市情研究所、北京世界城市研究基地的全体研究人员为核心团队，并凝聚了相关领域科研机构、高等院校专家学者的智慧，从文化中心建设、科技创新中心建设、经济高质量发展、京津冀协同发展与城市治理等方面探讨新时代首都发展的理论和实践问题，既有涵盖"五位一体"的广度也有推进"五子"联动的深度，既高站位谋划中长期发展战略也接地气解决当下热点难点问题，是反映年度首都发展态势的优秀论丛。

在此，特别感谢张杰、陆小成、王笑宇、刘薇、李茂、方方等专家为本书撰稿、使本书增色；感谢北京市社会科学院领导对本书总体思路和框架形成的指导，感谢各研究所、职能处室以及院外高校科研机构、政府部门及出版社对本书编撰的大力支持。

本书由北京市社会科学院市情研究所所长、北京世界城市研究基地主任唐鑫任主编，负责主题确定、总体设计和结构安排；市情研究所副所长张佰瑞任副主编，负责全书统稿等工作；李原博士和贾澎博士负责序言部分的撰写；田蕾、赵雅萍、任超三位博士负责总体发展态势研究板块的编辑工作，徐爽博士负责经济与科技发展研究板块的编辑工作，侯昱薇博士负责文化和旅游发展研究板块的编辑工作，何仁伟教授和刘小敏博士负责生态环境治理研究板块的编辑工作。

由于水平和能力有限，本书的编撰或有不妥之处，部分文章的观点或有可商榷之处，欢迎读者批评指正。读者的关心和帮助将增强我们提高编撰水平的信心和力量！

2023 年 4 月

图书在版编目（CIP）数据

新时代首都发展的理论与实践 . II / 唐鑫主编；张
佰瑞副主编 . -- 北京：社会科学文献出版社，2023.6
ISBN 978-7-5228-1879-5

Ⅰ . ①新…　Ⅱ . ①唐…　②张…　Ⅲ . ①城市 - 发展 -
研究 - 北京　Ⅳ . ①F299.271

中国国家版本馆 CIP 数据核字（2023）第 094498 号

新时代首都发展的理论与实践 Ⅱ

主　　编／唐　鑫
副 主 编／张佰瑞

出 版 人／王利民
组稿编辑／邓泳红
责任编辑／吴　敏
责任印制／王京美

出　　版／社会科学文献出版社
　　　　　　地址：北京市北三环中路甲 29 号院华龙大厦　邮编：100029
　　　　　　网址：www.ssap.com.cn
发　　行／社会科学文献出版社（010）59367028
印　　装／三河市龙林印务有限公司

规　　格／开　本：787mm×1092mm　1/16
　　　　　　印　张：17.25　字　数：231 千字
版　　次／2023 年 6 月第 1 版　2023 年 6 月第 1 次印刷
书　　号／ISBN 978-7-5228-1879-5
定　　价／79.00 元

读者服务电话：4008918866